Leonard Bernsteins Ruhm

Gedanken und Informationen
über das Lebenswerk
eines großen Künstlers

Herausgegeben
von Joachim Kaiser

Albrecht Knaus

Der Albrecht Knaus Verlag
ist ein Unternehmen der Verlagsgruppe Bertelsmann

1. Auflage
© Albrecht Knaus Verlag GmbH, München und Hamburg, 1988
Gesetzt aus Korpus Garamond
Schutzumschlag von Klaus Detjen
mit einem Photo von © Arthur Umboh
Frontispiz-Photo: © Konrad R. Müller
Printed in Germany · Mohndruck Gütersloh
ISBN 3-8135-0621-5

Inhalt

Vorwort

Ein Buch, das den affirmativen Titel *Leonard Bernsteins Ruhm* trägt und als kleine Festgabe zum 70. Geburtstag dieses genialen Musikers erscheint, wird – darüber darf sich niemand wundern – keine vernichtend kritischen oder radikal ablehnenden Beiträge über Leonard Bernsteins Kunst enthalten. Runde Geburtstage sind, genauso wenig wie Nachrufe, wahrlich nicht der Augenblick, giftig mitzuteilen, was einem an der betreffenden Person so alles mißfällt.

Freilich wäre es auch schaurig monoton, hier lauter gutgelaunte Loblieder auf Lennie zu bündeln. Dazu ist Bernsteins Lebenswerk zu anspruchsvoll, sein Ethos zu unbedingt, sein Dirigieren, Komponieren, Publizieren zu passioniert und auch zu problematisch.

Nun gehört es zum Wesen Bernsteins, des oft so Entflammten, daß er auch seine Partner, Kollegen, Musiker (und Kritiker) zu entflammen versteht. Wer Bernstein kennt, wer ihn je dirigieren gesehen, gar aus der Nähe erlebt hat, den beeindruckt ja nicht nur das Format dieses Künstlers, sondern auch seine Begeisterungsfähigkeit, seine herzlich weltumarmende Gebärde, sein Schwung. Leicht ließen sich hier Dutzende oder Hunderte kurzer Statements sammeln, in denen Musiker und Musikliebhaber aus aller Welt, angesteckt von Bernsteins sanguinischem Temperament, nun ihrerseits lustig loslegen, Anekdoten zum besten geben, stolz mitteilen, was der Lennie für ein feiner Kerl sei und wann er sie zum letzten Male auf beide Backen küßte. Allerdings hielte sich der Informationswert solcher Jubelchöre in Grenzen.

Dem Aufbau dieses Buches liegt folgender Plan zugrunde: Im ersten Abschnitt schlüsselt eine ausführliche Lebenschronik auf, was wann war. Denn Fülle und Vielfalt des von Bernstein Unternommenen und Geleisteten sind bereits heute für einen musikalischen Normalverbraucher – der kein engagierter Bernstein-Fan ist – fast unübersehbar.

Im zweiten Abschnitt findet man zwei allgemeine Laudatio-Beiträge deutscher Autoren. Aus «europäischer» Perspektive der Versuch, darzustellen, was Bernstein uns ist.

Der dritte Abschnitt gilt Bernsteins Karriere in Amerika. Amerikanische Autoren teilen uns mit, unter welchen keineswegs leichten Umständen Bernstein begann (als Robert Rice' Aufsatz im *New Yorker* erschien, war Bernstein noch keine vierzig Jahre alt) und wie er schließlich zum «Sieger» wurde. Das Interview mit Chesterman hält auch die Qualen fest, die Bernstein am Beginn seiner Laufbahn nicht erspart blieben. «Ich wollte ins Wasser gehen.» Auffallend genug: Gerade die beiden Musiker, die als heiterste, glücklichste Künstler des 20. Jahrhunderts verehrt wurden und verehrt werden – nämlich Bernstein und Rubinstein –, fühlten sich am Anfang, Rubinstein hat es in seiner Autobiographie beschrieben, so verzweifelt unglücklich, daß sie sich das Leben nehmen wollten...

Im vierten Abschnitt gibt Werner Burkhardt eine große Analyse dessen, was in Bernsteins Musical-Kompositionen (und hinter ihnen) steckt. Dazu ein Arbeitsbericht des *A Quiet Place*-Librettisten Stephen Wadsworth.

Danach würdigt Robert S. Clark die für Amerikas gegenwärtige Musikkultur so unüberschätzbar wichtige Fernsehpräsenz Bernsteins. Am Ende legt Claus-Dieter Schaumkell die Ergebnisse seiner harten Mühe vor, eine ausführliche, nämlich Vollständigkeits-Ehrgeiz entwickelnde Bernstein-Discographie zu erarbeiten. Den verkaufspolitischen oder schlicht gedankenlosen Maßnahmen der Industrie, künstlerisch bedeutende Platten zu streichen, nicht neu aufzulegen, sie um anderer Interpretationen wegen still aus dem Verkehr zu ziehen – haben wir uns nicht gebeugt. Schaumkells Discographie hält fest, was es alles gibt, aber auch, was es leider nicht mehr gibt – in der Hoffnung, daß es mit Hilfe neugierig fordernder Leser dann manches Wichtige vielleicht auch wieder geben werde.

Gern bedanke ich mich beim Verleger, Herrn Dr. Albrecht Knaus, bei den Mitarbeitern und Übersetzern für freundliche Kooperation. Das Buch würde seinen Zweck erfüllen, wenn es ihm gelänge, Verständnis und Bewunderung für Leonard Bernsteins Lebensleistung zu bestätigen oder zu vermehren.

München, März 1988   *Joachim Kaiser*

I

Von Jahr zu Jahr
Chronik eines schöpferischen Lebens

1918 Geboren am 25. August in Lawrence, Massachusetts.

1928 (10) Erste Klavierstunden bei Frieda Karp.

1931 (13) Barmizwa, Temple Mishkan Tefila, Boston, Mass.
Klavierunterricht bei Susan Williams am New England Conservatory of Music.

1932 (14) Klavierunterricht bei Heinrich Gebhard und dessen Assistentin Helen Coates.

1935 (16) Abschlußprüfung an der Boston Latin School.
(17) Fortsetzung des Klavierunterrichts bei Gebhard.

1939 (20) 21. April: erster Auftritt als Dirigent bei der Premiere seiner Komposition *The Birds* an der Harvard University.
27. Mai: Auftritt als Dirigent am Klavier bei einer Aufführung von Blitzsteins *The Cradle Will Rock* an der Harvard University.
22. Juni: Abschlußprüfung *(cum laude)* an der Harvard University. Lehrer: Edward A. Ballantine, Harmonie (Grundlehre); Edward B. Hill, Instrumentation; Tilman A. Merrit, Harmonie- und Kontrapunktlehre; Walter Piston, Kontrapunkt- und Fugenlehre.

1940 (22) Studium bei Serge Koussevitzky am Berkshire Music Center, Lenox, Mass.
3. Mai: Verleihung eines Diploms vom Curtis Institute of Music. Lehrer: Fritz Reiner, Orchesterleitung; Isabella Ven-

gerova, Klavier; Randall Thompson, Instrumentation; Renée Longy, Partiturlektüre.

1942 (23) 21. April: Premiere der *Sonata for Clarinet and Piano*, Boston.
Sommer: Bernstein wird zum Assistenten von Koussevitzky in Tanglewood ernannt.

1942–43 (24) Mitarbeit beim Verlag Harms Inc., New York, unter dem Pseudonym Lenny Amber.

1943 24. August: Premiere von *I Hate Music*, Lenox, Mass.
(25) 25. August: Von Artur Rodzinski zum zweiten Dirigenten der Philharmonic Symphony Society of New York (später New York Philharmonic, im folgenden: NYP) ernannt.
14. November: Debüt mit dem NYP, Vertretung für Bruno Walter.
16. Dezember: Auftritt mit dem NYP, Vertretung für Howard Barlow.

1944 28. Januar: Premiere der *Jeremiah Symphony*, Pittsburgh, PA.
18. April: Premiere von *Fancy Free*, New York.
(26) 28. Dezember: Premiere von *On the Town*, New York.
Weitere Auftritte als Dirigent mit folgenden Orchestern: Pittsburgh, Boston, Montreal, Chicago, Cincinnati, Los Angeles, Detroit; in einigen Fällen als Dirigent am Klavier.

1945 (27) 8. Oktober: Bernstein übernimmt für die nächsten drei Jahre die Leitung des New York City Symphony Orchestra.
Weitere Auftritte als Dirigent mit folgenden Orchestern: Pittsburgh, National Orchestral Association, NYP, Rochester, St. Louis, Montreal, Vancouver, Detroit, San Francisco, Chicago, Cincinnati, Minneapolis.

1946 1. April: Premiere von Blitzsteins *Airborne Symphony*, New York City Symphony Orchestra.

15. Mai: Bernstein dirigiert das erste von zwei Konzerten mit der Tschechischen Philharmonie, Prag, mit einem Programm amerikanischer Musik.

16., 21. Juni: Dirigiert das London Philharmonic Orchestra, London.

4. Juli: Dirigiert *Fancy Free* mit dem Ballet Theatre, Covent Garden, London.

6. August: Dirigiert die amerikanische Premiere von Brittens *Peter Grimes*, Tanglewood. Weitere Auftritte als Dirigent mit folgenden Orchestern: Rochester, Cincinnati, San Francisco, Vancouver, Boston, Detroit, NBC.

1947 (28) 27. April: Dirigiert das erste von neun Konzerten mit dem Palestine Symphony Orchestra, Tel Aviv, Israel.

Verschiedene Konzerte in Europa: 24.–25. Mai, Tschechische Philharmonie, Prag; 2. Juni, Radio Symphonique Orchestre, Paris; 7. Juni, Brüsseler Philharmonie; 11.–13. Juni, Orchester Den Haag, Scheveningen.

Weitere Auftritte als Dirigent mit folgenden Orchestern: Cincinnati, Women's Symphony Orchestra of Chicago, Rochester, Boston, New York City Symphony Orchestra, NYP, Minneapolis.

1948 (29) 30. Januar: Dirigiert die Premiere von Shaperos *Symphony for Classical Orchestra* mit dem Boston Symphony Orchestra.

Mai: Leitung eines aus ehemaligen KZ-Häftlingen zusammengesetzten Orchesters in einem Flüchtlingslager in der Nähe von München.

Juni: Konzerte mit dem Orchester Den Haag.

(30) 2.–28. Oktober: Konzerte in Israel während des Unabhängigkeitskrieges.

5. Dezember: Konzert mit dem Cäcilienorchester, Rom.
Weitere Auftritte als Dirigent mit folgenden Orchestern:
Houston, Boston, Philadelphia.

1949 8. April: Premiere von *The Age of Anxiety*, Boston.
(31) 2. Dezember: Dirigiert die Premiere von Messiaens
Turangalila-Sinfonie, Boston Symphony Orchestra.
Weitere Auftritte als Dirigent mit folgenden Orchestern:
Buffalo, Pittsburgh, NBC, NYP, Philadelphia.

1950 24. April: Premiere von *Peter Pan*, New York.
2.–29. Mai: Konzerte mit dem Israel Philharmonic Orchestra
(im folgenden: IPO).
Weitere Auftritte als Dirigent mit folgenden Orchestern:
Pittsburgh, Detroit, NYP, Los Angeles, Philadelphia, San
Francisco, Boston.

1951 (32) 8. Januar: Beginn einer Konzertreise durch die
USA mit dem IPO; bei einigen Konzerten übernimmt Kous-
sevitzky die Orchesterleitung.
Ernennung zum Direktor der Fachbereiche Orchester und
Orchesterleitung am Berkshire Music Center (bis 1955).
(33) 9. September: Heirat mit der chilenischen Schauspielerin
Felicia Montealegre Cohn. Berufung als Professor für Musik
an die Brandeis University (bis 1954).
Auftritte als Dirigent mit folgenden Orchestern: Chicago,
National Symphony Orchestra, NYP, Boston Symphony
Orchestra, Orquesta Sinfónica Nacional, Mexico.

1952 12. Juni: Premiere von *Trouble in Tahiti* an der
Brandeis University.
14. Juni: Premiere von Blitzsteins Bearbeitung von Weills
Dreigroschenoper, ebenfalls an der Brandeis University.
(34) 8. September: Geburt der Tochter Jamie Anne Maria.
Auftritte als Dirigent mit folgenden Orchestern: Boston,
Ballet Theater, Robin Hood Dell, NBC.

1953 19. Januar: Premiere von *Wonderful Town*, New York.
29. März: Dirigiert die Premiere von E. B. Hills *Prelude for Orchestra*, New York Town Hall.
13. Juni: Dirigiert die amerikanische Premiere von Poulencs *Les Mamelles de Tirésias* an der Brandeis University.
(35) Dezember: Dirigiert Cherubinis *Medea*, mit Maria Callas, an der Opera La Scala, Mailand – der erste Auftritt eines amerikanischen Dirigenten an der Mailänder Oper.
Auftritte als Dirigent mit folgenden Orchestern: Philadelphia, Stadium Symphony Orchestra, Boston Symphony Orchestra.

1954 28. Juli: Premiere des Films *On the Waterfront*, zu dem Bernstein die Musik komponierte.
(36) 12. September: Premiere von *Serenade (After Plato's «Symposium»)*, Venedig.
14. November: Erste Fernsehsendung von und mit Bernstein (Thema: Beethovens 5. Symphonie) in der Reihe *Omnibus*.
Auftritte als Dirigent mit folgenden Orchestern: National Symphony Orchestra, Symphony of the Air.

1955 März: Dirigiert *La Somnambula* und *La Bohème* an der Mailänder La Scala.
7. Juli: Geburt des Sohnes Alexander Serge Leonard.
11. August: Premiere der *Suite from On the Waterfront*, Tanglewood.
(37) 16. Oktober: Zweite Fernsehsendung in der Reihe *Omnibus;* bis 1958 werden fünf weitere Sendungen produziert.
17. November: Premiere von *The Lark*, New York.
Auftritte als Dirigent mit folgenden Orchestern: Symphony of the Air, Boston, Los Angeles, NYP.

1956 (38) 1. Dezember: Premiere von *Candide*, New York.
Auftritte als Dirigent mit folgenden Orchestern: Symphony

of the Air, National Symphony, Boston, Stadium Symphony, Robin Hood Dell, Chicago (drei Konzerte im Juli mit längeren Werken von Bernstein), NYP.

1957 Ernennung zum musikalischen Kodirektor (mit Dimitri Mitropoulos) des NYP; erstes Konzert am 3. Januar. 26. Januar: Premiere der *Candide-Ouvertüre* mit dem NYP.
(39) 26. September: Premiere von *West Side Story*, New York. 2. Oktober: Eröffnung des Frederick Mann Auditorium in Tel Aviv – der neue Standort des IPO.

1958 18. Januar: Beginn der vom Fernsehen ausgestrahlten *Young People's Concerts* mit dem NYP. Die erste Sendung trägt den Titel «Was bedeutet Musik?» Bis 1972 werden 52 weitere Sendungen produziert.
(40) 3. Oktober: Beginn der elfjährigen Amtszeit als musikalischer Direktor des NYP – Bernstein war der erste Amerikaner, der dieses Amt bekleidete. Beginn einer Reihe von jeweils am Donnerstagabend stattfindenden Vorträgen über das Werk verschiedener amerikanischer Komponisten. Von April bis Juni: 28 Konzerte in Südamerika. Herbsttournee mit fünfzehn Konzerten in diversen Städten an der amerikanischen Ostküste.
30. November: Beginn einer neuen Fernsehreihe für Erwachsene, mit dem NYP. Die erste Sendung befaßt sich mit Beethovens 9. Symphonie. Bis 1962 werden vierzehn weitere Sendungen produziert.

1959 26. März: Beginn einer Reihe von Händel-Konzerten mit dem NYP.
(41) August–September: Konzertreise mit dem NYP durch siebzehn Länder in Europa und dem Nahen Osten, mit zweiwöchigem Aufenthalt in der UdSSR. 36 Auftritte als Dirigent; die Tournee umfaßt insgesamt fünfzig Konzerte.

November: Beginn einer Konzertreihe mit dem NYP zum Thema «Das Konzert»; Publikation des ersten Buchs, *The Joy of Music* (dt. *Freude an der Musik*).

1960 Januar: Konzerte mit dem NYP beim Mahler Festival.
24. März: Beginn einer Konzertreihe zum Thema «Probleme der Musik im zwanzigsten Jahrhundert». Ebenfalls im März: Leitung einer Reihe von Konzerten zum Andenken an Pergolesi mit dem NYP.
28. April: Beginn eines Frühlingsfestivals der Theatermusik mit dem NYP.
(42) August–September: Konzertreise mit dem NYP durch die USA, mit zusätzlichen Auftritten in Hawaii, Vancouver und West-Berlin – insgesamt 34 Konzerte.
29. September: Beginn einer Konzertreihe mit dem NYP zum Thema «Schumann und die Romantik».

1961 19. Januar: Auftritt bei der Galaveranstaltung in Washington zur Wahl John F. Kennedys, mit dem eigens zu diesem Anlaß komponierten Stück *Fanfare*.
13. Februar: Konzert mit dem NYP, ausschließlich eigene Kompositionen, Premiere von *Symphonic Dances* aus *West Side Story*.
2. März: Beginn einer Konzertreihe mit dem NYP zum Thema «Schlüsselwerke des zwanzigsten Jahrhunderts».
April–Mai: Konzertreise mit dem NYP durch Japan, Alaska, Kanada und die Südstaaten der USA.
(43) 12. Oktober: Beginn einer Konzertreihe mit dem NYP zum Thema «Die Musik Frankreichs».

1962 28. Februar: Geburt der Tochter Nina Maria Felicia.
29. März: Beginn einer Konzertreihe mit dem NYP zum Thema «Die mitteleuropäische Tradition».
(44) 23. September: Konzert mit dem NYP zur Einweihung der Philharmonic Hall im Lincoln Center, New York.

Herbst 1962: Publikation des zweiten Buchs, *Leonard Bernstein's Young People's Concerts for Reading and Listening* (dt. *Konzert für junge Leute: Die Welt der Musik in neun Kapiteln*).

1963 Februar: Konzertreise durch England mit dem NYP anläßlich des 150jährigen Bestehens des Royal Philharmonic Orchestra.
6. März: Debüt im Metropolitan Opera House mit der ersten von zehn Aufführungen von Verdis *Falstaff*.
(45) August-September: US-Tournee mit dem NYP, siebzehn Konzerte in dreizehn Städten.
10. Dezember: Premiere von *Kaddish*, Bernsteins dritter Symphonie, mit dem IPO in Tel Aviv.

1964 5. Januar: Beginn einer Reihe von fünf Konzerten zum Thema «Die Avantgarde», mit dem NYP.
(46) Im Herbst: Beurlaubung vom NYP.

1965 30. März: Dirigiert Strawinskys *Les Noces* am American Ballet Theater, New York.
17. Mai: Konzert in Kopenhagen mit dem Königlich Dänischen Orchester.
7. Juni: Konzert in Puerto Rico mit der Orchestra del Festival Casals.
15. Juli: Premiere von *Chichester Psalms* mit dem NYP.
(47) 30. September: Beginn einer zweijährigen Konzertreihe mit dem NYP zum Thema «Symphonische Formen im zwanzigsten Jahrhundert»; im Mittelpunkt steht das Werk von Sibelius.

1966 14. März: Debüt an der Wiener Staatsoper mit der ersten von sechs Aufführungen von Verdis *Falstaff*.
April: Konzerte mit den Wiener Philharmonikern und dem London Symphony Orchestra in Wien, Monte Carlo und London.

(48) November: Publikation des dritten Buchs, *The Infinite Variety of Music* (dt. *Von der unendlichen Vielfalt der Musik*).

1967 (49) Konzert zum 100. Geburtstag Toscaninis in Florenz.
Juli: Konzert mit dem IPO auf dem Mount Scopus nach dem Ende des Sechstage-Kriegs. Film *Journey to Jerusalem*.
September: Kanada-Tournee mit dem NYP, Konzerte in neun Städten.

1968 13. April: Dirigiert Strauss' *Der Rosenkavalier* an der Wiener Staatsoper; vier weitere Aufführungen.
Konzertreihe in Jerusalem zum zwanzigsten Jahrestag der Gründung des Staates Israel.
8. Juni: Trauerfeier für Robert Kennedy in der St. Patrick's Cathedral, New York; Bernstein und eine Gruppe von Mitgliedern des NYP gestalten die musikalische Umrahmung.
(50) August-September: Konzertreise durch Israel und Europa mit dem NYP.

1969 17. Mai: Letzter Auftritt als musikalischer Direktor des NYP, nach insgesamt 939 Konzerten – die höchste Zahl von Auftritten eines einzelnen Dirigenten in der Geschichte des Orchesters. Bernstein wird zum «Laureate Conductor» ernannt.
25. Mai: Dirigiert Beethovens *Missa Solemnis* an der Wiener Staatsoper anläßlich des 100. Jahrestages der Eröffnung der Staatsoper am Ring.

1970 (51) Januar: Dirigiert Mascagnis *Cavalleria Rusticana* an der Metropolitan Opera.
25. Februar: Filmaufnahmen von Verdis *Requiem* in London – der Auftakt zu einer Reihe von jährlich erscheinenden Konzertfilmen, in denen Bernstein Werke aus dem symphoni-

schen Repertoire mit jeweils verschiedenen Orchestern dirigiert.

24. Mai: Dirigiert *Fidelio* und andere Werke Beethovens bei den Wiener Festspielen, anläßlich des 200. Geburtstags des Komponisten.

(52) August-September: Konzertreise mit dem NYP durch Japan und die Südstaaten der USA.

1971 Februar-März: Europa-Tournee mit den Wiener Philharmonikern.

Beginn der Verfilmung einer Reihe von Mahler-Symphonien mit den Wiener Philharmonikern in Berlin.

März-April: Wiederaufführung und Schallplattenaufnahme von *Der Rosenkavalier* an der Wiener Staatsoper.

April: Europa-Tournee mit dem IPO.

(53) 8. September: Eröffnung des John F. Kennedy Center for the Performing Arts, Washington, mit der Premiere von *Mass*.

15. Dezember: Bernsteins tausendstes Konzert mit dem NYP – ein absoluter Rekord in der Geschichte des Orchesters.

1972 28. März: Premiere von *Meditations I and II* für Cello und Klavier, New York.

(54) Eröffnet die Saison an der Metropolitan Opera mit Bizets *Carmen*.

1973 19. Januar: Leitung des *Concert for Peace* in der Washington National Cathedral, mit dem National Symphony Orchestra.

23. Juni: Konzert im Vatikan zum zehnten Jahrestag der Wahl von Papst Paul VI.

(55) 9. November: Nach der Ernennung zum Charles Eliot Norton Professor of Poetry an der Harvard University,

Beginn einer Reihe von sechs Vorträgen mit dem Titel «The Unanswered Question».

1974 16. Mai: Premiere von *Dybbuk* in New York.
Juli: Konzerte mit dem Boston Symphony Orchestra in Tanglewood, anläßlich des 100. Geburtstags von Koussevitzky.
(56) August-September: Konzertreise mit dem NYP durch Australien, Neuseeland und Japan.

1975 (57) Premieren der *Dybbuk Suites* Nr. 1 und 2, jeweils am 3. und 17. April.

1976 6. Januar: Konzert mit dem National Symphony Orchestra in Washington, zur Eröffnung der 200-Jahr-Feier der amerikanischen Unabhängigkeitserklärung.
17.–22. Februar: Bernstein-Festival an der Butler University, Indianapolis, Indiana. Diese Woche wird vom Bundesstaat Indiana offiziell zur «Leonard Bernstein Week» erklärt.
Februar: Publikation des vierten Buchs, *The Unanswered Question* (dt. *Musik – Die offene Frage*).
4. Mai: Premiere von *1600 Pennsylvania Avenue*, New York.
(58) Mai–Juni: Konzertreise mit dem NYP durch die USA und Europa anläßlich der 200-Jahr-Feier der amerikanischen Unabhängigkeitserklärung.
8. Oktober: Benefizkonzert zur Unterstützung der Wahlkampagne von Jimmy Carter, Washington D. C.
17. Oktober: Benefizkonzert für Amnesty International mit dem Symphonieorchester des Bayerischen Rundfunks, München.

1977 19. Januar: Galakonzert zur Wahl des Präsidenten Jimmy Carter, Kennedy Center, Washington D. C.
März–April: Zweiwöchiges Bernstein-Festival mit dem IPO anläßlich des 30. Jahrestages von Bernsteins erstem Konzert mit dem Orchester.
(59) August: Erstes europäisches Festival der Musik Bern-

steins bei den Konzerten des «Kärntner Sommers», mit dem IPO.
September: Konzerte mit den Wiener Philharmonikern in Europa.
11. Oktober: Premieren von *Slava!*, *Three Meditations* aus *Mass* für Cello und Orchester und *Songfest* mit dem National Symphony Orchestra, Washington D. C.

1978 29. Januar: Dirigiert *Fidelio* bei der ersten (in achtzehn Länder ausgestrahlten) Live-Übertragung im Fernsehen aus der Wiener Staatsoper.
Februar: Konzerte mit der Wiener Staatsoper und den Wiener Philharmonikern an der Opera La Scala, Mailand, anläßlich des 200jährigen Bestehens der Mailänder Oper.
8. März: Benefizkonzert für Amnesty International mit dem Concertgebouw-Orchester, Amsterdam.
Juni-Juli: Leonard Bernstein Festival of American Music an der University of Massachusetts, Amherst.
16. Juni: Tod von Felicia Montealegre Bernstein.
22. Juli: Europäische Premiere von *Three Meditations* aus *Mass* bei den Konzerten des «Kärntner Sommers».
21. August: Dirigiert das Studentenorchester von Tanglewood und unterrichtet eine Woche lang die Dirigierklassen.
(60) 25. August: Galakonzert zum 60. Geburtstag mit dem National Symphony Orchestra unter der Leitung von Mstislaw Rostropowitsch.
16.–17. September: Konzerte mit dem IPO in Washington und New York.
18. September: Gedenkkonzert für Felicia Montealegre Bernstein in der Alice Tully Hall, New York.
25. September: Premiere von *Reflections*, einem von Peter Rosen im Auftrag der US International Communications Agency produzierten Film über die Karriere Bernsteins, New York.
7.–23. Oktober: Konzerte mit dem IPO in Israel.

1.–20. November: Fünf Beethoven-Konzerte mit den Wiener Philharmonikern

22. November: Europäische Premiere von *Songfest* in München mit dem Symphonieorchester des Bayerischen Rundfunks. Weitere Aufführungen in Linz und Wien.

3. Dezember: Konzert im Kennedy Center zu Ehren Artur Rubinsteins; dirigiert «Simple Song» aus *Mass* mit Rubinsteins Sohn John.

1979 29. Januar: Dirigiert die US Army Band bei einem Impromptu-Konzert im Kennedy Center, Washington D. C., zu Ehren des chinesischen Vize-Premiers Deng Xiaoping.

15. Februar: Konzert mit der Orquesta Filharmónica de Mexico, Mexico City, anläßlich des Staatsbesuchs von Präsident Jimmy Carter bei Präsident Lopez Portillo.

4.–8. Mai: Leonard Bernstein Festival mit dem Kansas City Philharmonic Orchestra; Premieren von zwei Balletversionen von Stücken von Bernstein und einer Kammerversion von *Songfest;* zum erstenmal werden alle drei Bernstein-Symphonien in einem Programm gespielt.

10.–27. Mai: Konzerte mit dem London Symphony Orchestra und den Wiener Philharmonikern.

11. Juni–6. Juli: Konzertreise mit dem NYP durch den Westen der USA, Japan und Korea.

18.–29. Juli: Konzerte mit dem Boston Symphony Orchestra und dem Berkshire Music Center Orchestra, Tanglewood.

2. August: Konzert mit dem Philadelphia Orchestra, Robin Hood Dell.

12.–26. August: Konzerte mit dem IPO in Israel, Salzburg und München.

(61) August: Konzerte mit den Wiener Philharmonikern in Salzburg.

6.–21. September: Konzerte mit dem Orchestre National de France, Paris; gespielt wird u. a. *Songfest.*

3.–5. Oktober: Konzerte mit den Berliner Philharmonikern.
22. Oktober–15. November: Erster Besuch der Wiener Staatsoper in den USA; Konzerte im Kennedy Center und in New York.
20. November: Wiederaufführung von *West Side Story*, zunächst in Miami Beach, Florida.
2. Dezember: Konzert und Festrede bei einer Veranstaltung im Kennedy Center zu Ehren von Aaron Copland; abends Rede bei einem Benefizkonzert für Mitropoulos in New York.
22. Dezember: Premieren von Ballettversionen von *Songfest* und *The Age of Anxiety*.

1980 17. Januar: Premiere von *Dybbuk*, mit neuer Choreographie, New York City Ballet, New York.
24. Januar: Premiere von *Fancy Free*, New York City Ballet – bis dahin nur vom American Ballet Theater aufgeführt.
10. August: Galaveranstaltung «Broadway for (Edward) Kennedy: An Evening with Composers and Lyricists».
(62) 25. September: Premiere von *Divertimento*, Boston Symphony Orchestra.
11. Oktober: Premiere von *A Musical Toast*, NYP.
12. Oktober: Premiere von *I Think Continually*, Lied von Jack Gottlieb zum Gedenken an Felicia Monteleagre, mit Nancy Williams und Leonard Bernstein, Merkin Concert Hall, New York.
19. Oktober: Rede beim Carter/Kennedy Unity Dinner, Washington D. C. Lieder aus Bernstein-Musicals mit David Eisler (Tenor) und Leonard Bernstein (Klavier).
9. November: Geburtstagskonzert für Aaron Copland mit dem American Symphony Orchestra in der Carnegie Hall, New York. Bernstein dirigiert *Lincoln Portrait;* Copland übernimmt die Rolle des Erzählers.
14. November: *Lincoln Portrait* (Erzähler: Aaron Copland) mit dem National Symphony Orchestra, Washington D. C.

7. Dezember: Verleihung des Kennedy Center Honor for Career Achievement in the Performing Arts, Washington D. C.

1981 11.–13. Januar: Dirigiert *Tristan und Isolde*, Erster Aufzug, mit dem Symphonieorchester des Bayerischen Rundfunks, München.

Januar–Februar: Konzerte mit dem NYP, New York; verschiedene Programme amerikanischer Musik.

16. Februar: Premiere von *Mass*, Wiener Staatsoper.

21.–25. Februar: Konzerte mit den Wiener Philharmonikern in Wien, Bregenz und München; auf dem Programm steht u. a. *Kaddish*.

17.–22. März: Dirigiert *Kaddish* mit dem National Symphony Orchestra, Washington, New York.

25., 27. April: Dirigiert *Tristan und Isolde*, Zweiter Aufzug, mit dem Symphonieorchester des Bayerischen Rundfunks, München.

3. Mai: Gedenkkonzert für Karl Richter mit dem Münchener Bach-Orchester und Chor; auf dem Programm steht ausschließlich Musik von Bach.

13.–15. Mai: Gedenkkonzert für Kiril Kondrashin mit dem Orchestre de Paris.

27. Mai: Premiere von *Halil* mit dem IPO, Tel Aviv.

27.–31. Mai: Konzerte mit dem IPO in Tel Aviv und Jerusalem.

12. Juni: Dirigiert *Kaddish*, *Halil* und *Three Meditations* aus *Mass* im Vatikan zu Ehren von Papst Johannes Paul II.; anschließend weitere Konzerte in Rom.

11. Juli: Konzert mit dem Berkshire Music Center Orchestra.

(63) 12. September: Wiederaufführung von *Mass* anläßlich des zehnjährigen Bestehens des John F. Kennedy Center for the Performing Arts, Washington.

13. September: Konzert mit dem National Symphony Orchestra.

20. September: Haydn/Strawinsky-Festival, Konzert mit der Lincoln Center Chamber Music Society.

3.–23. Oktober: Konzertreise mit den Wiener Philharmonikern; Auftritte in Wien, Hamburg, Kopenhagen, Helsinki, Frankfurt, Stuttgart, Berlin, Hannover.

8., 10. November: Dirigiert *Tristan und Isolde*, Dritter Aufzug, mit dem Symphonieorchester des Bayerischen Rundfunks, München.

6.–30. November: Konzerte mit dem Orchestre National de France in Paris, Boston, Washington, New York.

8.–14. Dezember: Dirigiert bei einer Werkstattveranstaltung im Rahmen des Musiktheater-Programms der New York University.

31. Dezember: Benefizkonzert mit Isaac Stern für die Musician's Foundation in der Carnegie Hall.

1982 9. Januar–14. Februar: Gastdirigent an der Indiana University. Werkstattveranstaltungen mit Stephen Wadsworth; Arbeit an der neuen Oper *A Quiet Place*.

7.–19. März: Konzerte mit dem National Symphony Orchestra in Washington D. C.

22. März–3. April: Konzerte mit dem NYP. New York.

10.–15. April: Konzerte mit dem BBC Symphony Orchestra in der Royal Festival Hall, London.

April–Mai: Konzerte mit dem IPO in Israel, Deutschland, Mexico und Texas.

Mai: Konzerte mit der Orchestra della Scala in Mailand und Venedig; Programm der Musik Strawinskys anläßlich seines 100. Geburtstags.

17. Juni: Konzert «America Celebrates Stravinsky» mit dem National Symphony Orchestra im National Cathedral, Washington D. C. Gastdirigent Michael Tilson Thomas.

Juli/August: Künstlerischer Leiter des Los Angeles Philharmonic (LAP) Institute. Meisterklassen im Fach Orchesterleitung, Konzerte mit dem Studentenorchester und dem LAP. Zudem Konzerte mit dem LAP in San Francisco und Hollywood.

(64) September: Brahms-Konzerte mit den Wiener Philharmonikern in Wien und der Bundesrepublik Deutschland.

13. Oktober: Premiere der Opernfassung von *Candide* an der New York City Opera, Lincoln Center.

1982–1983 Oktober–Juni: Urlaub vom Konzertsaal, Arbeit an *A Quiet Place*.

1983 26. Mai: Leonard Bernstein Day, Houston, Texas.

17. Juni: Premiere von *A Quiet Place* (mit *Trouble in Tahiti*), Houston Grand Opera.

21. Juni: Konzert der Musik Bernsteins mit dem Houston Symphony Orchestra; zweiter Dirigent Serge Commissiona.

1.–14. August: Konzerte mit dem Boston Symphony Orchestra und dem Berkshire Music Center Orchestra, Tanglewood.

14.–23. August: Dirigiert *Jeremiah* mit dem Los Angeles Philharmonic und dem Los Angeles Philharmonic Institute Orchestra.

(65) Leonard Bernstein Day, Lawrence, Mass. Der Tag ist der nuklearen Abrüstung gewidmet. Einweihung eines Platzes und eines Konzertsaals, die nach Bernstein benannt sind.

22. Oktober: Auftritt bei der 100-Jahr-Feier der Metropolitan Opera.

29. Oktober: Dirigiert *Jeremiah* im Vatikan.

November: Konzerte mit dem Symphonieorchester des Bayerischen Rundfunks und den Wiener Philharmonikern.

3. Dezember: Gedenkkonzert für Artur Rubinstein, Carnegie Hall.

31. Dezember: Beginn einer Reihe von jährlichen Auftritten am Silvesterabend in der Cathedral of St. John the Divine, New York, bei denen Bernstein über Frieden und nukleare Abrüstung spricht.

1984 8. Januar: Konzert mit dem National Symphony Orchestra im Kennedy Center, Washington D. C.

12. Januar: Konzert mit dem NYP in der Avery Fisher Hall, Lincoln Center.

15. Januar: Benefizkonzert für Richard Tucker, Carnegie Hall.

28. Januar–12. Februar: Konzerte mit den Wiener Philharmonikern in Wien und Salzburg.

15. Februar–2. März: US-Tournee mit den Wiener Philharmonikern.

14. März: Konzert mit dem NYP in der Avery Fisher Hall, New York, anläßlich des 60. Jahrestags vom Beginn der *Young People's Concerts*.

22. April: Galakonzert am Curtis Institute; auf dem Programm steht u. a. *The Age of Anxiety*.

22.–24., 27. Mai: Konzerte mit dem NYP; auf dem Programm stehen drei Frühlingssymphonien.

1. Mai–27. Juni: Zwölf Konzerte mit dem IPO in Israel und Florenz.

19. Juni: Premiere der überarbeiteten Fassung von *A Quiet Place* an der Opera La Scala, Mailand.

22. Juni: Premiere von *A Quiet Place* im Kennedy Center Opera House, Washington D. C.

23. Juni: Benefizkonzert für Amnesty International mit dem Orchester der Opera La Scala.

(66) 4.–7. September: Studioaufnahme von *West Side Story* mit Te Kanawa, Carreras, Troyanos, in New York (RCA).

13. September: Jubiläumskonzert mit dem Pittsburgh Symphony Orchestra; auf dem Programm steht u. a. *Jeremiah*.

27. September–31. Oktober: Konzerte mit dem Symphonieorchester des Bayerischen Rundfunks und den Wiener Philharmonikern in München, Ottobeuren, Wien, Berlin, Hamburg, Düsseldorf, Hannover, Madrid, Barcelona. Auf dem Programm steht u. a. *Divertimento.*

1984–1985 November–Mai: Arbeit an neuen Kompositionen.

2. Dezember: Heirat der ältesten Tochter, Jamie, mit David Thomas.

1985 18. April: Symposium über *West Side Story,* veranstaltet von der Dramatist Guild, New York, mit Laurents, Robbins, Sondheim und Bernstein.

Mai: Wagner-Konzert an der Wiener Staatsoper.

Juni–Juli: Konzerte in Amsterdam, London, Rom, Washington, Jones Beach, Ravinia, Tanglewood.

26. Juli–11. August: Konzerte mit dem European Community Orchestra in Athen, Hiroshima (zum Gedenken an den 40. Jahrestag der ersten Atombombe), Budapest und Wien. Das Programm trägt den Titel «Journey for Peace»; gespielt wird u. a. *Kaddish.*

(67) 11. August–22. September: Konzerte mit dem IPO in Israel, Deutschland, Japan und den USA.

26. September: Eröffnung von Bernstein: *The Television Work* am Museum of Broadcasting, New York (bis 14. November).

14. November: Konzert mit dem NYP zum 85. Geburtstag von Aaron Copland.

17. November: Dirigiert die Premiere von David Diamonds *Symphony No. 9* mit dem American Composers Orchestra in der Carnegie Hall.

27. November–10. Dezember: Konzerte mit dem NYP.

1986 10. April: Premiere von *A Quiet Place* an der Wiener Staatsoper.

29. April–11. Mai: Leonard Bernstein Festival mit dem London Symphony Orchestra; Bernstein dirigiert ein Konzert im Beisein der Queen und des Herzogs von Edinburgh.

15. Mai: Konzert mit dem London Symphony Orchestra in Rom; auf dem Programm steht ausschließlich Musik von Bernstein.

Juni–Juli: Konzerte mit dem Symphonieorchester des Bayerischen Rundfunks und dem Boston Symphony Orchestra.

4.–16. August: Konzertreise mit dem NYP durch die USA.

(68) 5.–6. September: Konzerte mit dem NYP in New York, assistiert von drei jungen Dirigenten.

12. September: Premiere von *Jubilee Games* mit dem IPO, Avery Fisher Hall, New York.

15.–28. September: Konzertreise mit dem IPO; Auftritte in London, München, Pompeji, Paris, Zürich, Israel.

30. September–6. Oktober: Konzerte mit den Wiener Philharmonikern.

8. Oktober: Leonard Bernstein Day an der University of Bridgeport.

22.–27. Oktober: Leonard Bernstein Week mit dem Pacific Symphony Orchestra, Santa Ana, Kalifornien.

November–Dezember: Teilnahme an Harold Arlen Memorial, PBS, und AIDS-Wohltätigkeitsveranstaltung.

15. Dezember: Premiere von *Opening Prayer* mit dem NYP in der Carnegie Hall.

1987 4. März: Geburt der Enkelin Francisca (Tochter von Jamie und David Thomas).

März–April: Konzerte mit dem NYP und dem National Symphony Orchestra, darunter ein Benefizkonzert für Amnesty International.

April–Mai: Werkstattveranstaltung zur musikalischen Adaptation eines Brecht-Stückes von Bernstein, Robbins, Guare und Sondheim: *The Race to Urga,* aufgeführt am Mitzi Newhouse Theater, Lincoln Center.

Mai: Ernennung zum Laureate Conductor des IPO anläßlich der vierzigjährigen Zusammenarbeit des Orchesters mit Bernstein.

Juni: Ernennung zum Ehrenmitglied des London Symphony Orchestra. Bernstein ist auch Ehrenmitglied des NYP, des Cäcilienorchesters und der Wiener Philharmoniker.

(69) April–August: Albert Schweitzer Award, New York; Goldmedaille der Royal Philharmonic Society; Ernennung zum Ehrenbürger des Landes Schleswig-Holstein; Siemens-Preis, München; Edward MacDowell Medal für Komposition; Goldene Schallplatte für die eigene Aufnahme von *West Side Story.*

August–September: Konzerte mit den Wiener Philharmonikern in Salzburg und den USA.

November: Konzerte mit dem NYP.

November: Konzert zu Ehren Bernsteins mit dem New Jersey Symphony Orchestra, veranstaltet von der America Israel Cultural Foundation; auf dem Programm steht ausschließlich Musik von Bernstein.

Ab Anfang Dezember: Arbeit an Memoiren und eigenen Kompositionen.

II

<small>AUGUST EVERDING</small>

Solange noch Zeit zum Träumen ist

Aus einer Laudatio auf
Leonard Bernstein

In Deutschland ist man skeptisch gegenüber Allround-Künstlern – hier bei uns ist man *eines* und das richtig. Heute bekommt einer den Ehrenpreis, der Dirigent, Komponist, Pianist, Autor, Lehrer, Fernseh-, Pult- und Gesellschaftsstar ist – aber auch Humanist, Idealist und Moralist. Auf Leonard Bernstein darf man keine «ordentliche» Laudatio halten, ihn muß man preisen, mit Harfen, Tuben, Orgeln, Cymbeln und Schalmeien, so, wie der Psalmist Lobesgesänge intrumentiert. Ihn kann man wie Elektra durch Chrysothemis fragen lassen: «Hörst du die Musik», und er antwortet: «Ob ich sie höre? Sie kommt doch aus mir.»

Bernsteins Innen ist auch Außen, sein Außen ist auch Innen. Er nutzt und benutzt alle Medien dieser Zeit, er ist ein Kind dieser Zeit. Der Vorwurf des Eklektizismus trifft ihn nicht. «Ich betrachte das nicht als pejorativen Ausdruck. Jeder Komponist ist eklektisch. Beethoven war nicht möglich ohne Haydn... Die Hauptsache, die einzige, die zählt, das ist die persönliche individuelle Stimme, die durchdringen muß.» Und seine Stimme drang durch, gleich nach diesem spektakulären Konzert vor 40 Jahren, wo er für den erkrankten Bruno Walter einsprang. Sie war hörbar in seinem ersten Musical *On the Town*, in seinem ersten Buch *The Joy of Music* – sein zweites war dann schon *Young People's Concerts for Reading and Listening*.

In der Geschichte der Musik, die er so trefflich verlebendigen kann, haben ihn vor allem die ethnischen und liturgischen Einflüsse interessiert. Seine Stimme war schon früh in der Black Power-Bewegung zu hören, er spielte in Israel während des Unabhängigkeitskrieges und verband seinen letzten Geburtstag mit einem Aufruf zur nuklearen Abrüstung. Er will gehört werden. Er will keine politischen Botschaften in seiner Musik ausdrücken, aber eine Botschaft hat ihn immer engagiert: Schillers von Beethoven vertonte Ode «Freude schöner Götterfunken».

Ethnic strife, harmony among men, peace on earth, das sind seine Themen, und das sind die Diskussionsthemen unserer Jugend. Man kann den Künstler Bernstein nicht vom engagierten Weltbürger trennen, der aber auch ein originärer, originaler, origineller Amerikaner ist.

Ihn hat nicht gestört, daß man ihm wie Gustav Mahler den Vorwurf der Kapellmeister-Musik machte. Er hat den alten Streit zwischen U und E, zwischen Unterhaltungs- und ernster Musik aufgehoben. Seine Initialen sind Garantien, daß die Kluft zwischen E und E, zwischen Entertainment und Elite, zugeschüttet werden kann. Leonard Bernstein, L und B, steht für light und bright.

Leonard Bernstein, Sie haben sich nie mit dem Status quo zufrieden gegeben. Ihre Leidenschaft ist die Phantasie. Die Phantasie schafft Ihre Leiden, aber erweckt auch Ihre Hoffnung, jene Hoffnung, jenes Prinzip Hoffnung, das Sie immer mitgerissen hat – und uns. Musik ist für Sie immer eine offene Frage, «the unanswered question». Ihre Antwort, welcher Art sie auch sein mag, ist immer Ja. Der Mut zu diesem Positivismus, der kein billiger Zukunftsglaube ist, dieses Ja, das bei Ihnen zum Nein wird, wenn es das Ja bedroht, dieses Ja ist die Begründung für diesen Preis*. Dieses Ja ist eine

---

* Raiffeisen-Kulturpreis 1983

Antwort auf eine Frage und kein Statement. Es ist kein Tranquilizer und keine harmonisierende Brücke über einen Abgrund. Ihre zweite Symphonie beschreibt das Zeitalter der Angst. Ihre Hoffnung wohnt im Windschatten Ihrer Verzweiflung. Sie hoffen, daß in Ihrer Neunten aus dem Zeitalter der Angst ein Zeitalter des Friedens wird. Ihr Ja ist so mutig, weil es den Hohn der professionellen Neinsager erträgt. Ihnen ist die Plattform wichtig, selbst wenn sie als zu platt verwitzelt wird.

Am 30. Mai 1980 fragten Sie die Absolventen der Johns Hopkins University: «Seid ihr bereit und tapfer genug, euren Verstand aus den Zwängen zu befreien, die wir Älteren ihm aufgezwungen haben? Seid ihr bereit, anzuerkennen, daß das Leben des Geistes Vorrang vor dem tätigen Leben hat und dieses bestimmt?» Sie stimulierten die Studenten zu einem Wunschtraum vom absoluten Frieden. Vielleicht war das naiv, aber immerhin, «besser, als sich Armageddon auszumalen, die Vernichtung der Menschheit». Sie forderten sie auf, weiter zu träumen, alle Phantasien durchzuträumen, solange noch Zeit zum Träumen ist.

JOACHIM KAISER

Besessener Erzähler und Erzieher
Eine Laudatio-Sonate

Was ist das Besondere, das Charakteristische und Einzigartig-Typische an Bernsteins Kunst? Es wäre zu wenig, jetzt von seiner Schlagtechnik zu reden, die zwingend und wunderbar deutlich funktioniert, oder von seinen tiefdurchdachten Interpretationen, oder von seiner rhythmischen Ursprünglichkeit, die auf alles Verhetzte verzichten kann, weil sie wirklich befeuernd und lebendig ist. Es wäre zu wenig, von seinem Gefühl zu schwärmen für die unauffälligen Katastrophen bei Mozart, oder für die todessüchtig auffälligen Katastrophen bei Gustav Mahler: Alles das ist bei Bernstein bewunderungswürdig gegeben, aber es macht ihn nicht aus, definiert ihn noch längst nicht. Mit fabelhaften Zensuren für bestechende Kapellmeisterfähigkeiten kommt man einem Leonard Bernstein nicht bei, der dirigiert wie ein alles aus der Wurzel verstehender Komponist, und der komponiert wie ein alles dem dramatischen Verlauf zuordnender Künstler.

Bernstein-Konzerte fallen aus dem Rahmen des Musikbetriebes, selbst wenn dieser sich aus lauter Hoch- oder gar Höchstleistungen zusammensetzen sollte. Bernstein-Konzerte sind Ausnahmen. Auf Bernstein-Konzerte freut man sich wie auf glückliche Rechtfertigungen unseres Menschen-Daseins in der Qual der Zeit – freut man sich wie auf eine Mischung aus Weihnachten, Wechselbad, Erleuchtung, Mysterium und sinnlich-heiterem Fest.

Denn Bernstein ist der Reinheit fähig, der schlackenlos originären Direktheit des Empfindens. Bernstein fühlt stärker, und er hat ein heißeres Herz als wir anderen, ärmeren Erdenbürger. Er ist der Ekstase fähig, aber auch der Zurückhaltung, die manchmal zur Größe gehört. Nie verrät er Beethovens human-beseelten Ton an effektvolle Sacre-du-Printemps-Grellheit, nie verrät er Wagners Sehnsucht an aufgedonnerte Orchester-Artistik, nie verrät er Mozarts schwebende Trauer an elegante Sentimentalität. Die erste, scheinbar leichteste, in Wahrheit schwerste Vorbedingung seiner Kunst ist die glühende Lauterkeit seines Empfindens. Er vermag der Musikwahrheit nachzuspüren bis auf den Grund. Das Raffinierte, Schräge, Psychologisch-Interessante, das Abgezirkelt-Sichere und Brillante – das können viele, wenn auch keineswegs allzu viele. Aber jene große Einfachheit, derer es bedarf, um das Finale von Beethovens 5. Symphonie als heiteres, eleusisches Freiheitsfest der Menschheit hörbar zu machen: dergleichen gelingt nur den reinen Seelen, und ein eben noch steifes Konzertsaal-Publikum wippt dann rhythmisch mit und würde tanzen, wenn Platz wäre. Wir haben es bei Bernsteins Münchner Aufführung der «Fünften» hingerissen erfahren. Unverstellter Originalität bedarf es auch, um Melodien zu erfinden, welche die Menschen jahrzehntelang singen, was etwa die bis zur Anonymität populären Songs der *West Side Story* erreichten.

Nichts ist schwerer, als in einer Welt massenhafter Einflüsse, Klugheiten, Trendsetter und Moden, dieses Eigene, Reine, in sich ohne Forciertheit aufzuspüren und weiterzuvermitteln. Die meisten Menschen und Künstler leben, so gesehen, keineswegs nur einmal, sondern leider eigentlich keinmal. Sie glauben, sie wären wer weiß wie unmittelbar-eigenständig. Aber ihre Stimme ist immer nur Echo anderer.

Bei Bernstein erfährt die Welt, was Reinheit, was eine reine Flamme vermag. Darum liebt sie ihn. Er glaubt beschwörend. Er verkündet und belehrt hingerissen und eben deshalb auch hinreißend. Er ist ein Schenkender. Das Umarmen ist sein Gestus während des Konzertes – und auch danach, beim Bedanken. Es ist eine Weltumarmung aus Ursprünglichkeit, aus zweiter Unmittelbarkeit, nicht aus angedrehtem Optimismus. Ungeheure Seelenkraft gehört zu solcher Weltumarmung für einen Künstler, der privatim gewiß auch ein wenig depressiv ist, der seine ständig in sich rotierende phantasievolle Überspannung mit Kartenspiel, wie Richard Strauss, oder, wie so viele andere, mit Whisky zu dämpfen versuchen muß. Natürlich fühlt Bernstein auch bitter und heftig pessimistisch im Hinblick aufs Schicksal unserer Erde. Einer Erde, die sachzwangorientiert (also in höherem Sinne orientierungslos) zu ihren Atomblitz-Untergang zu taumeln scheint – wie Günter Grass es in seinem letzten, leider weithin unterschätzten Buch so beklemmend beschrieben hat. Doch: heftig pessimistisch zu sein im Hinblick aufs Schicksal der Welt, das hindert einen Bernstein nicht daran, sich verzweifelt optimistisch zu verhalten im Hinblick aufs Helfen, auf unentwegte Hilfsbereitschaft, auf tapferen Pazifismus. Motor für das alles ist Bernsteins Daseins- und Kunst-Energie. Sie erscheint bei einem Dirigenten natürlich umgesetzt in Bewegungs-Energie. Allerdings: wer nicht zu hören vermag, wie der Symphoniker Schumann, wenn Bernstein die Musiker befeuert, zum jünglingshaft jubelnden Bruckner gesteigert erklingt; wer nicht begreift, wie Berlioz und Debussy bei Bernstein Dimensionen annehmen, die tiefer reichen, als klassische deutsche Besitzstandswahrung es den Franzosen zubilligt, wer das alles nicht mit den Ohren zu begreifen vermag, der kapiert auch die Funktion der Bewegungen nicht, die dergleichen aus den Orchestermusikern herausholen. In einem Interview bekannte Bernstein: «Manchmal sehe ich mich auf dem Fernsehschirm und denke: ‹Um Gottes willen, was tut denn der da! Da steht ein erwachsener Mann auf einer Holzkiste und macht solche verrückten Bewegungen.› Es ist etwas ganz anderes, ob man sich im Fernsehen selber beobachtet, oder auf dem Podium steht. Manchmal denke ich, vielleicht bevorzuge ich diese überstarken Ausdrucksmittel, weil ich die Musik auch lehren will, weil ich zeigen will, wie sie ist. In mir schlummert ein alter Rabbiner mit seinem Wunsch, zu lehren, und das, was er lehrt, auch zu zeigen.»

Dieser alte Rabbiner kann nicht lügen und belügen. Nicht einmal sich selber. Dafür ein Beispiel. Bernsteins *Fidelio*-Interpretation im Theater an der Wien von 1970 war eine der gewaltigen Musik-Erfahrungen meines Lebens. Sieben Jahre später versuchte Bernstein, in einer immer noch sehr schönen Aufführung, mit einer anderen Solistin, das Einzigartige zu wiederholen. Ich war beeindruckt, natürlich, aber auch unglücklich. Hatte mich so auf Bernsteins unvergleichlichen *Fidelio* gefreut. Doch Wunder lassen sich nicht wiederholen. Und als die Leute wie besessen klatschten, beschloß ich, mich möglichst unauffällig mit meiner sanften, ungerechten Enttäuschung aus dem Staube zu machen. Nur mit niemandem reden. Keinem säuerlich den Spaß verderben. Also rasch die Wiener Staatsoper verlassen.

Aber das ging nicht. Ein sehr freundlicher Dramaturg oder Bernstein-Assistent sprach mich noch auf meinem Parkett-Platz an. Bernstein wisse, daß ich hier sei. Und ob ich nicht, dies die Bitte, kurz ins Künstlerzimmer... Ich nickte seufzend. Man kann, klar, mit vernünftigen, klugen Künstlern, wahrlich über alles reden, notfalls auch kritisch. Aber doch nicht unmittelbar nach einer Aufführung, wenn noch die Wogen des Beifalls und die Schweißperlen der Interpreten rollen. Andererseits: Einem Bernstein, dessen Lebensleistung über aller Tageskritik steht, sagt man nicht ab. Ich überlegte mir also meinen ersten, nicht allzu schroff einschränkenden, aber auch nicht allzu schattenlos lobenden Satz, noch dazu in meinem Schul-Englisch, und fühlte mich beklommen. Dann kamen wir zu ihm. Sein Zimmer – das hatte ich zur Bedingung gemacht – war erstaunlich leer. Erschöpft, aber aufgekratzt, saß er da in seinem herrlichen, golddurchwirkten, beneidenswerten, morgenländisch bunten Bademantel von damals, wenn es nicht noch etwas viel Vornehmeres war ... Ich gratulierte zum Erfolg. Doch bevor ich dann taktvoll zu stottern begann, sagte er – «I didn't achieve» – «Ich hab's nicht geschafft». Da wurde mir leicht. Nun konnte ich ohne schlechtes Gewissen Bernsteins Selbstkritik abschwächen, und meine irrige oder richtige Wahrheit vorbringen. Er kann eben nicht lügen.

Meine sehr verehrten Damen und Herren, lieber Maestro Bernstein – spätestens an dieser Stelle meiner Laudatio beschleicht Sie alle eine gewisse Angst: ja will denn der Redner in diesem hymnischen Ton fortfahren? Sollen wir die ganze Zeit ein Lobes-Allegro mit Posaunen und Trompeten in erhabenem Des-Dur, oder sagen wir gnädiger, wegen der Holzbläser, in D-Dur hören? Kann das so weitertönen, ohne monoton zu werden? Das frage ich mich natürlich auch. Und da ich die Erfahrung gemacht habe, daß man einen Musiker nicht besser ehren kann, als wenn man die Laudatio in musikalischer Form hält, etwa der einer Fuge oder eines Rondos (die es routinierten Hörern zumindest möglich macht, abzuschätzen, wie lange die Sache schlimmstenfalls noch dauern wird) – darum habe ich mich entschlossen, für unser Bernstein-Lob die Form eines symphonischen Hauptsatzes, die Sonaten-Form also, zu wählen mit Exposition, Durchführung, Reprise und Coda. Was wir soeben hörten, war also das Hauptthema, das, wie ja auch bei Brahms oder Mahler üblich, exponierte und bereits ein wenig durchgeführte erste Thema: Leonard Bernsteins Reinheit des Empfindens. In der Durchführung und in der Reprise wird noch modifiziert darauf zurückzukommen sein: so will es die Form und die Sache. Was nun aber den Seitensatz, das Seitenthema, betrifft, so gibt es zwei Möglichkeiten. Entweder leiten wir es, so macht das Beethoven manchmal, am sinnfälligsten in der *Appassionata*, entweder leiten wir es aus dem ersten Thema ab, oder wir wählen, wie Schubert es vorgeführt hat, einen Kontrast-Gedanken. In dieser Laudatio soll es ein Gegensatz sein. Denn Naivität, Reinheit, glühendes Zu-sich-selber-kommen-Können sind wahrlich nur eine Seite des Bernsteinschen Genius. Dagegen zu stellen wäre als zweites Thema: Bernsteins Sprach-Besessenheit. Ich meine damit nicht nur den faszinierenden Musikschriftsteller Leonard Bernstein. Seine aufregenden Analysen in weltberühmten Fernsehsendungen, in den Harvard-Vorlesungen *Musik – Die offene Frage*, wo Kompositionen zwischen Berg und Verdi geistvoll konkret erläutert werden von einem unschlagbaren Medien-Meister. Ich meine auch nicht nur die beziehungsvollen Texte, die Bernstein vertont hat. In der 1. Symphonie waren es die «Klagelieder des Propheten Jeremias». Der 2. Symphonie liegt immerhin Audens großes Gedicht «Das Zeitalter der Angst» zugrunde, welches einst in Deutschland durch Gottfried Benns grandios einseitiges Vorwort berühmt wurde. Für seine 3. Symphonie – *Kaddish* –, was im jüdischen Ritus der Name eines Gebetes ist, das am Grabe der Toten bei Gedächtnisfeiern gesungen wird – für diese *Kaddish*-Symphonie hat Bernstein selber den Text geschrieben. Es ist eine wütende, manchmal fast aufsässig indiskrete Auseinandersetzung mit Gott. Ein leidender Mensch, der Gott nicht nur demütig ergeben ist, sondern jüdisch-unbequem-verstört etwas von ihm fordert. In den Chichester-Psalmen wiederum vereinte Bernstein fünf Psalm-Stellen zu einem erregten und zarten Mirakel...

Mit alledem, überhaupt mit dieser Sprachbesessenheit, steht Bernstein tief in der jüdischen Tradition. Wenn heute ein Deutscher, ein wohlmeinender Deutscher, über «jüdische Tradition» spricht, dann drängt sich ihm oft ein seltsamer Bibber in die Stimme: etwas schrecklich Verlegenes und

Unfreies. Plötzlich wird man fromm-beklommen: so als sei das Jüdische, als sei zumal das Alte Testament nicht etwas ganz Konkretes, Lebendiges, Wirksames. Aus Angst vor diesem verlegenen Bibber geben sich manche Beklommenen dann sogar irgendwie besonders schnoddrig und keß –, was aber nicht den Ausdruck von Verachtung oder minderer Wertschätzung, sondern nur einen unfreien Befreiungs-Versuch darstellt angesichts einer großen Tradition und einer großen Schuld.

Bernsteins Musik, überhaupt alle kirchliche Musik von Rang und Ernsthaftigkeit, kennt diese Befangenheits-Bibber, diese beflissene Ergriffenheit, überhaupt nicht. Wir wissen ja nicht erst seit den Messen von Bach, von Haydns *Schöpfung* gar nicht zu reden, von Mozart, Beethoven, Bruckner, daß sich Frau Musica ihrem Gott-Vater herrlich frei nahen kann, daß sie manchmal dort noch zart und schwungvoll heiter tönt, wo die Gläubigen keuchen müßten unter metaphysischer Last. Musik verspricht kraft ihrer Eigenart Rettung, wo der Text Gefahr und Sünde beschwört. Die Kriegstrompeten im «dona nobis pacem» der *Missa solemnis* Beethovens klingen entsetzlich schwungvoll munter; die Sopran-Solistin der Mozartschen c-Moll-Messe singt ihr «Christe eleison» leuchtend geborgen und sicher – sie klingt eigentlich weit erlöster und unbedrohter als die *Figaro*-Gräfin im zweiten Akt der opera buffa. Musik darf das. Bei Bernstein, etwa in der *Kaddish*-Symphonie, werden Glaubensfragen teils in kräftig musicalhafter Rhythmik, teils in verdihafter, spiritueller Fugato-Gelehrsamkeit abgehandelt: auf keinen Fall, in keinem Takt verschwitzt, beklommen, protestantisch verhärmt. Der Musik ist das erlaubt. Im für mein Gefühl ergreifendsten Augenblick, der Bernstein in seiner E-Musik gelungen ist, geschieht etwas noch viel Aufregenderes, Überraschenderes. Der 131. Chichester-Psalm schließt in typischer Psalm-Manier mit dem Parallelismus-Membrorum der

Psalm-Verse «Harre, Israel, auf den Herrn – Von nun an bis in Ewigkeit» – «Me' atah v'ad olam». Doch aus diesem grandios zuversichtlich bestimmten «Von nun an in Ewigkeit» macht Bernsteins wunderschöne Cantilene ein melancholisches, zart melodisches Kopfschütteln. So als sei die erhoffte Ewigkeit nur ein Traum, eine Utopie. Etwas, was man ungläubig ersehnen kann, süß und schmerzlich, was aber unendlich fern liegt, unzugänglich wie ein «verriegeltes Paradies». Wie etwas, worauf man hoffnungslos hoffen mag, trostlos und doch nicht verzweifelt. Nur Musik hat für solche untröstliche Gestimmtheit Töne.

So nah steht Bernstein der jüdischen Tradition. Dem religiösen Wort. Aber dieser heftige jüdische Glaube an die Ernsthaftigkeit und Wichtigkeit des geschriebenen Wortes, sei es nun heilig oder profan, beseelt Bernstein allenthalben. Ich sprach einmal mit ihm über den bedeutenden Komponisten und Musikkritiker Virgil Thomson, der sich einst in einer Rezension möglicherweise vergaloppiert hatte. Bernstein, es war in Berlin, im Hotel Kempinski, lächelte überhaupt nicht, sondern er sagte einen Satz, den ein cleverer, von der blöden Fehlbarkeit alles kritischen Tuns durchdrungener deutscher Intellektueller in derart heftiger Weise kaum vorbringen würde. Er sagte mit blitzendem Auge auf deutsch: «So darf man nicht schreiben.» Und als ich ihn nach dem kritischen Unfug eines berühmten New Yorker Starkritikers fragte, dessen Name hier nichts zur Sache tut, verweigerte Bernstein sogar den Dialog. «It's too below», meinte er. «Es ist zu niedrig.» So ernst nimmt dieser enorm belesene Musiker Worte.

Das ist sehr jüdisch. Aber nicht nur jüdisch, sondern etwas anderes. So kommen wir zur Schlußgruppe unserer Sonaten-Exposition. Denn das Sprachelement, das Verbale und Dramatische zieht sich ja nicht nur durch Bernsteins verbale Äußerungen. Sondern es läßt sich in allem aufspüren, was

Bernstein musikalisch-interpretatorisch artikuliert oder komponiert. Dramatisch, nämlich bühnenhaft-handlungsartig, sei die von ihm komponierte Musik eigentlich immer, hat er einmal bekannt. Und wenn er Beethovens Neunte dirigiert, wo er das Chor-Finale wie eine logische Folge des Vorhergehenden erscheinen läßt, wenn er die dritte Symphonie von Brahms als philosophische Meditation versteht, wo sich der gedankliche Bogen von der Anfangs-Devise bis zum Dur-Schluß des Finales wölbt, wenn er Mahlers 5. Symphonie, zumal deren dritten Satz, zu einem Seelen-Roman mit der Tendenz zum Abgrund steigert, wenn er aus dem Adagio von Mahlers 9. Symphonie einen tödlichen Prozeß macht oder aus Tristans trauriger Weise im dritten Akt eine orchestral auskomponierte tragödienhafte symphonische Dichtung – dann entdeckt er jedesmal riesige Epen. Er spürt Verlaufsformen auf, Romane in musikalischer Verkleidung. Er ist als Interpret solcher Musik eigentlich ein beschwörender Erzähler. Unter seinen Händen hat Gustav Mahler etwas von Dostojewskij. Und man weiß ja, daß Dostojewskij Gustav Mahlers Lieblingsautor war. (Als Mahler den jungen Anton von Webern auf Dostojewskij ansprach, antwortete dieser verständnislos im Namen seiner Generation: «Wir haben den Strindberg.»)

Worauf diese Schlußgruppe hinaus will? Blicken Sie, später, wenn auch diese Laudatio vorbei ist, in Bernsteins Augen: Sie werden da auch Tiefgründig-Russisches bemerken. In der Tat ist alles Erzählende, alles die Musik zur begriffslosen Sprache Steigernde, alles Bohrende und Epische wohl sein russisches Erbe. Wie er große Symphonien nicht nur irgendwie ablaufen läßt, sondern emphatisch zum Seelen-Roman macht: so haben die großen russischen Schriftsteller des 19. Jahrhunderts, nehmen wir den Spätling Nabokow ruhig hinzu, geschrieben.

Nach dieser Themen-Aufstellung wird es Zeit für die

Durchführung. Die Musiktheoretiker schwärmen von dem «dramatischen» Durchführungs-Typ, wo die Themen dialektisch-militant gegeneinander stehen. So wie manchmal bei Tschaikowsky oder im Finale der *Mondschein-Sonate*, in Chopins *Trauermarsch-Sonate*, in Brahms' Violinkonzert. Aber eine solche dramatische Durchführung ist eher Ausnahme. Die meditative, sequenzierende, abwandelnde Durchführung kommt zwischen Haydn, Beethoven, Schubert und Strawinsky viel häufiger vor. Welche Themen eigentlich wichtig und nicht bloß Expositions-Episoden gewesen sind, das lehrt tatsächlich erst die Durchführung, indem sie zeigt, welcher Gedanke es wert war, später als Thema abgehandelt, entwickelt, «developed» zu werden.

Ich möchte meine Durchführung zum Lobe Bernsteins zunächst mit einer freien Assoziation beginnen, wie es Mozart in seiner Kammermusik manchmal vorgeführt hat. Nämlich mit dem Hinweis darauf, daß es nicht ungefährlich ist, über Bernstein zu reden, denn er weiß genau, was er tut. Oder ihn zu interviewen, denn er ist anspruchsvoll. Einer klugen, aber schlecht vorbereiteten liebenswerten Interviewerin hat er einmal unverblümt gesagt: «Stellen Sie mir nicht so dumme Fragen.» Und als der Interviewer einer Wochenzeitung, wohl um sich fabelhaft demokratisch einzuschmeicheln, blasiert von Bernstein wissen wollte (ich zitiere wörtlich): «Lieben Sie auch Wagner?», da antwortete Bernstein ebenso entsetzt wie überlegen: «O mein Gott, welche Frage! Er, Wagner, ist überwältigend. Die konzertanten Aufführungen von Tristan, Götterdämmerung und Walküre, die ich dirigierte, waren für mich phantastische Erlebnisse.» So mußte sich ein deutscher Musikkritiker von einem amerikanischen Genie mit russischen Vorfahren nicht nur belehren, sondern beschämen lassen.

Mittlerweile sind wir also in der Durchführung. Sie hat das thematische Material der Exposition abzuhandeln, abzuwandeln, weiterzuführen: Was haben Reinheit und Unmittelbarkeit auf der einen Seite, sowie musiksprachlicher und dramatischer Sinn auf der anderen Seite – Sie erinnern sich, so lauteten ja Haupt- und Seitenthema unserer Exposition – nun in Bernsteins Musizieren erbracht?

Das Motiv Wagner klingt ja noch nach, darum soll die Durchführung sich zunächst daran festbeißen. Nie werden diejenigen, die Bernsteins *Tristan*-Proben mit dem Symphonieorchester des Bayerischen Rundfunks und einem erlauchten Solisten-Team lauschten, diese Proben vergessen. Sie gelangen noch eindringlicher als die drei konzertanten Akt-Aufführungen am Abend und als die gewiß trefflichen Platten. Bei den Proben geschah das Allertollste. Der alte Karl Böhm, der auch mal dazu kam, sagte bewundernd, er hätte nicht gewußt, daß man Wagner so gut, so ohne jeden Abstrich richtig und vollkommen musizieren kann...

Bei den Klavierproben sang Bernstein dauernd mit. Er war heiser wie ein erkälteter Rabe. Als dieser Krächz-Rabe dem Bernd Weikl eine Phrase vorheulte, antwortete der gutgelaunte Sänger, mit Bernsteins Stimme stimme offenbar etwas nicht – und er, Weikl, wolle ja auch nicht dirigieren. Nur, jeder Mensch begriff genau, was Bernsteins Gekrächze meinte und forderte.

Seine Liebe zur Sache steckte an. Er nahm ein Mittel gegen Heiserkeit, dessen er sich, unvernünftig wie jeder Mensch, keineswegs öfter bediente als der denkbar unbekömmlichen Zigaretten. Den Spottchor des Kurwenal gegen Isoldes erschlagenen Verlobten: «Sein Haupt doch hängt im Irenland, als Zins gezahlt von Engelland; hei! unser Held Tristan, wie der Zins zahlen kann» – diesen Spottchor erläuterte Bernstein aufregend. Aus der dramatisch verstandenen Sache forderte er: «Nicht einfach schneller – sondern zunehmend schneller werden.» Also: statt eines unmittelbar rascheren Tempos eine immer wüstere Beschleunigung. Er forderte unmißverstehbar sinnfällig: das müsse klingen wie ein immer wilder ausuferndes Kinderschmäh-Lied. Die Wirkung war schlechthin umwerfend. Isoldes besinnungslose Wut wegen dieser Schmach begriff man nur zu gut. Und die Sehnsucht der Liebenden? Die Akkorde des berühmten Beginns durften, so erzwang es Bernstein, nie klar oder gar gestochen kommen. Bei jedem, wirklich jedem Bläser-Ansatz und -Einsatz, verlangte Bernstein ein Keuchen. Einen stöhnenden Nachdruck – wie ein A-a-ch... Kein Schwung, kein leuchtend selbstsicherer Höhepunkts-Effekt dürfe das Tristan-Vorspiel versehren. Nicht um einen erlösenden Orgasmus gehe es da, sondern um unstillbares, unlösbares Sehnen.

Bernstein ist Ausdrucksmusiker. Doch er spekuliert nicht eitel auf expressive Wirkungen, etwa nach der Erfahrung «Ausdruck macht Eindruck». Bei vorbehaltlos ausdrucksorientiertem Musizieren besteht manchmal die Gefahr, daß die Ausdrucks-Momente sich zu sehr häufen, sich gleichsam die Luft wegnehmen.

Doch fast immer fühlt Bernstein die Gefahr der Affekt-Übertreibung. Fast immer stellt er die dramatische Verlaufsform großer Musik her und reiht nicht nur Höhepunkte aneinander. Die *Coriolan*-Ouvertüre nimmt er finster geballt langsam, keineswegs rasend rasch, donnernd. Und er hat – darin Furtwängler vergleichbar – begriffen, erfühlt, daß Ausdruck paradoxerweise manchmal am ausdrucksvollsten wirkt, wenn er kaum mehr stattfindet. Beethovens erhabenste Melodien – das Adagio der vierten, das Adagio der neunten Symphonie – klingen am tiefsinnigsten, wenn sie gleichsam transsubjektiv ertönen, scheu, wie aus jenseitiger Ferne, ohne jeden Espressivo-Drücker. Dann sprechen diese Melodien nicht nur von menschlicher Befindlichkeit, privatem Jammer, sondern von mehr, von anderem.

Über solche heiklen Dinge kann man vielleicht gerade noch reden: Beethovens Dringlichkeit und Wagners Pathos stehen der Sprache zumindest nah. Aber Mozart? Allen, die meinen, hier werde festrednerhaft übertrieben, gebe ich den Rat, zu Hause jene Decca-Schallplatte aufzulegen, die Bernsteins Interpretation, als Solist und Dirigent, des B-Dur-Klavierkonzertes KV 450 von Mozart enthält. Bernsteins Deutung des langsamen Satzes ist wirklich ein lyrisches Wunder. Jede Variation klingt um eine Spur inständiger und langsamer als die vorige; Schönheits-Vollendung schlägt um in überwältigendes Geschehen, diese Musik scheint wie auf einen leisen Zusammenbruch hin entworfen.

Bernstein versteht Mozart aus dem Geist der Sache, aus der nie schematisch symmetrischen, sondern immer irgendwie unregelmäßigen, überraschenden, chromatischen Forderung einer jeden Stelle. Bernstein komponiert Mozart nach. Er tut es nie beklommen, sondern stets improvisatorisch frei. Er verbündet sich mit jeder Dissonanz, jedem verdunkelten Übergang.

Meine sehr verehrten Damen und Herren, denken Sie an die Verlaufsform dieser Laudatio-Sonate. Selbst in scheinbar harmlosen frühen Klaviersonaten Mozarts oder im gar nicht harmlosen Es-Dur-Klavierkonzert KV 271 hat Mozart dargetan, daß eine Reprise nichts Mechanisches ist. Und wir kommen ja jetzt zur Reprise. Bei Mozart, und überwältigend in Beethovens *Appassionata*, wirken die Energien der Durchführung nachweisbar tief und weit hinein in den Reprisen-Verlauf. Die Durchführung hat etwas Neues hinzugebracht: In der Reprise, wo die Exposition formalistisch zu wiederholen wäre, zittert, tönt die Kraft dieses Neuen nach. So darf ich, wenn nun in der Reprise wieder unser Hauptthema auftaucht, dem Motiv der Reinheit und Unmittelbarkeit noch etwas hinzufügen, was die Durchführung nahelegte: Bernsteins Unmittelbarkeit, seine dramatische Vergegenwärtigungskraft, ist das Gegenteil von bloßer Selbstdarstellung. Wenn man Haydn, Beethoven, Schumann, Wagner, Bartók von Bernstein gehört hat – dann möchte man immerfort von den Werken schwärmen. Bernstein, dem die vereinigten Gehörlosen vorwerfen, er inszeniere beim Dirigieren immer bloß sich selbst, hat eigentlich keinen festumrissenen, engen Personalstil. Weder beim Dirigieren, noch auch beim Komponieren. Unbedingtheit, Reinheit, Sprachbesessenheit machen nämlich keinen Personalstil aus – sondern sie schaffen etwas anderes: ein Fluidum von Wahrheit, Leidenschaftlichkeit. Also die Atmosphäre einer «besessenen Suche nach einem Ideal». Es gibt durchaus achtbare Dirigenten, die alles ihrem Personalstil unterwerfen. Da wird dann jedes Stück mit übereifriger Langsamkeit zelebriert, kein Forte darf die ertüftelte Ewigkeit unterbrechen. Man vernimmt, hört und sieht lauter Strukturen: Röntgenaufnahmen der Partitur. Was diese Strukturen tragen an Musik, Leben, Leiden, Geist – darauf wollen solche Personalstil-Inhaber nur ungern eingehen. Es gibt auch den Personalstil der derben Heftigkeit. Kapellmeister als manisch-depressive Temperament-Clowns. Sie gleichen den untergeordneten Göttern des Wagnerschen Ringes: sie können nur laut donnern oder leise jammern, aber zur musikalischen Klangrede, von der Nikolaus Harnoncourt schwärmt, der übrigens ein rückhaltloser Bewunderer Bernsteins ist, entschließen sie sich kaum. Mit solchen Exzentrizitäten hat Bernstein nichts zu tun.

Ich muß nun, die Reprise befiehlt es, auch das zweite Thema der Exposition ummodulieren. Sie erinnern sich: da ging es um Bernsteins Sprachbesessenheit, um seine musiksprachlich-dramatisch erzählende Kunst.

Da ist eine Erweiterung nötig. Wir täten Bernstein Unrecht, wenn wir ihn zum überdimensionalen und musiksprach-besessenen Ausdruckskünstler stilisierten und auf diese Weise ins germanische Ghetto der großen deutschen Ausdrucksmusik zwischen Bach und Brahms, Berg und Schönberg sperren wollten. Da gehört er nicht hinein – oder, um ein schiefes Bild zu riskieren, nur mit einem Bein hinein. Das andere sucht erfolgreich auf dem Broadway Fuß zu fassen, fühlt sich wohl in der Pariser Luft, in der Gegenwart süd- und nordamerikanischer Kunst. Charakteristischerweise hat sich Bernstein ausdrücklich gegen Theodor W. Adornos sehr deutsch-kulturpatriotische, hochmütige Verketzerung Strawinskys gewehrt, die übrigens Adorno selber in späteren Schriften modifizierte, ja fast zurücknahm. Bernstein liebt und dirigiert zwar voller verstehender Emphase die große tiefsinnige deutsche Musik der logisch-entwickelnden Variation – aber er hält sie nicht für die einzige Art und Möglichkeit bedeutungsvoller Kunst. Darum nennt er Adornos typisch deutsche Philosophie der Neuen Musik einerseits «faszinierend», andererseits bezeichnet er sie als «gehässig» und «schwülstig».

Das klingt vielleicht nach moralisierender, weltstädtischer Selbstsicherheit. Doch auch damit verfehlte man den Impuls der Bernsteinschen Ehrlichkeit. Denn Bernstein weiß um die Schwächen der Neuen Musik, zumal der Neuen U-Musik. Er hat festgestellt, daß der Broadway ziemlich erledigt, daß er, sagen wir, in einer Sackgasse sei, mehr von Geldgier erfüllt als offen für Innovationen gekennzeichnet. Die Geschichte des Musicals ging nach der *West Side Story* ja auch wirklich nicht sehr produktiv weiter. Und auch die in den sechziger Jahren so strahlend vitale Pop-Musik war, laut Bernstein, nach dem Jahrhundert-Höhepunkt, den die Beatles bildeten, nicht mehr so kreativ. Sie sehen, meine Damen und Herren, den naheliegenden und immer so versöhnlichen Schluß, E-Musik und U-Musik stünden, wenn nur die Qualität jeweils in Ordnung sei, fröhlich und gleichwertig nebeneinander, ich intoniere ihn hier nicht. Denn es hat keinen Sinn, Kunstverwirklichungen, die sich in derart verschieden geprägten, teils Jahrhunderte alten, erfahrungsreichen, teils aktuellen Kunstmaterialien darbieten, auf einen notwendig sehr abstrakten gleichen Nenner zu bringen. Das wäre, und damit sind wir fast am Ende, nur ein donnernder Trugschluß.

In der Coda, einer Art zweiter Durchführung, greifen manche Komponisten auf längst verklungene Anfangsmotive zurück: etwa Beethoven im Finale seiner *Les Adieux*-Sonate. Bernstein hatte, als er 1948 zum erstenmal in Deutschland war, um in München zu dirigieren, damals eine Scheu vor München und den eben besiegten Deutschen, er war in Sorge. Er schrieb einer Freundin am 11. Mai 1948, bei seinem Münchner Konzert hätte er drei Hindernisse überwinden müssen. Das erste Hindernis: seine Jugend (er war damals ganze 29 Jahre alt) –, das hat sich mittlerweile gebessert –; zweites Hindernis, daß er Amerikaner; drittens, daß er Jude sei. Dann fuhr er im Brief von 1948 fort: «Was für ein rauschender Erfolg! Es gibt nichts, was einen mehr befriedigen könnte, als ein Opernhaus voll von begeistert jubelnden Deutschen… Für die amerikanische Militärregierung», so fuhr Bernstein patriotisch fort, «bedeutet es außerordentlich viel; die Musik war die letzte Bastion der Deutschen in ihrem ‹Herrenrassen-Anspruch›, und in München ist die Bastion jetzt zum erstenmal geplatzt.»

Offenbar hat Bernstein damals allzuviel Respekt vor dem deutschen Herrenrassen-Anspruch empfunden. Ich bin ziemlich sicher, daß 1948 alle halbwegs zurechnungsfähigen Deutschen, die ja Krieg und Nazi-Zeit verdammt ramponiert überstanden hatten, denkbar aufgeschlossen und ängstlich bereit waren, sich von einem jungen amerikanischen Genie imponieren zu lassen. Damals waren wir deutschen Überlebenden enorm verunsichert, verbiestert, verängstigt: in gewisser Weise demütig neugierig auf das, was Amerika an Lebensqualität und Freiheit zu bieten hatte. Aber woher sollte Bernstein das wissen? Und die wenigen Vorlauten, die sich in solcher Situation deutscherseits vielleicht keck oder verstockt zu Wort meldeten, waren für nichts signifikant, außer für bloße Unbelehrbarkeit. Zwischen Bernstein und einigen deutschen Hörern scheint, bevor der Dirigent sie alle überwältigte, damals eine typische Mißverständnis-Konstellation geherrscht zu haben: jeder hielt den anderen irgendwie für bedrohlich. Exakt nach dem Vorbild jenes letzten großen Mirakels der Musikgeschichte, wo höchste Kunst und schlichte Volkstümlichkeit bruchlos ineinandergehen. Also nach dem Modell der *Zauberflöte*. Da hat Papageno Angst vor dem Monostatos, und Monostatos Angst vor dem gefiederten Papageno. Beide singen zitternd: «Es ist – der Teufel – sicherlich.» Und beide sind doch Opfer einer häßlichen Situation.

Aber von diesem Mißtrauen sind wir mittlerweile, lieber Maestro Bernstein, zumindest im künstlerischen Bereich doch überwältigend abgekommen. Unser Verhältnis zu Ihnen und hoffentlich auch das Ihre zu uns reguliert sich gewiß immer noch nach der *Zauberflöte*, aber eben nicht nach der Monostatos-Papageno-Szene, sondern glücklicherweise nach der endlich wolkenlosen Liebe zwischen Tamino und Pamina. «Tamino mein, o welches Glück», singt Pamina. «Bernstein in Deutschland, o welches Glück», variieren wir das vergnügt zur Schluß-Kadenz der Laudatio-Sonate.

III

ROBERT RICE

Bernsteins frühe Jahre

So öffentlich, wie es die Umstände während der letzten neunundzwanzig Jahre gestatteten – und in den letzten vierzehn hätte es kaum noch öffentlicher sein können – hat sich Leonard Bernstein, der ungeheuer begabte Mann aus Boston, seinem – wie er es nennt – Liebesverhältnis mit der Musik hingegeben. Die Affäre war stetig, feurig, siegreich und sozusagen allumfassend. In ihrem Verlauf hat Bernstein die Muse (sie heißt Euterpe) als Konzertpianist, Dirigent, Komponist von Konzertstücken und Broadway-Shows, sowie als Musikpädagoge des Fernsehens geküßt. Im vorigen Oktober flog Bernstein nach Tel Aviv und dirigierte dort das Israel Philharmonic Orchestra einen Tag nach der Premiere seiner *West Side Story*, einem der größten Broadway Hits unserer Zeit. Am Tage vor der Premiere hatte er das Vorwort zu einem seiner Bücher geschrieben, das sich vornehmlich mit Euterpe befaßt, und das der Verlag Simon and Schuster noch in diesem Jahr zu veröffentlichen hofft. (Es ist nicht das erste Mal, daß Simon and Schuster es zu veröffentlichen hofft, und als Titel war ursprünglich *Gespräche mit 30* vorgesehen.) Im gleichen Oktober brachte Columbia zwei Bernstein-Alben heraus, die *West Side Story* und zwei Klavierkonzerte (Bach und Beethoven), die er mit Glenn Gould als Solisten und einem besonderen Aufnahmeorchester dirigierte. Als Bernstein Anfang November aus Israel zurückkehrte, übernahm

Erstveröffentlichung in *The New Yorker*, Januar 1958

er noch einige weitere neue Aufgaben: Das Partiturstudium des zweiten Klavierkonzerts von Schostakowitsch, das er vor einigen Tagen als Pianist und Dirigent mit den New Yorker Philharmonikern zur Aufführung brachte; die Vorbereitung für sieben philharmonische Konzerte, vier im Januar und drei im April; die Ausarbeitung von fünf oder sechs Fernsehsendungen – vier für die Jugendkonzerte der Philharmoniker, die er in diesem Winter an Samstagnachmittagen dirigieren wird, und eine für die Fernsehschau *Omnibus,* in der er sich oft als Vortragsredner recht freimütig über die verschiedenen Aspekte der Musik äußert. Vor etwas mehr als einem Jahr wurde Bernstein berufen, sich mit Dimitri Mitropoulos die musikalische Leitung der New Yorker Philharmonic Symphony Society zu teilen, und als Mitropoulos Ende November seinen Rücktritt nach Schluß der diesjährigen Saison ankündete, wurde Bernstein beauftragt, ab nächstem Herbst die alleinige Leitung der Philharmoniker zu übernehmen – wahrscheinlich das wichtigste musikalische Amt im Lande. Es ist das erste Mal, daß diese hohe Stellung an einen gebürtigen Amerikaner vergeben wird. Und es ist auch das erste Mal, daß sie einem Komponisten zufällt, der einen Song mit dem Titel *Wrong Note Rag* (Ragtime der falschen Note) geschrieben hat.

Vom Standpunkt des großen Publikums aus betrachtet, begann Bernsteins Karriere genau um zwei Uhr dreißig nachmittags am Sonntag, dem 14. November 1943 in der Carnegie Hall, als er auf das Podium beordert wurde, um anstelle des erkrankten Bruno Walter das zur Institution gewordene wöchentliche philharmonische Rundfunkkonzert zu dirigieren. Sein Auftritt war spektakulär, ein musikalischer Erfolg, mit dem der ewige Traum des Ersatzmanns in Erfüllung ging. Am Montag erschien eine begeisterte Kritik des Konzerts auf der Titelseite der *New York Times,* und am Dienstag wurde das Ereignis noch einmal in einem Leitartikel mit der Überschrift «Eine alte und immer wieder neue Geschichte» gewürdigt. Seitdem ist Bernstein eine Persönlichkeit des öffentlichen Lebens, und er wird es voraussichtlich noch lange sein. Von seinem Gesichtspunkt aus jedoch begann seine Karriere ebenso plötzlich im Hause seiner Eltern in Roxbury, Massachusetts, an einem Wochentagsnachmittag des Herbstes 1928. Als er an diesem Tag aus der Schule kam, fand er zu seiner Überraschung ein altes Klavier im Wohnzimmer vor, ein Überbleibsel des Haushalts einer Tante, die aus einem großen Haus in eine kleinere Wohnung gezogen war. Sofort versuchte er sich auf diesem Instrument, schlug zuerst einige Tasten an, um sich an ihrem Klang zu orientieren, und dann rekonstruierte er mit Fleiß alle volkstümlichen Melodien, die ihm durch den Kopf gingen. (Er weiß noch, daß *Blue Skies* dazugehörte). In seiner eigenen Erinnerung war er mit zehn Jahren «ein ängstliches, kränkliches, spindeldürres Kind». Die Musik – selbst die, die er an jenem Nachmittag zustandebrachte – wirkte wie ein Wunder auf ihn und gab ihm Kraft und Mut. Von nun an umwarb er die Euterpe mit einer Entschlossenheit, die sich weder durch sein im Bekanntschaftskreis der Familie absonderlich wirkendes Betragen, noch durch die häufigen Proteste seiner beunruhigten Eltern erschüttern ließ. Dem Wunder folgten weitere Wunder, er nahm an Gewicht zu, entwickelte sich zu einem kräftigen Jungen und fand Freunde unter seinen Altersgenossen. Da er über eine geordnete private Klangwelt verfügte, in der er viel seiner Zeit verbrachte, war er fähig, den Prüfungen der ungeordneten, nicht privaten Welt mit Tapferkeit die Stirn zu bieten. Bernstein ist peinlich genau in seiner Ausdrucksweise, und man weiß von ihm, daß er den musikalischen Teil seines Lebens als «Kosmos im Chaos» zu bezeichnen pflegt. Leichter verständlich vielleicht ist seine Erklärung, daß die Musik, ganz gleich in welcher Form, welchen Genres und welchen Ursprungs, ihm «eine Gänsehaut verursacht».

Mit seiner unermeßlichen Leidenschaft für die Musik brauchte Bernstein, um sich in dieser halsbrecherischen Liebesaffäre zu behaupten, die Gaben des Genies – Webster nennt sie «unerklärlich, nicht analysierbar, inspiratorisch» – und das ebenso undefinierbare Temperament des Unterhalters. Rein äußerlich hat Bernstein viel von einem Schauspieler. Die Knochenstruktur seines Gesichts ist so theatralisch, daß er bei wechselndem Licht wie ein ganzes Bühnenensemble wirkt, ohne auch nur einen Muskel zu bewegen. Man findet kaum zwei Photographien von ihm, die ihn deutlich als denselben Mann zu erkennen geben. Seine Haut ist dunkel, das Haar schwarz und dicht mit einem vornehmen Silberschimmer an den Schläfen. Seine Haltung ist aufrecht, die Figur schlank. (Nur wenige Dirigenten werden dick, das Dirigieren ist anstrengend.) Auch seine Rede könnte die eines Schauspielers sein. Eine leicht vibrierende Baritonstimme, eine klare Aussprache mit jenem kosmopolitischen Akzent, der das «a» dehnt und das «r» rollt, und der keinem regionalen Hintergrund entstammt, es sei denn dem des Show Business. Die meisten, die ihm zum ersten Mal begegnen, sind von seinem ziemlich kleinen Körperwuchs überrascht – 1,72 m – denn im Frack auf dem Podium oder im künstlerisch gehandhabten Objektiv der Fernsehkamera-Leute wirkt er statuenhaft. Er liebt gute Kleidung und ist stets sorgsam auf seine äußere Erscheinung bedacht. Genauer gesagt, kann er sich bei der Wahl eines neuen Anzugs ebenso überschwenglich zeigen wie in allen anderen Aktivitäten, denen er nachgeht, und es ist bekannt, daß er Freunde zu den Anproben beim Maßschneider einlädt, weil er diese für besonders wichtig hält. («Lennys Kostümproben» nannte sie einer.) In den ersten Tagen seines Ruhms neigte er zu einem verwegenen Kleidungsstil, aber diese Tendenz hat sich in den letzten Jahren merklich abgekühlt. Als er vor einigen Monaten in der Fernsehschau *Omnibus* über Bach sprach, war sein Anzug so streng dreiknöpfig, daß man vom Hemd fast nur den Kragen sah. In den Salons gibt Bernstein sich im allgemeinen sehr freundlich. Er ist ausgelassen, ungezwungen, umgänglich, ein Meister im Gesellschaftsspiel und ein ausgezeichneter Jazzpianist. «Lenny ist nicht jemand, bei dem man sechs Monate braucht, um ihn richtig kennenzulernen», meinte ein alter Freund, und praktisch nennt ihn niemand – nicht einmal die Musiker, die für ihn arbeiten, oder die Sprechstundenhilfe seines Arztes – anders als Lenny.

Auf der Bühne gibt sich Bernstein sogar noch heiterer als im Privatleben. Die Anweisungen, die er einem Orchester während der Proben erteilt, sind oft spaßig und in reinem Schlagerkomponistenjargon: «Die nächsten vier Takte möchte ich sehr schnulzig», oder: «Nein, nein! Kein Rallentando, nur einfach Relaxo». Eines Tages fragte er eine Sopranistin, die sich gerade durch eine halsbrecherische Arie des Mozart-*Requiems* gekämpft hatte: «War das ein erstes Malchen?» Als die Sängerin gestand, es sei so, rief er aus: «Wunderbarioso! Couragiosa!» Im letzten Winter sprach er in seiner *Omnibus*-Sendung – schätzungsweise elf Millionen sahen und hörten sie – über zeitgenössische Musik und erklärte unter anderem, die Tonalität sei wie ein Baseball-Feld, auf dem der Grundton als Schlagmal diene, und den Begriff der Dissonanz illustrierte er mit amüsanten Klavier-Kunststücken; er spielte die Melodie der *Habanera* aus *Carmen* in einer Tonart und die Begleitung in einer anderen, dann spielte er *Star-Spangled Banner* mit der rechten und *America* gleichzeitig mit der linken Hand – zum Entsetzen der Vizepräsidenten in der Sponsorenloge, die eine Flut von Protestanrufen der patriotischen Verbände fürchteten (es kamen keine). Schließlich bemerkte Bernstein: «So haben wir nun die beiden feindlichen Lager, die Tonalisten und die Atonalisten, deren Häuptlinge Strawinsky und Schönberg sind.» In einer früheren *Omnibus*-Sendung über «Die Welt des Jazz» erläuterte er den Blues als eine Folge von Strophen von je zwölf Takten, jede Strophe aus drei gereimten Zeilen – die erste wird wiederholt – in jambischen Pentametern, und um das Ganze anschaulich darzustellen, sang er einen Macbeth-Blues:

«Ich fürchte nicht den Fluch und nicht den Tod;
Nein, ich fürcht' nicht den Fluch und nicht den Tod,
Solang Birnam nicht Dunsinane bedroht.»

Seinen Höhepunkt schauspielerischer und natürlich auch – nach Meinung der meisten Kritiker – musikalischer Leistung erreicht Bernstein, wenn er ein Symphonieorchester dirigiert. Zu sagen, er dirigiere *con moto*, wäre durchaus eine Untertreibung. Ein Bernstein-Konzert ist ein optisches, wie auch ein akustisches Erlebnis. Einem Orchester gegenüber bedient er sich einer Kommunikationstechnik, die seinen ganzen Körper in Anspruch nimmt – die Hände, die Arme, die Schultern, die Hüften, die Knie, ganz zu schweigen von der Stirn, den Augen und den Zähnen, und bis zu den letzten philharmonischen Konzerten hat man ihn selten, wenn überhaupt je den Taktstock schwingen gesehen, den er scheinbar als überflüssig betrachtet. «Er hüpfte, schlingerte, wackelte und – man glaube es oder nicht – puffte sogar,» schrieb einst der Kritiker Virgil Thomson in offenbarer Verblüffung. Eine Sopranistin, die oft mit Bernstein arbeitet und ihn als Musiker sehr bewundert, stellt sich bei gemeinsamen Auftritten immer möglichst weit von ihm auf die Bühne. Bernstein singt laut und unaufhörlich, wenn er Vokalmusik dirigiert – nach ein paar Tagen Oper ist er stets heiser –, und die Direktion der «Met» gibt jedesmal Anweisung, kein Mikrophon in seine Nähe zu stellen, so daß seine Stimme nicht mitübertragen wird. Außerdem stampft er heftig mit den Füßen auf, und man kann ihn nur auf einem saubergescheuerten Podium dirigieren lassen, weil sonst Staubwolken aufsteigen, die ein hohes C leicht in einen Hustenanfall verwandeln können. Ihm gefällt es allerdings gar nicht, daß seine Körperbewegungen in fast allen Kritiken seiner Konzerte kommentiert werden. «Akrobatisch» und «tänzerisch» sind zwei der langweiligsten Wörter unserer Sprache, klagte er vor nicht langer Zeit. Er behauptet, er sei sich dessen, was er beim Dirigieren tut, gar nicht bewußt, denn er reagiere nur auf die Musik. In letzter Zeit jedoch scheint er seine Reaktionen etwas mehr zu überwachen, jedenfalls bis zu einem gewissen Maße, denn seine Auftritte wirken fast konservativ im Vergleich zu denen seiner Jugend, als Thomson einige um Haaresbreite vermiedene Stürze vom Podium beschrieb. Manche Zuschauer meinen, seine vor sechs Jahren geschlossene Ehe mit der Schauspielerin Felicia Montealegre habe zumindest eine wichtige Reform herbeigeführt; sie schneidet ihm das Haar, und sie schneidet es oft. Obgleich die Kritiker immer noch nörgeln und ein gewisser Teil seines Publikums nach wie vor behauptet, man könne einem Bernstein-Konzert nur lauschen, wenn man die Augen schließt, läßt es sich nicht leugnen, daß Bernstein als Dirigent stets ein Kassenerfolg war.

Da Bernstein nicht willens oder nicht fähig war, jener hochmütigen, strengen und jähzornigen Persönlichkeit zu entsprechen, die vor etwa fünfzig Jahren vom verstorbenen Arturo Toscanini (den bestimmt keine Krankenschwester «Artie» zu nennen gewagt hätte) verkörpert und als Maßstab für den Dirigentenberuf gesetzt wurde, nennen ihn alle Musikliebhaber, deren Lieblingswort «seriös» ist, einen nicht überzeugenden, vielleicht sogar einen frivolen Maestro-Typ. Es kann allerdings nicht in Frage gestellt werden, daß er ein authentischer Maestro ist. Er besitzt in einem bemerkenswerten Maße die grundlegenden Begabungen und Fähigkeiten, einschließlich jener, die man unter der Bezeichnung «Gehör» zusammenfaßt, und obgleich er nicht mit dem geheimnisvollen (wenn auch nicht besonders notwendigen) «absoluten Gehör» gesegnet ist, so verfügt er über ein nicht minder absolutes «relatives» Gehör. Hat er einmal das A gehört, also den Grundton, so erfüllt ihn die leiseste Abweichung mit Entsetzen. Er kann inmitten eines hundertköpfigen Orchesters stehen und hört selbst im Fortissimo erstaunlich genau, was jeder einzelne Musiker tut, und das nicht nur in bezug auf die Tonhöhe, sondern auch das Tempo, das Volumen und die Spielmethode. Gerade auf diesem Gebiet hat er sich ein umfassendes Wissen angeeignet; er kennt die Zungentechnik der Trompete, kann einem Cellisten sagen, mit welchem Teil des Zeigefingers man einen bestimmten Pizzicato-Klang erzielt. Er liest Partituren mit größerer Leichtigkeit, als viele – eingeschlossen er selber – Worte lesen, und seine Erholungslektüre nach einem Tag schwerer Arbeit könnte sehr gut der erste Satz der fünften Symphonie von Sibelius sein. Beim Durchblättern einer ihm unbekannten Orchesterpartitur hört er das Werk wahrscheinlich viel genauer als ein Konzertbesucher, der einer sorgfältig geprobten Aufführung beigewohnt hat.

Leistungen dieser Art, die einem nicht beruflichen Musiker fast unvorstellbar erscheinen müssen, sind natürlich nur die mindesten Voraussetzungen für einen guten Dirigenten. So war Bernsteins Vortrag über die Kunst des Dirigierens in der Fernsehsendung *Omnibus* von ganz besonderem Interesse. Im Hinblick auf die erste Seite des ersten Satzes der ersten Symphonie von Brahms erläuterte und diskutierte er dreißig oder vierzig Minuten lang die Grundelemente des Dirigierens, wie das Schlagen des Taktes, die Anordnung einer Partitur, die Anweisungen, die man den verschiedenen Orchestermusikern geben muß, wie man Dynamik, Ausdruck und Stil erzielt. Dann sagte er: «So wird unser Dirigent genaugenommen nie ganz fähig sein, die Seite eins der ersten Symphonie von Brahms zu dirigieren. Aber nehmen wir einmal an, daß er jetzt einigermaßen fähig dazu ist. Er hat immer noch hundertfünfundsechzig weitere Seiten durchzuarbeiten – und sie bieten noch größere Komplikationen, erfordern noch schwierigere Entscheidungen. Und wenn er sich nun durch all diese Dinge gekämpft hat – Klangausgeglichenheit, Dynamik, Ausdruck, Stil, Gesamtkonzept, kultureller Hintergrund –, dann ist er soweit, eine gute Durchschnittsaufführung von Brahms' Erster zustandezubringen. Er wird die Symphonie so dirigieren, wie Brahms sie geschrieben hat, mit zufriedenstellenden Tempi, ohne daß eine Melodie in der Begleitung untergeht, das Orchester wird sauber spielen, wenn er ein gutes Gehör hat, und es wird eine getreue Wiedergabe sein, wenn auch möglicherweise nicht gerade aufregend. Denn die Qualitäten, durch die sich große Dirigenten auszeichnen, liegen weit jenseits und hoch über dem, was wir bisher erwähnt haben. Jetzt fangen wir an, uns mit dem Ungreifbaren zu befassen, mit dem magischen Aspekt des Dirigierens... Ein großer Dirigent ist einer, der ein starkes Empfinden für das Fließen der Zeit hat, der einen Ton in der genau richtigen Art und im richtigen Augenblick in den nächsten übergehen läßt. Denn die Musik existiert – wie gesagt – im Medium der Zeit; und diese Zeit muß gemeißelt, geknetet und wieder geknetet werden, bis sie wie eine Statue eine fest umrissene Form annimmt. Das ist am schwierigsten zu erreichen. Weil nämlich eine Symphonie gar nicht wie eine Statue ist, die man auf einen Blick oder nach und nach gemächlich in beliebig langer Zeit betrachten kann. Mit der Musik sind wir zeitabhängig; jeder Ton verfliegt, sowie er erklungen ist, und er kann nie wiederbetrachtet oder wiedergehört werden, da er nur in diesem besonderen Augenblick der Richtigkeit existiert. Es ist immer zu spät für einen zweiten Blick. So ist der Dirigent eine Art von Bildhauer, der anstatt den Marmor die Zeit meißelt, und um sie meißeln zu können, muß er einen höheren Sinn für Proportionen und

Zusammenhänge entwickeln. Er muß die Form eines Stücks nicht nur im Sinne einer festumrissenen Form, sondern als Form in ihrem tiefsten Sinne beherrschen, er muß erkennen, wo die Musik sich entspannt, wo sie Spannung anzuhäufen beginnt, wo die Spannung ihren Gipfel erreicht, wo sie wieder abklingen muß, um Kraft für den nächsten Sprung zu sammeln. Das sind die ungreifbaren Dinge des Dirigierens, die kein Dirigent lernen oder sich aneignen kann. Falls er die natürliche Fähigkeit zu tiefem Klangempfinden bereits besitzt, kann er sie weiter entwickeln, wenn er reifer wird. Hat er sie nicht, so wird er immer nur ein Dirigent minderen Formats bleiben.»

Nur wenige Hörer werden bezweifeln, daß Bernstein nach seinen eigenen Kriterien – also in bezug auf Technik, Wissen und Kommunikationsfähigkeit – mehr als nur «ein Dirigent minderen Formats» ist. Was allerdings die «magische Ausstrahlung» betrifft, so gehen die Meinungen auseinander. Ein Grund dafür mag sein, daß viele Konzertbesucher konservative Ansichten vertreten, während Bernstein bekanntlich einige der am meisten gespielten und beliebtesten Werke des Konzertrepertoires auf höchst individuelle Weise interpretiert hat. Als er zum Beispiel im Dezember 1956 den *Messias*, die alte Weihnachtskamelle von Händel, in der Philharmonie aufführte, veränderte er drastisch die Reihenfolge der Nummern, so daß die Form des Werkes sich wesentlich von der gewohnten unterschied. Ein Teil des Publikums zeigte sich empört über diese Freiheiten, ein anderer war begeistert. Die gelehrten Musikkritiker sind sich weitgehend darüber einig, daß Bernstein als Interpret moderner Musik unübertrefflich ist, daß er klassische Komponisten wie Mozart und Haydn recht gut dirigiert, jedoch leicht überfordert wirkt, wenn er sich an Romantiker wie Schumann und Brahms heranwagt. Bernstein selbst fühlt sich den Romantikern durchaus gewachsen. Der einzige bedeutende Komponist, der ihn nicht zu begeistern scheint, ist Schönberg. Im Kampf der großen modernen Schul-Häupter steht Bernstein fest auf der Seite Strawinskys.

Würde oder könnte Bernstein nur dirigieren, so wäre er bereits als Musiker spektakulär genug. Aber seine Begabung als Pianist und Komponist – ganz zu schweigen von seinem pädagogischen Talent – ist fast ebenso umfassend. Die ersten zehn Jahre seiner musikalischen Laufbahn verbrachte er als angehender Pianist. Aber wie groß auch seine Fähigkeiten auf diesem Gebiet gewesen sein mögen, hatte er ganz entschieden nicht das Temperament eines Klaviervirtuosen. Selbst in seinen Studienjahren fand er das Üben langweilig und widmete ihm so wenig Zeit wie möglich. In den späteren Jahren übte er kaum noch, was ihn aber nicht hinderte, oft und mit Erfolg als Pianist aufzutreten –, wobei er allerdings vom Klavier aus das Orchester dirigiert. (Ohne Orchester spielt er nie öffentlich.) Es gibt ein halbes Dutzend Klavierwerke, besonders Ravels Klavierkonzert in G, die er «seine eigenen» nennt, womit er meint, er sei mit der Musik so vertraut und liebe sie so, daß er, wenn man ihn aus dem Schlaf wecken und in seinem Pyjama auf die Bühne führen würde, eine durchaus anständige Aufführung zustandebringen könnte. Er mag ein oder zwei Stunden vor dem Konzert, wenn er sich «die Hände wärmt», seine Tonleitern und Arpeggien nicht gerade sehr genau spielen, aber sowie er auf der Bühne ist, beherrscht sein Geist die Finger mit einer solchen Macht, daß einer seiner baß erstaunten Bekannten ihn einen «psychosomatischen Pianisten» nannte. Das Üben ist eigentlich der einzige Aspekt des Klavierspiels, der Bernstein langweilt, denn in jeder anderen Hinsicht ist er in das Instrument immer noch ebenso verliebt wie in seiner Kindheit, als er zum ersten Mal *Blue Skies* spielte. Er kann stundenlang am Flügel sitzen und sich mit ihm unterhalten – bei Improvisationen, Boogie-Woogie-

Reminiszenzen, Schnulzen aus alten Broadway Shows oder Passagen aus einem Klavierkonzert. In seinen jüngeren und schüchterneren Jahren hat er genau das bei allen gesellschaftlichen Anlässen getan, wo ein Klavier vorhanden war. Das machte ihn oft zum Liebling der Party, aber manchmal mußte ihn dann eine völlig entnervte Gastgeberin mit Gewalt von den Tasten trennen. Ein Mann, der Bernstein kannte, als sie beide vor siebzehn Jahren auf dem Curtis Institute of Music in Philadelphia studierten, erinnerte sich kürzlich an eine Phase des dortigen Studentenlebens. «An Sonntagnachmittagen», erzählt er, «pflegten wir und andere ein paar seltsame Mädchen in ihrer Wohnung zu besuchen –, ich nehme an, sie waren Malerinnen. Sie trugen Sandalen und mexikanischen Schmuck und kämmten sich nur selten. Vorne war ein großes Atelier mit einem Klavier, ungerahmten Bildern an den Wänden und einer Menge Tagesbetten, und hinten lag ein kleines Schlafzimmer mit einem Radioapparat. Wir saßen gewöhnlich im Atelier und tranken Bier, während die Philharmoniker im Schlafzimmer spielten. Und wenn dann zum Beispiel ein Oboensolo im Radio fällig war, ging, wer immer Oboe lernte, ins Schlafzimmer und hörte zu. Danach kam er zurück und rief dem Bratschisten: ‹Jetzt bist du dran, Junge›, und der Bratschist ging nach hinten, um sich *seine* Passage anzuhören. Inzwischen erzählte der Oboist jedem, der es hören wollte, was für eine erbärmliche erste Oboe die Philharmoniker hatten, und wie viel besser *er* spielen würde, wenn es eine Gerechtigkeit auf der Welt gäbe. So ging es den ganzen Nachmittag. Niemand hörte je ein ganzes Werk, und niemand mochte das, was er hörte. Und unterdessen saß Lenny am Klavier, spielte und sang wieder und wieder und immer wieder eine Schlagerparodie, deren Text und Musik er verfaßt hatte, und lachte herzlich über seinen eigenen Witz.»

Selbst Bernsteins erbittertste Kritiker geben zu, daß er als Komponist ein Meister der Harmonie, des Kontrapunkts, der Orchestrierung und aller sonstigen Elemente des Handwerks ist. Darüber hinaus allerdings wirkt er ziemlich verwirrend. Zuerst einmal besteht sein musikalisches Schaffen aus «ernsthaften» und nicht so ernsthaften Werken, die er in gleichen Mengen produziert, und dann sind seine «ernsthaften» Stücke oft zu einem guten Teil Spaßmacherei, während die nicht so ernsten zu einem guten Teil ernsthaft komponierte Musik enthalten. Er hat zwei Symphonien und vier Musicals geschrieben, eine Violinserenade und eine Filmmusik, eine Klarinettensonate, zwei Klaviersuiten, ein Stück namens *Prelude, Fugue and Riffs* (Mit Riff bezeichnen Jazzmusiker einen improvisierten, wiederholten Refrain), zwei Ballette, eine kleine Oper und mehrere Liederzyklen, für die er auch die Worte schrieb. Das Scherzo seiner zweiten Symphonie – sie wurde von W. H. Audens langem Gedicht «Das Zeitalter der Angst» inspiriert und gilt als eine seiner gewichtigsten Kompositionen – ist fast reiner Jazz und räumt den Schlaginstrumenten eine beträchtliche Rolle ein. Zwei seiner anderen ernsthaften Werke, die erste Symphonie und die Violinserenade – erstere von den Klagen Jeremias inspiriert, die Serenade von Platos Symposion – sind keineswegs besonders kompliziert. In welchem Maße man sie als Kunstwerke betrachten kann, bleibe dahingestellt, aber man folgt ihnen mühelos. Andererseits sind die Partituren seiner Musicals so ausgeklügelt, daß es ihm bisher nicht gelang, einen Song zu produzieren, der ein Schlager werden könnte. Die Ouvertüre zu *Candide* ist jedenfalls ernsthaft genug, um von ihm in das Programm seiner letztjährigen philharmonischen Konzerte aufgenommen zu werden. (Andere Dirigenten führen höchst selten einmal ein Werk von Bernstein auf, denn – so erklärte einer von ihnen – «Lenny ist der einzige junge Komponist in Amerika, der keine Hilfe braucht».) Seine Unzulänglichkeit als Schlagerkomponist hat ihn in seinem Leben oft genug geärgert, und vor einigen Jahren schrieb er darüber einen langen und nur halb scherzhaften Artikel im *Atlantic*-Magazin. Doch zwei oder drei Nummern seiner *West Side Story* lassen vermuten, daß er dieses Mal wirklich versucht hat, einen Bestseller zu basteln. Eine charakteristische Komposition Bernsteins – zumindest im Geiste – ist der Zyklus *La Bonne Cuisine*, der aus vier äußerst schwierigen Liedern besteht. Der Titel ist einem alten französischen Kochbuch entlehnt, das er während eines Sommers in einem gemieteten Haus in der Nähe von Tanglewood entdeckte. Die Texte sind Rezepte aus dem Buch, und die Worte müssen *prestissimo* gesungen werden, wie zum Beispiel: *«Civet de Lapin à Toute Vitesse»*

Wenn man bei jemandem wie Bernstein, dem alles so leicht fällt, eine musikalische Aktivität als schwierig bezeichnen kann, so wäre es die Komposition. (Im Laufe der Jahre hat er ein Glossar zusammengestellt, in dem er alle Worte aufführt, die er «nicht ertragen kann», und diese schließen nicht nur «akrobatisch» und «träumerisch» ein, sondern auch «Leichtigkeit» und «Vielseitigkeit».) Allein zu sitzen oder auf und ab zu gehen, ist für einen Mann seines Temperaments entnervend. «Ich bin der geborene Mitarbeiter», hat er oft behauptet. Das will allerdings nicht heißen – ob er es weiß oder nicht –, daß es immer so einfach ist, mit ihm zu arbeiten. Es bedeutet nur, daß er Anregungen von Mitarbeitern braucht. Seit seiner frühen Sonate für Klarinette und Klavier, und sie ist praktisch ein Jugendwerk, hat er kaum wieder «absolute» Musik geschrieben. Außer *Prelude, Fugue and Riffs* war alles Programm-Musik, von der natürlich ein großer Teil in Zusammenarbeit mit Textschreibern, Choreographen, Sopranistinnen, Tontechnikern und anderen Handwerksgesellen entstand. Vor einigen Jahren beauftragte ihn das Boston Symphony Orchestra, ein Werk für sein fünfundsiebzigjähriges Jubiläum 1956 zu komponieren, und er erwog, eine dritte Symphonie zu schreiben. Das Jubiläum fand statt, und die

Symphonie ist immer noch ungeboren und wird es wohl auch bleiben, solange er keinen Text findet, auf dem er sie aufbauen kann. Bernstein ist sich voll des Ausmaßes bewußt, in dem seine Musik von Worten oder Handlung abhängt, und er betrachtet sich vornehmlich als einen Komponisten für die Bühne. Auf diesem Gebiet hatte er auch seine größten Erfolge. Sein Ballett *Fancy Free* ist eins der populärsten amerikanischen Werke dieser Art. Seine Musik zum Film *On the Waterfront* verfehlte ganz knapp den Academy Award (um eine Nasenlänge geschlagen von Dimitri Tiomkins Musik zu *The High and the Mighty*, und zwar sehr zum Kummer der meisten Musiker des Komitees, die von den Schauspielern, Regisseuren, Kameraleuten, Drehbuchbearbeitern, Haarstilisten und was sonst noch überstimmt wurden), und galt für die Filmmusik als zukunftsweisend. Seine Musicals – *On the Town, Wonderful Town, Candide, West Side Story* – wurden trotz ihres Mangels an Schlagererfolgen von den meisten Kennern als eine glückliche Mischung aus Broadwaystil und Konzertmusik gelobt. So ist es auch wahrscheinlich, daß Bernstein in den weitgreifendsten Belangen seines vielleicht verspielten, jedoch keineswegs unwürdigen Ehrgeizes beabsichtigt, für das amerikanische Musical genau das zu tun, was Mozart für das alte deutsche Singspiel getan hat, nämlich ihm den Charakter volkstümlicher Unterhaltung zu bewahren, und ihm gleichzeitig die Form und Qualität eines Kunstwerks zu geben. Bernstein hat seine Einstellung zur Musik deutlich in einem der fünf *Kid Songs*, die er vor fünfzehn Jahren schrieb, zum Ausdruck gebracht. Der Name des Songs ist *I Hate Music!* (Ich hasse Musik). Da singt ein zehnjähriges Mädchen unter anderem folgendes:

«Musik sind viele Leute im großen dunkeln Saal,
Wo wirklich niemand sein will, denn es ist ein' Qual,
Mit viel Gestühl und viel Gebrüll und Pelzen und Brillanten.

Musik ist dumm! Ich hasse Musik!
Aber singen tu' ich gern.»

Die Vielfalt der Talente, Befähigungen und Leistungen
Bernsteins ist so groß, daß ein Freund meinte: «Es gibt nichts
in der Musik, das Lenny nicht kann». Bernsteins eigene
Ansicht bezüglich seiner Begabungen ist kaum weniger hoch.
Vor nicht langer Zeit bemerkte er nachdenklich: «Ich
wünschte, ich könnte singen.» Und ganz abgesehen von
seinen musikalischen Gaben verfügt er über einen Verstand,
der jeden, der ihn kennt, mit unendlicher Ehrfurcht erfüllt,
oft Neid erweckt und manchmal blinde Wut auslöst. Die
phänomenalste seiner Eigenschaften ist zweifellos ein uner-
klärliches, unbegreifliches und gleichsam inspiriertes Gedächtnis, in dem sich nicht nur fast alle Musik, die er je hörte,
angesammelt hat, sondern auch große Teile vieler seiner
Lieblingsbücher (vor allem Lyrik) und eine endlose Chrono-
logie der wichtigsten Ereignisse seines Lebens. Eines Abends
vor ein paar Jahren erschien er auf einer Party, nachdem er
zum ersten Mal das Musical *Kiss Me Kate* gesehen hatte; er
beschlagnahmte sofort den Flügel seiner Gastgeberin und
spielte und sang alle siebzehn Songs der Show, ohne einen
Fehler zu machen. Bei einer anderen Gelegenheit – es war in
Tanglewood – ging Bernstein mit seinem alten Freund, dem
Komponisten Aaron Copland spazieren, und ihr Plauderge-
spräch, das immerhin zwanzig Minuten dauerte, war so
zusammenhanglos, daß Copland schließlich behauptete, er
ginge jede Wette ein, daß keiner von ihnen sich an ein Wort
des bisher Gesagten erinnern könnte. Bernstein ist kein
Mann, der vor einer Herausforderung zurückschreckt, und
er wiederholte das ganze Gespräch nicht nur verbatim,
sondern auch rückwärts.

Bernstein hat zudem eine Begabung für Sprachen, die er
wahrscheinlich seinem «Gehör» verdankt. Er spricht und

versteht ziemlich gut Französisch und kann einen lateini-
schen Text übersetzen, weil er diese Sprache einmal vor
zwanzig Jahren gelernt hat. Da er in der Mailänder Scala und
in anderen Städten Italiens dirigiert, sowie viele Opernparti-
turen studiert hat, verständigt er sich auch nicht schlecht auf
italienisch. Seine Frau, die Spanisch, Englisch und Französisch spricht, kommt aus Chile, hat eine chilenische Köchin
und ein chilenisches Stubenmädchen, und folglich kann
Bernstein jetzt auch Spanisch. Als er ein kleiner Junge war,
wurde in seinem Elternhaus oft Jiddisch gesprochen, und so
ist ihm diese Sprache geläufig, wie natürlich auch das dem
Jiddischen verwandte Deutsch. Seine Kenntnisse im Hebräischen hat er sich in seiner Kindheit auf der jüdischen Schule
erworben und bei seinem Vater, der eine Art von Talmud-
gelehrter ist. Ein Teil des letzten Satzes der *Jeremiah Symphonie*, dem der Text der «Klagen» zugrunde liegt, sollte
ursprünglich auf Bernsteins Wunsch im askenasischen Dialekt
des Hebräischen gesungen werden, weil es die Sprache seines
Vaters ist. Als das Werk in Israel aufgeführt wurde, ließ er es
im sephardischen Hebräisch singen, das dort beliebter ist.

Eine andere seiner intellektuellen Eigenheiten ist sein
leidenschaftliches Hobby der Rätsel und Wortspiele, dem er
mit fanatischer Besessenheit nachgeht. Besonders die un-
durchsichtigen Kreuzworträtsel der Londoner *Times* und des
Manchester Guardian haben es ihm angetan, und natürlich
auch die komplizierten *double crostics* (eine Kombination von
Silben-Kreuzwort- und Zahlenrätseln). Bei einem dieser
letzteren fand er einen Fehler, der ihn ebenso in Wut versetzte
wie ein quietschender Kratzton in einer legato gespielten
Violinpassage, und der ihn veranlaßte, einen empörten Brief
an die Autorin des Rätsels, die inzwischen verstorbene
Elizabeth Kingsley, zu schreiben. Er ist auch ein begeisterter
Freund jener halsbrecherischen und unglaublich geräusch-
vollen Version der Anagramme, die sich jeder der Reihe nach

einfallen lassen muß, und bei denen der schnellste Spieler gewinnt. Gewöhnlich ist er der schnellste. Er behauptet oft und gern, daß es zumindest auf dem Gebiet der Ordnung eine Analogie zwischen den Rätseln und der Musik gibt, weil ein Meisterwerk auf ungefähr die gleiche Weise, wenn auch etwas kniffliger, wie ein *double crostic* zusammengesetzt werden muß, und weil es wie ein *double crostic* zum Schluß eine Lösung findet. (Beim Schach, diesem unvoraussehbaren, anarchischen Spiel, verliert Bernstein gewöhnlich zu seinem großen Kummer.) Besonderen Spaß machen ihm musikalische Tricks, und viele seiner Kompositionen sind von komplizierten Spielereien durchsetzt. So ist zum Beispiel ein großer Teil seines Musicals *Wonderful Town* (in dem der Song *Wrong Note Rag* vorkommt) auf den verschiedenen Permutationen des Quintenintervalls aufgebaut. Es gab eine Zeit, als es zu Bernsteins Lieblingszerstreuungen gehörte, die Zahlen und Buchstaben auf der Drehscheibe der Telefone in beliebige Musikwerte zu übertragen und dann Stücke zu den Themen der Rufnummern seiner Freunde zu improvisieren.

Vom gesellschaftlichen Standpunkt aus gesehen – den er selbst oft genug einnimmt –, hat Bernsteins allumfassende Brillanz seine Karriere zu einer ununterbrochenen Erfolgs-Story gemacht. Ein Broadway-Mann, der ihm nicht besonders gewogen ist, äußerte letzthin: «Wenn er sich ans Klavier setzt, muß man schon ein Trottel sein, um nicht zu merken, daß er ein Genie ist.» Die gleiche Wirkung übt er auf Leute aus, die mit dem Broadway nichts zu tun haben. Schon als er noch ein Jüngling war, ermutigten ihn – förderten ihn sogar – praktisch alle berühmten Musiker, denen er begegnete (Mitropoulos, Fritz Reiner, Serge Koussevitzky, Copland, um nur einige zu nennen). Seit jenem unvergeßlichen Nachmittag 1943 in der Carnegie Hall war er stets in der Lage, jede seiner Kompositionen sofort zur Aufführung zu bringen. Und zu jeder Zeit während dieser Periode hätte er Chefdirigent eines der bedeutenden Orchester im Lande werden können. (Jahrelang widerstrebte es ihm, sich an einen festen Posten mit einem Orchester zu binden, und er wurde von den New Yorker Philharmonikern ein- oder zweimal in Betracht gezogen, bevor er die Leitung gemeinsam mit Mitropoulos übernahm.) Während vieler Jahre hatte er ein jährliches Einkommen von etwa 75 000 Dollar, und diese Summe steigt natürlich steil an, wenn er einen Hit auf dem Broadway laufen hat. (In der letzten Saison erhielt er allein für seine drei *Omnibus*-Sendungen fast 30 000 Dollar.) Das ist ein noch nie dagewesenes Einkommen für einen Mann, der sich, wenn auch nicht vollberuflich, mit ernster Musik befaßt. Ein scharfsichtiger Freund bemerkte, lange bevor das Publikum etwas von Bernstein wußte: «Lenny ist zum Erfolg verdammt.»

Bernstein weiß wohl, warum ihm das Wort «Vielseitigkeit» unangenehm in den Ohren klingt. Gewiß, es war für ihn ein großer und finanziell äußerst einträglicher Spaß, das Podium, das Aufnahmestudio und den Broadway als Schauplätze seines künstlerischen «Wechselt das Bäumelein»-Spiels zu benutzen, aber er hat sich auch häufig in Augenblicken der Selbstbesinnung die ewige Frage «Wozu wird das alles führen?» gestellt. Oft quält ihn der Gedanke, daß er nie das erreicht hat, was er auf einem einzigen Gebiet hätte erreichen können, weil er sich auf so vielen betätigte. Aber auf welche Tätigkeit könnte er verzichten? Das ist natürlich das Problem. Seine gesellige Natur, seine häuslichen Verantwortungen und sein aufwendiger Lebensstil erfordern zumindest, daß er weiterhin im Show-Geschäft bleibt. Sein Gewissen ermahnt ihn, sich im Studio einzuschließen und ernste Musik zu komponieren. Seine starken didaktischen Impulse verbieten ihm, das Fernsehen aufzugeben. Seine einzigartige Begabung der Interpretation, seine Liebe zu jeder Art von Musik und seine Freude am Beifall des Publikums machen das

71

Dirigieren zu einer Notwendigkeit. In der Qual seiner Wahl hat er bei seinen wohlmeinenden (oder auch gar nicht wohlmeinenden) Freunden und Bekannten keine große Hilfe gefunden. Im allgemeinen finden Komponisten, daß er nur noch dirigieren sollte, Dirigenten raten ihm, sich auf das Musical zu beschränken, und die Broadway-Leute wiederum würden sich freuen, wenn er bei der Musik für Eierköpfe bliebe. An Tagen, da Bernstein nicht über seine Vielseitigkeit jammert, gesteht er, er werde wahrscheinlich den Rest seines Lebens damit verbringen, mehrere Dinge gleichzeitig zu tun. Er mag das Wort noch so scheußlich finden, aber «vielseitig» entspricht genau dem, was Bernstein ist.

Zu all den spezifischen Begabungen, die Bernstein besitzt, kommt noch eine allgemeine hinzu, die auf andere oft zündend wirkt, nämlich eine unheimliche Macht der Kommunikation. Diese mag man der genauesten mikroskoskopischen Analyse unterziehen, doch man kann sie eigentlich nicht definieren, oder nur so, wie Mezzosopranistin Jennie Tourel, die als erste *I Hate Music* sang, und die sie als «Magie» bezeichnet, oder wie ein Broadway-Kumpel und gelegentlicher Kollege es mit dem Ausruf «Ich will verdammt sein!» ausdrückte. Eines Abends vor ein paar Jahren versuchte sich dieser letztere – allerdings unter dem Einfluß einer starken Erregung und mehrerer Bloody Marys – in einer Exegese dieses Phänomens, als er berichtete, was sich am gleichen Nachmittag bei der Probe von Bernsteins *Omnibus*-Show «Das amerikanische Musical» ereignet hatte. «Da saßen wir alle im Ballsaal der St. Nicholas Arena,» erzählte der Mann, «und ich kann die Atmosphäre nur als leicht geisterhaft bezeichnen. Es ist ein großer Saal, und die Beleuchtung war, was sie immer bei einer Probe ist, so blendend hell, daß einem die Augen weh tun, aber zu dunkel, um irgend etwas zu sehen, der Fußboden war mit Zigarettenstummeln, Papierschnipseln und Kreidestrichen übersät, und etwa zwölf Dutzend

Klappstühle standen herum; auf einigen lagen Mäntel und Hüte und Schals, auf anderen flezten sich Sängerinnen und Tänzerinnen aller Größen und Formen und Haarfärbungen, und von Zeit zu Zeit öffnete irgendein Idiot die Stahltüren, die auf die Sechsundsechzigste Straße hinausgehen, und ließ den Regen und den Smog und sonstige seiner Lieblingsgifte herein. Auf der Bühne sah man die übliche Versammlung der Mädchen in maßgeschneiderten Kostümen und der Männer mit Hornbrillen und Flüsterstimmen, bei denen man sich fragt, in welcher südamerikanischen Republik sie einen Putsch planen, und es nie herausfindet. Und dann stand da noch ein altes Klavier, und der Virtuose, der darauf klimperte, spielte so, als ob er eben fünf Dollar auf das falsche Pferd gesetzt hätte. Und hinten saß Lenny, bis an die Ohren in einen Wettermantel geknöpft, weil er Schnupfen hat und sich außerdem den ganzen Vormittag lang mit seinen Geniegenossen über *Candide* gezankt hat, wie es nun einmal seine Art ist. Er sah noch spukhafter als die anderen aus, und das will viel heißen. Von Zeit zu Zeit, nach einer Menge Gerede, das hauptsächlich darin bestand, daß jeder jeden Darling nannte, erhoben sich ein paar Sängerinnen und Tänzerinnen mühsam aus ihren Stühlen und mimten eine Art von Nummer. Kurz gesagt, die Probe kam nicht voran. Lenny fing an nervös zu werden, und nach etwa einer Stunde stand er auf und sagte dem Klavierspieler, er solle abhauen. Dann setzte er sich an diese entsetzliche Klimperkiste und spielte genau vier Takte Ragtime – nämlich die Musik zu den Worten: ‹I wish that I'd been born in Borneo› (Geboren wär' ich gern in Borneo) und dann den Break – dibbel dibbel dum (Pause) dum. Und wissen Sie was? Es klang nicht mehr wie das gleiche Klavier. Die Darsteller hörten auf, sich komisch anzuglotzen und spannten ihre Rückenmuskeln an, und die Mädchen entspannten die ihrigen, die Flüsterer verlegten ihren Putsch auf Montag, und

73

von da an lief die Probe fabelhaft. Ich weiß nicht, wie er das gemacht hat, und ich wette, daß Lenny selbst, wenn er auch die gesamte Geschichte im Rubato oder Fugato oder Pizzicato erzählen kann, es auch nicht weiß.»

Hinter der Bühne in Tanglewood – es war eines Abends im vorvorigen Sommer, einige Minuten nachdem Leonard Bernstein das Gedenkkonzert für Koussevitzky dirigiert hatte – sagte sein Vater, der Bostoner Geschäftsmann Samuel Bernstein, der Schönheitsinstitute und Frisiersalons mit Ausstattungsgegenständen beliefert, zu einem Bekannten: «Wissen Sie, jedes Genie hatte ein Handicap. Beethoven war taub, Chopin hatte Tuberkulose. Nun, ich nehme an, daß man eines Tages in den Büchern lesen wird: ‹Lenny Bernstein hatte einen Vater›.» Es lag vielleicht etwas mehr als nur ein Hauch von Ironie in den Worten des älteren Bernstein, als er andeutete, die Karriere des begabtesten und vielseitigsten amerikanischen Musikers sei durch väterliche Opposition behindert worden; und doch ist es genau das, was sein Sohn glaubt. Tatsache ist, daß Bernsteins ersten fünfundzwanzig Lebensjahre, wie er sie in seinen frühen Aufzeichnungen schilderte, in einem seltsamen Widerspruch zu dem stehen, was sich seinem Gedächtnis eingeprägt hat. Aus den Aufzeichnungen geht hervor, daß sie eine Periode raschen und geordneten Fortschritts waren, der zum unvermeidlichen Erfolg führte. In der Erinnerung Bernsteins waren sie eine sorgenschwere Zeit, belastet von häuslichen Streitigkeiten, beruflichen Frustrationen und wirtschaftlichen Nöten, die erst mit dem triumphalen und, wie es scheint, magischen Ereignis endete, als die Forderung der Öffentlichkeit nach einem überregionalen Rundfunknetz sich endlich verwirklichte. Mangelndes Selbstbewußtsein ist nie ein hervorstechender Charakterzug Bernsteins gewesen, und doch war die einzige musikalisch gebildete Person, die je, wenn auch nur gelegentlich, bezweifelte, daß er für eine spektakuläre musikalische Karriere bestimmt war, Bernstein selbst. Er schildert seine Jugend als eine Art von endloser Märchengeschichte, in der er der vom Unheil verfolgte Prinz war – ständig tödlichen Gefahren ausgesetzt, von einem bösen Menschenfresser bedroht (seinem Vater) und immer wieder im letzten Augenblick von einem seiner Schutzengel gerettet, die, der Reihe nach genannt, Helen Coates, Dimitri Mitropoulos, Aaron Copland, Fritz Reiner und Serge Koussevitzky hießen.

Vielleicht betrachtet Bernstein seine ersten fünfundzwanzig Lebensjahre nur deshalb als so düster, weil er zu dieser Zeit kein oder nur ein kleines Publikum hatte. Er ist nicht einer, der seinem musikalischen Appetit Genüge tun kann, indem er allein in seinem Wohnzimmer Schallplatten hört oder in einem schalldichten Aufnahmestudio Note für Note ertönen läßt. Er war seinem Wesen nach bereits längst ein Mann der Öffentlichkeit, bevor er wirklich einer wurde. Er gesteht, daß er schon immer jeden in allem übertreffen wollte, und wenn ihm das auch nicht völlig gelungen ist, so kann er vieles besser als die meisten Leute: Dirigieren, Komponieren, Klavierspielen, Schreiben, und sogar im Kreuzworträtsel ist er unschlagbar. (In einem ist er allerdings schlechter als fast jeder andere: im Zeichnen. «Er kann nicht einmal eine Ente zeichnen», sagte seine Frau vor einigen Tagen voller Mitleid, als sie eine wunderbare Ente für ihre fünfjährige Tochter zeichnete.) Ganz automatisch zeigt sich Bernstein so bestrebt, selbst in Situationen aufzufallen, die jeder andere als Privatsache betrachten würde, daß er in einem überfüllten Eisenbahnwagen, als dieser eine Kurve nahm, sehr wirklichkeitsgetreu Seekrankheit vortäuschte, oder von der Reling einer Martha's Vineyard-Fähre aus völlig fremden Menschen am Ufer herzzerreißende Abschiedsworte zurief. Was den öffentlichen Teil im Leben Bernsteins betrifft, so ist er seit langem äußerst auffällig gewesen, und er wurde es noch mehr als je in den letzten Monaten, als sein Musical *West Side Story* zu einem der größten Hits am Broadway wurde und er dazu noch zum alleinigen Musikdirektor der New Yorker Philharmoniker avancierte, dem vielleicht wichtigsten musikalischen Amt im Lande.

Bernstein wurde als das älteste von drei Kindern am 25. August 1918 in Lawrence, Massachusetts, geboren. Beide Eltern waren russische Einwanderer, der Vater aus einer Provinz oder Gubernaya namens Rowno.

Die Familie zog nach Boston, als Leonard ein paar Monate alt war, und dort wechselte sie oft das Wohnviertel, um ihren Lebensstil den geschäftlichen Erfolgen Vater Bernsteins anzupassen. In seiner frühen Kindheit litt Leonard an Asthma und wurde von den Buben der neuen Wohngegenden häufig verprügelt. Doch dann, in seinem elften Lebensjahr, als seine Tante ihm sein erstes Klavier schenkte, sah er plötzlich das Ende seiner Leidenszeit. Der Eifer, mit dem er sich auf diesem Instrument betätigte, und die Ernsthaftigkeit seiner Bitten, ihm Unterricht erteilen zu lassen, erschreckten seine Eltern. Von ihrem Gesichtspunkt aus bewies seine immer wieder leidenschaftlich geäußerte Absicht, ein Berufsmusiker zu werden, daß er an einer gefährlichen Monomanie litt. Seine Eltern interessierten sich nicht besonders für Musik, besonders der Vater, der großen Argwohn gegen diese brotlose Kunst hegte. Persönlich hatte er nie andere Musiker als die seines Heimatdorfes gekannt, wo von Zeit zu Zeit ein paar Landstreicher in zerlumpter Kleidung auftauchten und recht erbärmlich auf einer Zigeunergeige fiedelten. Außerdem war er der nicht ungewöhnlichen Ansicht, daß er sein Geschäft vor allem deshalb mit so viel Mühe und Begeisterung aufgebaut habe, weil er es einmal seinem Sohn hinterlassen würde, und daß es eine Tragödie wäre, wenn der Sohn das Erbe ausschlüge. Immerhin genehmigte er dem Jungen

dann doch die Klavierstunden – wahrscheinlich in der Hoffnung, daß die Zeit, die große Heilerin, ihn wieder zur Vernunft bringen würde.

Bernsteins erste Lehrerin war eine freundliche junge
Dame aus der Nachbarschaft, die sich unter anderem durch
ein gutes Gemüt und bescheidene Honoraransprüche aus-
zeichnete. Für einen Dollar pro Stunde unternahm sie es,
ihm die Geheimnisse ihrer Kunst zu eröffnen, zunächst mit
einer schottischen Polka namens *The Mountain Belle* (Die
schöne Hochländerin) und einem Marsch namens *On to
Victory* (Auf zum Sieg). Diese beiden Stücke waren die
ersten Kompositionen, die Bernstein gelernt hat, und wie
fast alles, das er je gelernt hat, sind sie ihm noch frisch in
Erinnerung. Man braucht ihn nicht lange zu bitten, sich ans
Klavier zu setzen und sie zu spielen. Bei dieser preiswerten
Pädagogin blieb er zwei Jahre, bis sie zu seinem Kummer
(in seiner Erinnerung war sie schön) heiratete und nach Kalifornien zog.

Jetzt war Bernstein zwölf Jahre alt, monomanischer als
zuvor und kühn genug, um weiteren Unterricht in größerer
Entfernung vom Elternhaus und für einen höheren Preis zu
suchen. Im Geschäftsviertel Bostons fand er eine Dame, die
willens war, ihn für drei Dollar die Stunde auszubilden, und
nach einigen stürmischen Szenen daheim handelte er mit
seinem Vater eine Regelung aus, nach der er von seinem
wöchentlichen Taschengeld nur 25 Cents behalten durfte,
um zu den Kosten beizutragen. Wie Bernstein es heute sieht,
war es ein Pyrrhus-Sieg. Als die neue Lehrerin ihn zum
ersten Mal spielen sah, erklärte sie, er habe «kein System».
«Du hast Höcker», fügte sie, auf seine Finger weisend,
hinzu. «Nur ein Kamel hat Höcker, und das Kamel ist ein
unbeholfenes Vieh.» Die Dame mißbilligte nämlich die
Spielart der meisten Pianisten, einschließlich der allerbesten,
die ihre Finger über den Tasten krümmen; sie hatte ein

System erfunden, das darin bestand, die Hände steif zu halten, die Knöchel nach unten, und nur die Finger zu bewegen. Fast zwei Jahre lang bemühte sich Bernstein, dieser anstrengenden Methode zu folgen, und er sagt heute, er sei froh, es nicht länger versucht zu haben, weil er sonst seine Technik ruiniert hätte und nie ein Pianist geworden wäre. Mit vierzehn hatte das Höckerproblem seine Hände und seinen Geist so wundgerieben, daß er sich wieder auf die Suche nach einem Lehrer machte. Dieses Mal wandte er sich an die höchste Stelle und sprach bei Heinrich Gebhard vor, der in Boston als der führende Mann in seinem Beruf galt. Gebhard hörte ihn an, fand ihn jedoch für eine persönliche Betreuung nicht fortgeschritten genug – wäre er anderer Ansicht gewesen, so hätte es auch nicht viel ausgemacht, denn Gebhards persönliche Betreuung kostete fünfundzwanzig Dollar die Stunde –, aber er empfahl ihn an seine Assistentin Helen Coates. Miss Coates zu sechs Dollar die Stunde war eigentlich auch mehr, als er sich hätte leisten können, und Bernsteins Freude über sein Glück wurde empfindlich durch die Tatsache gedämpft, daß er jetzt nur noch einmal alle zwei Wochen Unterricht nehmen konnte, um die Unkosten auf dem gleichen Niveau zu halten.

Miss Coates machte mehrere Entdeckungen. Zuerst stellte sie fest, daß Bernstein keine Höcker hatte, und sie verlor keine Zeit, seine Finger wieder zum Leben zu erwecken. Zweitens entdeckte sie, daß sie sich da einen ganz außergewöhnlichen – in mancher Hinsicht auch entnervenden – Schüler eingehandelt hatte. Obgleich er sich in jeder freien Minute mit Musik beschäftigte – er las Partituren, hörte die Rundfunkkonzerte, löste selbst ausgedachte musikalische Probleme, komponierte sowohl Klavierkonzerte als Schlagermelodien – fand er Fingerübungen langweilig und mühte sich so wenig wie möglich damit ab, zeigte wenig Interesse an der Vervollkommnung seiner Technik – und spielte trotz-

dem fast alles besser als fast jeder andere. (In einem kürzlich
erschienenen Artikel über Bernsteins Klavierspiel schrieb
Ex-Präsident Trumans alter musikalischer Feind Paul Hume
in der *Washington Post:* «Technische Probleme existieren für
ihn nicht und haben ihm wahrscheinlich auch im Gegensatz
zu vielen anderen Pianisten nie zu schaffen gemacht».) Miss
Coates' dritte Entdeckung stand den beiden ersten an
Scharfsichtigkeit nicht nach: er war ein Genie, oder zumindest etwas ähnliches, aber auch ein durchaus menschlicher
Junge. Und so beschränkte sie sich nicht auf die akademische Routine, obgleich sie ihn weiterhin anhielt – manchmal
mit Erfolg – über Czernys Fingerübungen und Chopins
Etüden zu schwitzen. Sie wurde das, was ein alter Freund
Bernsteins «seine musikalische Mutter» nannte, und von all
ihren Beiträgen zu seiner Entwicklung war der wertvollste
der, daß sie ihn als ein Wunderkind erkannte, ohne je zu
versuchen, ihn in das trostlose Leben eines kindlichen Virtuosen zu stoßen. Da sie der erste erwachsene Mensch war,
der seine Musik und ihn als Musiker ernst nahm, vertiefte
sich ihre Beziehung bald. Der für eine Stunde vorgesehene
Unterricht dauerte meist zwei Stunden und beschränkte sich
nicht nur auf das Klavierspiel, sondern breitete sich auf das
ganze Gebiet der Musik aus. Bernstein, dem es zur Gewohnheit geworden war, sich aus der öffentlichen Bibliothek Partituren auszuleihen, hatte gerade die Oper entdeckt,
und manchmal spielte und sang er während der Klavier-
stunde einen ganzen Akt irgendeiner Oper und diskutierte
sie dann mit Miss Coates. («Schon damals», erinnert sie sich,
«konnte er alles lesen, singen und auswendig lernen». Gelegentlich spielte er ihr auch seine eigenen Kompositionen
vor – unter anderem ein riesiges Klavierkonzert, das er als
Dreizehnjähriger geschrieben hatte, und das er, da die Musik den Werken Liszts und Tschaikowskys stark nachempf-
funden war, heute als «einen Krieg zwischen den Russen

und den Zigeunern» beschreibt. Zuweilen diskutierte er musiktheoretische Fragen mit ihr, und obgleich er dieses Fach nie studiert hatte, war es ihm nach einigem Nachdenken gelungen, eine eigene, überraschend umfassende Theorie zu entwickeln. So hatte er den Tonika-Akkord, den er «Endakkord» nannte, und den Dominantenakkord, den er «regierender Akkord» nannte, klar unterschieden. Manchmal brachte er sogar selbstverfaßte Gedichte mit – die Poesie wurde zu Hause kaum weniger argwöhnisch als die Musik betrachtet. Und manchmal, wenn er vor einem moralischen Dilemma stand, sprach er auch darüber mit Miss Coates. Zum Beispiel im Sommer, als er fünfzehn war, hatte eine Bostoner Zeitung einen musikalischen Wettbewerb veranstaltet, bei dem man als ersten Preis einen neuen Stutzflügel gewinnen konnte. Bernstein, der den Flügel heiß begehrte, hatte sich eingeschrieben, obgleich das Reglement ein Mindestalter von sechzehn erforderte. Nachdem er sein Geburtsdatum auf dem Fragebogen gefälscht hatte, quälten ihn dann doch Gewissensbisse, und er gestand der Lehrerin seine Sünde. (Sie riet ihm – so steht zu fürchten –, vollendete Tatsachen ruhig lügen zu lassen.) Bernstein gewann den Flügel nicht. Er bekam den zweiten Preis, einen Haufen altmodischer Klavierauszüge minderwertiger Werke, für die er keinerlei Verwendung hatte, und die ihm als Lohn für seinen Schwindel erschienen sein mochte. Im Laufe der Jahre nahm Bernstein an vielen anderen Wettbewerben teil, aber das große Geld hat er immer noch nicht gewonnen. (Sieben Jahre nach diesem ersten Versuch, als er in Tanglewood unter Serge Koussevitzky studierte, bemühte er sich in einem ähnlichen Wettbewerb um den ersten Preis von fünfhundert Dollar und erlangte wieder den zweiten. Dieses Mal war es ein Wochenende mit voller Verpflegung in Tanglewood.)

Eines Samstagabends, als Bernstein sechzehn war, machte er eine Entdeckung, die er noch heute für eine seiner wichtigsten hält. Wie gewöhnlich stellte er im Radio das Konzertprogramm ein. Das Bostoner Symphonieorchester spielte die *Klassische Symphonie* von Prokofieff und *Le Sacre du Printemps* von Strawinsky. Es waren die ersten zeitgenössischen Musikwerke, die er hörte. Bei Prokofieff wälzte er sich buchstäblich vor Lachen auf dem Boden, und Strawinsky versetzte ihn in einen Zustand heftiger Erregung. «Bis dahin war ich mir nie bewußt gewesen, daß die Musik eine Zukunft hat», erzählt er heute. «Ich hatte gedacht, Musik sei nur das, was bereits geschrieben war.» Sofort begann er alle auffindbare moderne Musik zu studieren und zu hören, und bald darauf spielte er Miss Coates während eines großen Teils der Unterrichtsstunden Stücke von Prokofieff, Strawinsky und anderen zeitgenössischen Komponisten vor und versuchte, nicht immer mit Erfolg, ihr diese Musik zu erklären. Im ersten Sturm seiner Begeisterung schmuggelte er sogar eine eigene Sonatine in das Programm ein, die seiner Meinung nach dem «modernen Idiom» entsprach. Kurz, er benahm sich wie ein trunkener junger Mann, der nach langer und harter Dienstzeit im russisch-zigeunerischen Krieg endlich seine Entlassung erhalten hat. In der ursprünglichen Besorgnis der älteren Bernsteins, als ihr Sohn sich Hals über Kopf in das leidenschaftliche Verhältnis mit der Muse stürzte, mag unter anderem die Befürchtung mitgespielt haben, daß er darüber so wichtige Dinge wie die Schule und das gesellschaftliche Leben vernachlässigen würde. Unnütze Sorge, denn gerade das Gegenteil trat ein. Sobald er einmal eine Berufung gefunden hatte, in der er sich auszeichnen konnte, war er auch fähig, sich von einer Machtposition aus seinen Platz in der Welt zu erobern. Kurz nach Beginn seines Klavierunterrichts erlangte er seine Zulassung auf die Boston Latin School, die Elite-Institution des Bostoner Privatschulsystems, und da er es mit den Jahren schaffte, sich einen guten Jazzstil und ein umfassendes Repertoire an beliebten Schlagern anzueignen (er nahm dabei die Gewohnheit der Jazzpianisten an, den Takt mit dem Pedal zu markieren – eine zusätzliche Quelle der Verwunderung für Miss Coates), wurde er bald als einer der größten Partylöwen der Schule verehrt. Während Vater Bernstein die Musik immer noch als einen unsinnigen Beruf betrachtete, begann er immerhin einzusehen, daß sie als Nebenbeschäftigung harmlos war und gewissermaßen auch lohnend sein konnte. Als Bernstein sechzehn war, hatte sein Vater soweit nachgegeben, daß er ihn sogar in ein Konzert mit Sergej Rachmaninoff und der Boston Symphony mitnahm – das erste Mal, daß die beiden einen Konzertsaal betraten. Außerdem war der Vater stolz, daß sein Sohn als Klaviersolist mit dem Boston Public School Orchestra spielte und während der Sommerferien in Sharon, Massachusetts, wegen seiner geschäftsmäßigen Art, mit einer Jugendgruppe Opern und Singspiele wie *Carmen* und *H. M. S. Pinafore* einzustudieren, zu leiten, mitzuspielen, Texte umzuschreiben und die Musik umzuorchestrieren, als einer der führenden Geister galt, daß er sich auf einigen Winterkreuzfahrten, die seine Familie machte, als ein ausgezeichneter Unterhalter am Klavier erwies und man ihm sogar einen Job als fest angestellter Pianist bei Karibik-Reisen anbot, daß sein Sohn auf allen Wohltätigkeitsveranstaltungen der jüdischen Gemeinde, deren Vorstand er angehörte, die beliebteste Attraktion war, besonders in einer Nummer, die er sich ausgedacht hatte, und die darin bestand, ein Thema seiner Komposition so zu spielen, wie Chopin, Liszt, Gershwin und jeder andere, der ihm gerade in den Sinn kam, es entwickelt hätten. Außerdem hinderte nichts von alledem seinen Sohn, seine Abschlußprüfung an der Boston Latin mit Auszeichnung zu bestehen und in Harvard aufgenommen zu werden. Die Klasse 35 der Boston Latin School war die dreihundertste, die aus dieser Institution hervorging, und anläßlich dieses Jubiläums fand eine große Feier statt, an der

Bernstein als der Junge, der die Musik für das Abschiedslied der Klasse schrieb, Anteil hatte.

In Harvard wählte Bernstein natürlich die Musik als Hauptfach. Die Musikfakultät verfügte über einige namhafte Komponisten, unter anderem Walter Piston, und folglich hatte Bernstein zum ersten Mal Gelegenheit, neben dem Studium so tiefgründiger Dinge wie Instrumentation und Kontrapunkt, einige der Männer kennenzulernen, die die ihn am meisten anregende Musik schrieben. Von einem Professor der philosophischen Fakultät – Bernstein belegte so wenige Kurse in Musik, wie ein Musik als Hauptfach Studierender es konnte, und so viele in Philosophie und Sprachen, wie sein Stundenplan es erlaubte – wurde er in die Musik Aaron Coplands eingeführt, und dann stellte ihn ein anderer Bekannter dem Mann in Person vor. So begann eine enge Freundschaft, die sich bis jetzt bewährt hat. Um diese Zeit beendete Bernstein seinen Unterricht bei Miss Coates und wurde in die Meisterklasse Gebhards aufgenommen.

Die akademische Arbeit, die ihm schließlich das Bakkalaureatsdiplom *cum laude in musica* einbrachte, und der Unterricht bei Gebhard genügten keineswegs, die Zeit eines so energischen jungen Mannes wie Bernstein auszufüllen. («Ich höre ständig, daß mir alles leichtfällt und daß ich so vielseitig bin», klagte er einem Bekannten, «aber man erwähnt nie, daß ich hart arbeite.») Er brachte es fertig, als Solopianist mit der Pierian Sodality of 1808 (Musenbrüderschaft) – so keusch benannte sich das College-Orchester – und mit dem Massachusetts State Orchestra, einem W.P.A.-Unternehmen (Works Progress Administration: Amt für fortschrittliche Arbeitsbeschaffung) aufzutreten, den Glee Club (Gesangverein) zu begleiten, für die Studentenjuxfeste bei Semesterbeginn zu schreiben, Regie zu führen und zu schauspielern, die Musik für ein improvisiertes Orchester zur Aufführung der *Vögel* von Aristophanes auf griechisch zu komponieren und zu dirigieren (Bruchstücke dieser Musik fanden später ihren Weg in Bernsteins zweite Symphonie und sein Musical *On the Town*), und eine eigene Produktion der Komödie *The Cradle Will Rock* (Die Wiege wird schaukeln) von Marc Blitzstein zustandezubringen, die er inszenierte, in der er Klavier spielte und als Schauspieler auftrat. Dieses Abenteuer erregte einigen Aufruhr in der Stadt. Bernstein wollte das Stück in einem Theater Bostons bringen, aber die Stadtbehörde erlaubte es nicht, weil die Komödie als zu aufwieglerisch im allgemeinen und als zu bedenklich im politischen und moralischen Sinne befunden wurde, und so mußte man sich mit dem Auditorium von Harvard begnügen. Auch in der Familie Bernstein gab es darüber helle Aufregung, denn Leonard engagierte seine fünfzehnjährige Schwester Shirley für die Rolle einer Prostituierten; die Eltern waren entsetzt, und die Kinder amüsierten sich köstlich. Wenn Bernstein zwischen Projekten wie diesem noch Zeit fand, schrieb er Konzertkritiken für den *Advocate,* die schöngeistige Zeitschrift der Universität. Der folgende Auszug aus seiner ersten Besprechung ist nicht nur als Musterbeispiel seines literarischen Stils interessant, sondern auch für die Art, in der er mit Koussevitzky umging, bevor er der Protegé und Anbeter des Maestros wurde: «Das erste Konzert der Boston Symphony hat stattgefunden und darf beurteilt werden. Im großen und ganzen war es die gewohnte BSO-Darbietung: herrliche Präzision, die unverwüstliche Tradition der falschen Töne in der Hörnergruppe, das Phänomen (bei Vivaldi), Holzbläser spielen zu sehen und nicht zu hören, der bemerkenswerte Fleiß der Männer an den Schlaginstrumenten, die äußerst individualistische Art, in der unser Maestro mit den Tempi verfährt – kurz, all die Dinge, die wir zu lieben gelernt haben. Doch eins war neu: Dr. Koussevitzky hat einen zehnten Kontrabaß hinzugefügt, so daß dem Scherzo der Fünften Beethovens schließlich doch etwas Schicksalhaftes anzumerken war.»

Der Höhepunkt in Bernsteins Studienjahren war eine Begegnung mit Dimitri Mitropoulos. Nichts festigt ihn stärker in seinem Glauben, daß okkulte Kräfte sein Leben bestimmten, als die Umstände, die zu dieser Begegnung geführt haben, und an die er sich – in charakteristisch erschöpfenden Einzelheiten – als eine Kette unerklärlich zusammenhängender Ereignisse erinnert. Ereignis Nr. 1: Eines Samstagnachmittags im Januar 1937, kurz vor den Semesterprüfungen, als er im Gemeinschaftsraum des Eliot House saß, in dem er wohnte, lud ihn ein beiläufiger Bekannter ganz beiläufig für diesen Abend auf eine Party in Brookline ein. Bernstein hatte bereits eine Verabredung mit einem Mädchen für ein Konzert der Boston Symphony und war an der Party nicht besonders interessiert, sagte jedoch höflicherweise, sie würden, falls es ihnen möglich wäre, später vorbeikommen. Ereignis Nr. 2: Als er das Mädchen nach dem Konzert – Mitropoulos war Gastdirigent – nach Hause bringen wollte, hatte der Wagen (seines Vaters) eine Benzinpanne in Brookline. Zum Glück hielten sie gerade vor einer Tankstelle, und seltsamerweise lag diese Tankstelle gerade an der Ecke des Hauses, in dem die Party stattfand. So gingen sie schließlich doch auf die Party. Ereignis Nr. 3: Bernstein fand die Party ziemlich langweilig – vielleicht weil es in diesem Hause kein Klavier gab –, und sie blieben nicht lange. Beim Hinausgehen trafen sie einen anderen beiläufigen Bekannten, der gerade hereinkam und beiläufig erwähnte, daß die Harvard Hellenic Society am morgigen Nachmittag einen Empfang für Mitropoulos im Phillips Brooks House geben würde. Ereignis Nr. 4: Bernstein verbrachte den Sonntag in seiner Familie und beschloß, nachdem er das Rundfunkkonzert der Philharmoniker gehört hatte, frühzeitig nach Harvard zurückzukehren, um für seine Semesterexamen zu arbeiten. Seine Mutter bat ihn, noch etwas länger zu bleiben, aber er bestand darauf, und so zog sie sich einen Pelzmantel über ihr

Hauskleid und fuhr ihn nach Harvard zurück. Im Straßengewirr vom Cambridge machte sie eine falsche Wendung und hielt direkt vor dem Phillips Brooks House. Ereignis Nr. 5: Bernstein beschloß hineinzugehen, wollte jedoch unbedingt, daß seine Mutter ihn begleitete. Drinnen war es stickig und gestopft voll. Ein Flötist und eine Pianistin spielten ein *Concertino* von Chaminade. Alle außer Mitropoulos standen, und alle, einschließlich Mitropoulos, schienen sich schrecklich zu langweilen. Mrs. Bernstein konnte ihren Pelzmantel wegen des Kleides, das sie darunter trug, nicht ausziehen, und Bernstein konnte weder die Beschwerden seiner Mutter ertragen, noch die Art, in der das Concertino gespielt wurde, noch die vielen Menschen. Gerade als Mutter und Sohn gehen wollten, verklang die Musik, plötzlich stellten sich alle der Reihe nach an, und die beiden näherten sich unausweichlich dem Maestro in der Begrüßungsprozession. Daraus folgert Bernstein: wäre er an jenem Samstagnachmittag nicht im Gemeinschaftsraum des Eliot House gewesen, so hätte er nie etwas von der Party in Brookline gehört; hätte er nie etwas von der Party in Brookline gehört, so wäre die Benzinpanne in Brookline wirklich nur ein Zufall gewesen; hätte er die Benzinpanne nicht gehabt, so wäre er nicht auf die Party gegangen; wäre er nicht auf die Party gegangen, so hätte er nichts von dem Empfang gehört; hätte er nichts von dem Empfang gehört, so wäre die falsche Wendung in Cambridge unwichtig gewesen; hätte seine Mutter diese falsche Wendung nicht gemacht, so wäre er nicht in das Phillips Brooks House gegangen; wäre er nicht in das Phillips Brooks House gegangen, so hätte er nicht das Ende des Concertinos von Chaminade gehört; hätte er das Ende des Concertinos von Chaminade nicht gehört, so wäre er Mitropoulos nicht begegnet. Jemand der weniger beharrlich den Puls des Okkulten fühlt, würde es für einen ganz natürlichen Umstand halten, daß der begabteste Musikstu dent in Harvard einem berühmten Gastdirigenten begegnet, aber Bernstein zieht es vor, an eine Gottheit zu glauben, die sein Leben bestimmt.

Ob sich nun wirklich übernatürliche Kräfte verschworen hatten, diese Begegnung herbeizuführen oder nicht, das Ergebnis war jedenfalls recht ungeheuerlich. Als Bernstein die Hand des Maestros schüttelte, war er – so erinnert er sich – überwältigt von «der unglaublichen hypnotischen Ausstrahlung dieses Mannes». Mitropoulos muß einen ähnlichen Eindruck verspürt haben, denn das starre Begrüßungslächeln verschwand aus seinem Gesicht, und er erkundigte sich, wer Bernstein sei. Als er erfuhr, daß der junge Mann kein Hellenist, sondern ein Pianist war, bat er ihn, nach Beendigung des Händeschüttelns etwas vorzuspielen. Bernstein spielte – «grauenhaft», wie er sich erinnert – ein Nocturno von Chopin und den letzten Satz seiner eigenen Sonatine. Mitropoulos schien es gar nicht grauenhaft zu finden, zog Bernstein in ein langes und angeregtes Gespräch und lud ihn zu den Proben für sein in der nächsten Woche stattfindendes Konzert mit der Boston Symphony ein. Bernstein verbrachte die Woche in einem, so gesteht er, «Zustand absoluter Hysterie», der ihm so kurz vor den Semesterprüfungen keine große Hilfe war. Eines Tages lud Mitropoulos ihn zum Mittagessen ein. «Er bestellte mir meine ersten Austern und nannte mich ‹ein junges Genie›», erinnert sich Bernstein. Die Orchesterproben, denen er täglich beiwohnte, waren für ihn eine Offenbarung, nicht nur wegen der Einblicke, die sie in musikalischer Hinsicht boten, sondern vor allem wegen der explosiven Persönlichkeit des Gastdirigenten. Zu jener Zeit galt Mitropoulos als der temperamentvollste aller Maestros, und er zeigte es, indem er auf dem Podium stampfte und um sich schlug oder gelegentlich – zu Bernsteins Erstaunen – mitten ins Orchester stürmte, um einen vor Angst zitternden Musiker anzubrüllen. Mitropoulos dirigierte in dieser Woche

Schumanns zweite Symphonie (ein Werk, das Bernstein seitdem besonders liebt, und das er oft in sein Programm aufnimmt) und auch ein Klavierkonzert, das er selbst spielte und vom Flügel aus dirigierte (eine viel Kraft und Gewandtheit erfordernde Leistung, die Bernstein zu einer seiner Spezialitäten gemacht hat). Als die Woche zu Ende ging und Mitropoulos zu seinen regulären Pflichten nach Minneapolis zurückkehrte, fühlte sich Bernstein in seiner Versessenheit auf eine musikalische Karriere machtvoll bestärkt. Noch heute vermutet er, daß die Inbrunst seines eigenen Dirigierstils auf den Einfluß Mitropoulos' zurückzuführen ist.

Im Sommer 1939 hatte Bernstein zwar ein Diplom, aber keine Arbeit. Sein Vater war weniger als je von der Idee begeistert, seinen Sohn eine musikalische Karriere ergreifen zu sehen, und noch weniger gewillt, Geld darin zu investieren. Er bot ihm statt dessen eine Stelle im Geschäft an, aber Bernstein lehnte es ab, ein solches Ansinnen auch nur in Betracht zu ziehen. Vor Jahren hatte er auf das unaufhörliche väterliche Drängen hin während eines Sommers sechs Wochen lang im Büro verbracht, in der Versandabteilung gearbeitet, Botengänge gemacht, als Faktotum gedient und es unerträglich gefunden. So beschloß er, nach New York zu gehen, um sich dort nach irgendeiner musikalischen Arbeit umzuschauen. Zwei Jahre zuvor hatte er den Sommer als Musikberater im Camp Onota in der Nähe von Pittsfield verbracht und dort eine Aufführung der *Piraten von Penzance* inszeniert, in der ein Junge aus der Bronx namens Adolph Green – er schreibt seitdem Librettos für Musicals und Filmdrehbücher – in der Rolle des Piratenkönigs gastierte. Bevor Green ankam, hatte man Bernstein in allem Ernst – und völlig wahrheitsgemäß, wie sich später herausstellte – erzählt, daß dieser Junge über riesige musikalische Kenntnisse verfügte und praktisch jedes Stück des Konzertrepertoires auswendig singen könnte.

Wenn Bernstein auch nicht gerade gekränkt über diese Nachricht war, so fühlte er sich zumindest in seinem Ehrgeiz angestachelt und beschloß, Green mit einem seiner typischen Tricks auf die Probe zu stellen. Baldmöglichst, nachdem man sie einander vorgestellt hatte, führte er Green an ein Klavier und lenkte das Gespräch auf moderne Musik. «Natürlich erinnerst du dich an dieses Andante von Schostakowitsch», sagte Bernstein und spielte mit all dem sozialistischen Realismus, den er aufzubringen vermochte, eine Reihe bewegter Dissonanzen seiner eigenen Erfindung. Green sagte, er erinnere sich an kein solches Andante von Schostakowitsch. Da fiel Bernstein Green um den Hals, schwor ihm ewige Freundschaft und behauptete, jeder der dieses Andante gehort habe, sei absolut sicher gewesen, es als eins der glänzendsten Themen Schostakowitschs wiederzuerkennen. Die Freundschaft glühte und gedieh, und als Bernstein nach seiner Abschlußprüfung in Harvard nach New York kam, mieteten er und Green gemeinsam eine Wohnung in Greenwich Village.

Bernstein fand in diesem Sommer keine Arbeit in New York – zum Teil weil man mindestens sechs Monate in der Stadt wohnhaft sein mußte, bevor man der Musikergewerkschaft angehören durfte. Während dieser Zeit verbrachte er immerhin recht amüsante Abende, oft am Klavier, im Village Vanguard, einem Jazzkeller in Greenwich Village, wo Green als Mitglied einer Truppe namens *The Revuers* auftrat, aber das brachte ihn in seiner Karriere nicht weiter. Im September war er völlig pleite, und da seine einzige Alternative das Geschäft seines Vaters oder das Verhungern zu sein schien, kehrte er niedergeschlagen nach Boston zurück. Kurz bevor er dort ankam, und während er Vorbereitungen traf, um sich noch einmal im Frisiersalonausstattungsgeschäft zu versuchen, erreichte ihn die Nachricht – wieder auf okkultem Wege und durch einen beiläufigen Bekannten – daß Mitropoulos von seiner Europatournee zurückgekehrt und im Biltmore Hotel in New York abgestiegen war. Bernstein fuhr sofort wieder nach New York, besuchte den Maestro und legte ihm sein Problem dar, und Mitropoulos erbot sich, ihm im Curtis Institute of Music in Philadelphia Aufnahme zu verschaffen, wo er unter Fritz Reiner die Kunst des Dirigierens erlernen könnte. Die Kurse hatten längst begonnen, und es war zu spät für eine Anmeldung, aber Reiner willigte ein, sich Bernstein anzuhören. Wie alle anderen bedeutenden Musiker bisher und seitdem erkannte er Bernstein sofort als einen Wunderknaben und nahm ihn in seine Klasse auf. Bernstein wurde auch von Isabella Vengerova, einer der führenden Pianistenausbilder der Schule, betreut. Bernstein glaubt nicht, daß er je irgendwo zwei Lehrer gefunden hätte, die ihm hätten nützlicher sein können als Reiner und Madame Vengerova. Reiner, ein Meister der Technik, ist fähig, einem Orchester seine Wünsche mit dem leisesten Zucken des Taktstocks und praktisch ohne ein Wort zu übermitteln. Bernstein findet es unmöglich, auf diese Weise zu dirigieren – falls er es je versucht hat –, aber wenn Reiners Stil ihm auch nicht gefiel, so beeindruckten ihn seine Ausführungen über die Grundlagen des Dirigierens um so mehr. Mme. Vengerova, eine furchteinflößende Dame, vor der Bernstein während seiner ersten Monate zitterte, berichtigte das, was seiner Meinung nach die Hauptschwäche seiner pianistischen Arbeit gewesen war – die Neigung, sich so leidenschaftlich ins Spiel zu stürzen, daß er gar nicht mehr hörte, was er tat. Trotz des ausgezeichneten Unterrichts war das Jahr bei Curtis für Bernstein keine besonders glückliche Zeit. Nach seinen Show-Business-Erfahrungen in Cambridge und im Village Vanguard fand er Philadelphia nicht anregend, und obgleich Curtis eine subventionierte Schule ist, auf der keine Studiengebühren erhoben werden, war er mit dem bescheidenen Taschengeld von daheim, auch wenn

Mitropoulos es gelegentlich durch einen kleinen Beitrag aufrundete, in ständiger Geldnot. Aber was ihn am meisten deprimierte, war die Gesellschaft. Curtis, bisher eine Brutstätte für Virtuosen, begann sich in dieser Zeit zu einer Institution zu entwickeln, in der fast nur noch musikalische Allgemeinbildung geboten wurde, und Bernstein zählte zu den wenigen Schülern, die etwas mehr wußten und sich für etwas mehr interessierten als für die schnellste Art, eine Chopin-Etüde oder eine Caprice von Paganini herunterzuleiern.

Inzwischen hatte Serge Koussevitzky im Programm der Berkshire Musikfestspiele 1940 die Neuerung eingeführt, drei oder vier vielversprechende junge Männer nach Tanglewood einzuladen, die bei ihm das Dirigieren lernen konnten. Bernstein, gewappnet mit eindeutigen Empfehlungen von Mitropoulos, Reiner und Copland, einem guten Freund Koussevitzkys, bewarb sich und wurde – zu niemandes Überraschung, außer vielleicht der seinen – angenommen. Fast sofort entwickelte sich zwischen ihnen eine zuneigungsvolle Freundschaft, die bis zum Tod Koussevitzkys 1951 andauerte. Wenn Miss Coates als die musikalische Mutter des verwirrten vierzehnjährigen Bernstein gelten konnte, so wurde Koussevitzky der musikalische Vater des noch unsicheren jungen Mannes von zweiundzwanzig. Koussevitzky, der bestrebt war, sein Wissen einer neuen Generation zu übermitteln, und der keine Kinder hatte, fand in Bernstein einen fast vollkommenen, empfänglichen und verständigen Schüler. Und Bernstein war natürlich begeistert, daß einer der gefeiertesten Musiker des zwanzigsten Jahrhunderts ihn aus so vollem Herzen unter seine Fittiche nahm. Da die beiden in einer so engen und dauerhaften Beziehung zueinander standen, sahen viele Berufsgenossen in Bernstein den unmißverständlich bezeichneten musikalischen Erben Koussevitzkys, und die Überraschung war groß, als die Leitung der Boston Symphony nach Koussevitzkys Tod nicht ihm, sondern Charles Munch anvertraut wurde. (Es besteht Grund zur Annahme, daß Bernstein eine Zeitlang ziemlich enttäuscht war, übergangen worden zu sein.) Die mit der Mentalität des brahmanischen Geistes besser Vertrauten jedoch fanden es ganz natürlich, daß das Generalmusikdirektoramt in Boston nicht einem jungen Possenreißer zugesprochen werden konnte, der in einem Keller in Greenwich Village Klavier gespielt hatte.

Bernstein verbrachte noch einen Winter in Philadelphia und noch einen Sommer im Berkshire Center. Im Herbst 1941 fand er, er habe genug Ausbildung genossen, und es sei höchste Zeit, sich seinen Lebensunterhalt zu verdienen. Mitropoulos hätte ihn gern bei sich als assistierenden Dirigenten aufgenommen, aber für einen solchen Posten gab es im Budget der Minneapolis Symphony keinen Platz. Bernstein wäre am liebsten nach New York gegangen, aber Koussevitzky, der ihn im Auge behalten wollte und ihm irgendeine Arbeit zu verschaffen hoffte, überredete ihn, in Boston zu bleiben. Seitdem hat Bernstein diesen Winter in Boston stets als den absoluten Tiefpunkt seiner Karriere bezeichnet. Mit Koussevitzkys Hilfe oder von sich selbst aus bekam er eine Menge Arbeit, aber sie bestand meist darin, auf Wohltätigkeitsveranstaltungen Klavier zu spielen oder zu dirigieren, also ohne Bezahlung. Er versuchte, ein Klavierstudio zu eröffnen, aber eröffnete es dann zwei Tage vor dem Angriff auf Pearl Harbor, und fast niemand kam. Als nächstes versuchte er sich zum Heeresdienst zu melden, wurde aber wegen seines chronischen Asthmas als untauglich abgewiesen. Bis zum Sommer hielt er es aus, bis zur Tanglewood-Zeit, in der er Koussevitzky assistierte, aber im Herbst schüttelte er den Staub Massachusetts' von seinen Füßen und kehrte nach New York zurück. In den ersten Wochen ging es ihm nicht besser als während seines vorigen Aufenthalts. Doch dann begegnete er im Laufe seiner Arbeitssuche Irving Caesar, den er im Frühjahr in Boston kennengelernt hatte, als *My Dear Public* (Mein liebes Publikum), eine Show, für die Caesar die Musik und die Texte geschrieben hatte, dort einige Probeaufführungen erlebte. Adolph Green und Betty Comden – auch sie gehörte einst den *Revuers* an und ist jetzt Greens Mitarbeiterin – waren darin aufgetreten und hatten Bernstein zu einer Party im Ritz Carlton eingeladen, wo die Bostoner Premiere gefeiert wurde. Natürlich hatte Bernstein wieder einmal Klavier gespielt, und Caesar war beeindruckt gewesen. So erinnerte er sich gut an ihn, als sie sich in New York trafen, und als er Bernstein fragte, womit er sich im Augenblick beschäftigte, klagte Bernstein ihm sein Leid. «Was?» soll Caesar gemäß Bernstein erwidert haben. «Sie, ein Genie, sind am Verhungern?» Und Caesar empfahl ihn an Herman Starr, einen Magnaten der Musikverlagsfirma Harms Inc. Starr zeigte sich nach seinem Gespräch mit Bernstein ebenfalls beeindruckt und gab ihm einen Job für fünfundzwanzig Dollar die Woche. Er verdiente sich wirklich sein Geld. Die Arbeit bestand aus allerlei komplizierten und abwegigen musikalischen Aufgaben – so mußte er unter anderem Jam Sessions von der Schallplattenaufnahme in Notenschrift setzen, Stücke arrangieren und zwar, wie Bernstein erzählt, «für vier Hände an zwei Klavieren, für acht Hände an zwei Klavieren, für zwei Hände an acht Klavieren». Er schrieb sogar einige Jazz-Arrangements für die Firma und zeichnete mit dem Namen Lenny Amber. («Amber» ist das englische Wort für den Bernstein.)

Nach den Arbeitsstunden verbrachte Bernstein den größten Teil seiner Zeit mit der Komposition einer von den Klagen Jeremias inspirierten Symphonie, mit der er einen vom New England Conservatory of Music in Boston veranstalteten Wettbewerb zu gewinnen hoffte. Der letzte Termin war der

31. Dezember, und Bernstein schaffte es mit knapper Not. Er verbrachte einen Teil des Neujahrsabends im Zug nach Boston, wo er seine Partitur persönlich kurz nach Mitternacht ablieferte. Die Symphonie gewann den Preis natürlich nicht – übrigens hielt Koussevitzky, der zugesagt hatte, die preisgekrönte Komposition mit der Boston Symphony zu dirigieren, nicht viel von ihr – aber Reiner mochte sie und sorgte dafür, daß Bernstein sie selbst im folgenden Winter mit der Pittsburgh Symphony dirigieren konnte.

Inzwischen schleuste sich Bernstein langsam in das ernsthaftere Musikleben der Stadt ein. Mit David Oppenheim, einem Klarinettisten, der heute für das Klassische Künstler-Repertoire der Schallplattenfirma Columbia verantwortlich ist, spielte er mehrere Male seine Sonate für Klarinette und Klavier über den Rundfunksender WNYC. Im Februar 1943, als eine Art von Symposium mit Darbietungen und Diskussionen über moderne Musik in der Town Hall stattfand, spielte er die Sonate von Copland, sprach ziemlich viel und erntete Beifall bei der Presse für sein Spiel und seinen Witz. Im April brachte er im Museum of Modern Art ein Programm mit moderner Musik zur Aufführung. Im Mai redete und spielte er wieder in der Town Hall bei einer Wohltätigkeitsveranstaltung. Doch als der Sommer kam, fühlte er sich einmal wieder sehr niedergeschlagen. Jetzt, kurz vor seinem fünfundzwanzigsten Geburtstag, hatte er es in seiner Karriere immer noch nicht weiter gebracht, als ein Jahr lang Blödsinn für zwei Hände auf acht Klavieren zu schreiben. Nach der Saison von 1942 gab es in Tanglewood für den Rest des Jahres keine Konzerte mehr, aber Koussevitzky hielt an den Sonntagen noch einige Vorträge über Musik, und Bernstein hatte sich bereit erklärt, die Vorlesungen mit musikalischen Beispielen am Klavier zu illustrieren. Auf dem Wege zu einer dieser Veranstaltungen machte Bernstein einen Halt in Boston, um noch einmal bei der Musterungskommission vorzusprechen. Er wurde wieder abgewiesen. Darüber verärgert und ohnehin schlechter Laune wegen eines Schnupfens, an dem er fast ebenso chronisch wie an Asthma litt, kam er am Samstagnachmittag im Berkshire Center an und fand eine Nachricht vor mit der Bitte, sich sofort mit Artur Rodzinski in Verbindung zu setzen, dem vor kurzem ernannten Generalmusikdirektor der New Yorker Philharmoniker, der den Sommer auf einer Farm in der Nähe von Stockbridge verbrachte. Als er anrief, schlug Rodzinski ihm vor, am nächsten Vormittag vorbeizukommen. Da Bernstein keinen Wagen besaß und sich kein Taxi leisten konnte, fragte er ihn nach den Abfahrts- und Ankunftszeiten der Busse zwischen Lenox und Stockbridge – ein Ansinnen, das der stets sehr empfindliche Rodzinski anscheinend als eine ungeheuerliche Majestätsbeleidigung betrachtete, und über das er sich noch lange empört ausließ. Doch als Bernstein dann am Sonntagmorgen kam, führte Rodzinski ihn auf eine frisch gemähte Wiese, lud ihn ein, sich auf ein Heubündel zu setzen und bot ihm die Stelle des assistierenden Dirigenten der New Yorker Philharmoniker an. So war der fünfundzwanzigste Geburtstag, den Bernstein in Lenox verbrachte, schließlich doch ein Erfolg, und Koussevitzky machte ihn zu einem noch größeren, indem er Bernsteins Liederzyklus *I Hate Music* mit Jennie Tourel als Solistin und dem Geburtstagskind am Flügel zur Erstaufführung brachte.

Die Arbeit des assistierenden Dirigenten eines Symphonieorchesters ist mühevoll und undankbar. Sie besteht hauptsächlich darin, allen Proben beizuwohnen, alle Partituren auswendig zu lernen, stets einsatzbereit zu sein und nie eingesetzt zu werden. In diesem besonderen Fall kam noch eine weitere Plackerei dazu: Rodzinski suchte ständig neue Werke für das Programm der Philharmoniker, und da er diesen Wunsch in aller Welt verlautbart hatte, trafen die Manuskripte zu Hunderten im Büro ein, und Bernstein fiel die schwierige Aufgabe zu, sich durch diesen Berg zu schuften, in der vergeblichen Hoffnung, etwas Präsentables zu finden. Trotzdem war Carnegie Hall im Vergleich zu Harms Inc. ein wesentlicher Fortschritt, und Bernstein sah endlich eine Chance, irgendwo mit der Leitung eines eigenen Orchesters betraut zu werden, nachdem er eine genügend lange Lehrzeit durchgemacht hätte. Seine Dienstpflichten ließen ihm nicht viel freie Zeit, aber in den wenigen Mußestunden, die ihm blieben, arbeitete er an einem Ballett mit einem jungen Tänzer, den er kennengelernt hatte, und der – er hieß Jerome Robbins – inzwischen zu Ruhm gelangt ist und unter anderem die Choreographie der *West Side Story* entworfen und inszeniert hat.

Am Ende der zweiten Novemberwoche brach plötzlich der Damm, der Bernsteins Karriere bisher vermeintlich zurückgehalten hatte. Am Abend des 13., einem Samstag, gab Miss Tourel ein Konzert in der Town Hall und sang unter anderem *I Hate Music.* Natürlich saß Bernstein im Saal, obgleich er an diesem Tage hart gearbeitet hatte und müde war, weil sein Schnupfen ihm wieder einmal zu schaffen machte. (Im folgenden Sommer wurde seine chronische Erkältung endlich behoben, als er sich im Doctors' Hospital einer Operation der Nasenschleimhaut unterzog; die gewöhnlich in dieser Klinik herrschende Ruhe wurde empfindlich gestört, da er dort ein Zimmer mit Green teilte, der sich die Mandeln entfernen ließ.) Nach dem Konzert besuchte er die übliche Party in Miss Tourels Wohnung. Kaum hatte er an seinem ersten Drink genippt, da wurde er ans Telefon gerufen und erhielt die Mitteilung, daß Bruno Walter, der für diese Woche vorgesehene Gastdirigent der Philharmoniker, plötzlich erkrankt sei, und daß er (Bernstein), da Rodzinski andere Verpflichtungen habe, möglicherweise das morgige Rundfunkkonzert dirigieren müsse. Bernstein hielt es für höchst unwahrscheinlich, kehrte zu seinem Drink zurück und blieb auf der Party bis um vier Uhr morgens. Vier Stunden später weckte ihn das Telefon in seiner Wohnung – ein Studioappartement im Gebäude der Carnegie Hall –, und man sagte ihm, daß Walter definitiv abgesagt habe, und daß er für ihn einspringen müsse. Auf dem Programm standen Schumanns *Manfred*-Ouvertüre, Wagners Vorspiel zu den *Meistersingern*, der *Don Quixote* von Richard Strauß und *Thema, Variationen und Finale* von Rosza. Abgesehen von ein paar Minuten an Walters Krankenbett, während welcher der Maestro ihm die seiner Auffassung entsprechenden Tempi angab, blieb Bernstein in seinem Zimmer und arbeitete bis kurz vor zwei Uhr dreißig. Dann zog er sich seinen besten Anzug an, ein konservatives graues Flanellensemble (die gestreifte Hose, die Dirigenten gewöhnlich an Konzertmatineen tragen, besaß er nicht), ging hinunter und bestieg das Podium mit triefenden Augen, verstopfter Nase und vor Aufregung zitternden Gliedern. Das Konzert war ein Triumph. Das Publikum jubelte, die Kritiker waren begeistert, und da die Erfolgsstory des Ersatzmanns ein Lieblingsthema der amerikanischen Presse ist, wurde das Ereignis im ganzen Lande ausgiebig gewürdigt. Am erfreulichsten vielleicht war für Bernstein die Tatsache, daß seine Eltern, die nach New York gekommen waren, um *I Hate Music* zu hören, und die am Sonntag nach Boston zurückkehren wollten, in letzter Minute überredet werden konnten, ihre Heimreise aufzuschieben, so daß sie von einer Loge in der Carnegie Hall aus die ganze Geschichte miterlebt hatten. Der Vater mußte sich endlich geschlagen geben. Der «Oger» lag ausgezählt auf dem Teppich.

Wahrscheinlich war der über Nacht zu Ruhm gelangte Bernstein der Verblüffteste von allen. Doch einmal gewiß, im Rampenlicht zu stehen, hatte er keine Mühe, dort zu bleiben. Fast alles, was er seit November 1943 unternahm, wurde zu einer Angelegenheit öffentlichen Interesses. Allein im Jahre 1944 vollbrachte er so viele außergewöhnliche Taten, daß einer seiner Freunde ihn zum «musikalischen Zehnkampfweltmeister» krönte. Die *Jeremiah* Symphonie, deren Premiere er mit der Pittsburgh Symphony und später in der Saison mit der Boston Symphony und den New Yorker Philharmonikern dirigierte, wurde vom Music Critic's Circle zum hervorragendsten neuen Werk des Jahres erwählt; das Ballett *Fancy Free,* das er mit Robbins schrieb, war der große Hit der Frühjahrssaison im Ballet Theater und erlebte im ersten Jahr nicht weniger als einhunderteinundsechzig Aufführungen; er wurde einer der gesuchtesten Gastdirigenten im Lande und legte fünftausend Meilen zurück, um neunundachtzig Konzerte zu dirigieren; und schließlich schrieb er mit Robbins ein von *Fancy Free* inspiriertes Musical, für das Green und Miss Comden das Buch und die Songtexte verfaßten, und das mit dem Titel *On the Town* in New York drei Tage vor Jahresende unter Jubel und Beifall uraufgeführt wurde. Mit diesem letztgenannten Werk erreichte Bernstein etwas, das keine Symphonie, kein Ballett und kein Dirigentenjob vermocht hätten: es brachte ihm hunderttausend Dollar ein. Am Ende des Jahres war seine Position in der Hierarchie der Berühmtheiten so unbestreitbar, daß die United States Junior Chamber of Commerce – eine Organisation, die er nie als eine mögliche Quelle beruflichen Prestiges in Betracht gezogen hätte – ihn zu einem der zehn hervorragendsten jungen Männer des Jahres 1944 ernannte und ihn auf die gleiche Stufe wie unter anderen Nelson A. Rockefeller stellte.

Einer der seltsamen – oder vielleicht gar nicht so seltsamen – Umstände, die diesen phänomenalen Aufstieg begleiteten, war die Haltung einiger prominenter Musiker, zu deren Füßen Bernstein einst gesessen hatte, und die eifrig bestrebt gewesen waren, seine Karriere zu fördern, aber die ihn nun mit einigem Argwohn zu betrachten begannen. Als *On the*

Town in Boston vor der Premiere eingespielt wurde, redete Koussevitzky eines Abends drei Stunden lang streng ermahnend auf ihn ein und erklärte, es sei eine Schande, daß er sechs Monate mit einem Broadway Musical verzettelt habe. Ein anderer ehemaliger Gönner, der mit Entsetzen erfahren hatte, daß Bernstein es offenbar genoß, sein Photo im *Harper's Bazaar* und seinen Namen in Leonard Lyons Klatschkolumne zu sehen, gesteht, es habe ihm eine Zeitlang «persönlich sehr weh getan, daß Leonard eine Allerweltspersönlichkeit wie Frank Sinatra sein wollte». Der Anblick eines von Teenies belagerten Maestros war in der Tat einmalig und mußte auf Männer europäischer Kultur und Erziehung verwirrend wirken. Noch heute ist ein Teil der Musikwelt über Bernsteins vertrautes Verhältnis mit dem Broadway empört, aber die Mehrheit hat sich daran gewöhnt. Vor nicht langer Zeit fand ein berühmter Komponist sogar den Mut zu sagen: «Sie dürfen eins nicht vergessen: Lenny ist so vielbegabt, daß er wie nur wenige von uns der Versuchung ausgesetzt ist.» Eine Ansicht, die an Boden zu gewinnen scheint – die Direktoren der New Yorker Philharmoniker teilen sie offenbar – nach der Mangel an Feierlichkeit nicht unbedingt Mangel an Ernsthaftigkeit bedeuten muß, hat zur Überzeugung geführt, daß Bernsteins angeborenes Schauspielertalent sich in der Sache der Musik als durchaus nützlich erweisen mag, da es die öffentlichen Konzerte einem größeren Publikum schmackhafter macht.

Mit neununddreißig ist Bernstein übrigens, obgleich immer noch animalisch vital genug, um die meisten Kollegen in Bestürzung zu versetzen, nicht mehr ganz die «Allerweltspersönlichkeit», die er mit fünfundzwanzig war. Vielleicht weil er seit sechs Jahren mit der Schauspielerin Felicia Montealegre verheiratet ist, die er 1946 kennenlernte, und von der er zwei Kinder hat, die fünfjährige Jamie und den zweijährigen Alexander. Während der letzten Jahre war Mrs. Bernstein die energischste Befürworterin der Idee, daß ihr Mann sich in einer festen Stelle mit einem eigenen Orchester seßhaft machen sollte – ein Schritt, den zu tun er sich bis zum vorigen Herbst beharrlich weigerte. «Warum sollte er nicht die New Yorker Philharmoniker übernehmen wollen?» Diese rhetorische Frage stellte einer seiner Bekannten, als seine Berufung auf diesen Posten bekanntgegeben wurde. «Es ist das einzige, was er noch nicht getan hat.»

Wie wird sich nun die Übernahme der New Yorker Philharmoniker letztendlich auf Bernstein auswirken? Zumindest ein Zeichen deutet es an: In dieser Saison dirigiert Bernstein zum ersten Mal in seinem Leben mit dem Taktstock. Zweifellos beabsichtigt er den Taktstock zu benutzen, um Energie zu sparen und Würde auf dem Podium zu bewahren, aber ganz sicher ist er im Umgang mit diesem Werkzeug noch nicht. Wenn er dirigiert, läßt er sich stets voll und ganz von der Musik durchdringen – und er reagiert auf sie nicht nur mit seinem ganzen Körper, sondern singt sie auch gewöhnlich sehr laut –, und in einem Augenblick besonders tiefen Empfindens während eines der letzten Konzerte in der Carnegie Hall flog ihm der Stab aus der Hand und landete im Schoß einer in der ersten Reihe sitzenden Dame. Zuerst wußte die Dame nicht, ob sie ihn wie einen Fehlball bei einem Baseballspiel behalten oder ihn wie nach einem *touchdown* beim amerikanischen Fußball zurückwerfen sollte. Sie begnügte sich schließlich damit, ihm dem Maestro in der Pause auszuhändigen. Bernstein zeigte sich nach dem Konzert nur wenig belustigt, als Adolph Green, der gerade anwesend war, ihm den Rat gab, seinen Stab mit einem Riemen an das Handgelenk zu schnallen. Ungeachtet des fliegenden Taktstocks begeisterte die Musik, die man in dieser ersten Woche von Bernstein hörte, sowohl die Presse, das Publikum, die Oberbefehlshaber der Philharmonic Society, als Bernstein selbst. Nach dem Konzert sprach Bernstein mit krächzender

Stimme, weil er auf allen Proben und während der Aufführung jede Note eines jeden Werks mitgesungen hatte, und sagte zu einem Freund: «Welch ein Orchester! Diese Einheit! Dieses Empfindungsvermögen! Diese Kraft! Ich bin ein glücklicher Mann.»

INTERVIEW

Robert Chesterman – Leonard Bernstein
«Ich wollte ins Wasser gehen»

ROBERT CHESTERMAN: *Mr. Bernstein, es heißt, nichts könne Sie überraschen, aber glauben Sie, wenn Sie jetzt an das Jahr 1943 zurückdenken, als Sie im letzten Augenblick für einen unpäßlichen Bruno Walter einsprangen, daß sich die großen Chancen von Dirigenten meistens auf diese Art ergeben –, daß das Glück eine Rolle spielen muß?*

LEONARD BERNSTEIN: Da muß ich zunächst sagen, daß ich genau das Gegenteil von dem bin, was Sie annehmen: mich überrascht ständig etwas. Mein ganzes Leben war eine Folge von Überraschungen. Man könnte fast von einem okkulten Faktor sprechen, wenn man bedenkt, daß in meinem Leben an meinem fünfundzwanzigsten Geburtstag alles ganz plötzlich zu passieren begann. Mit diesem besonderen Tag setzte eine Reihe von Chancen ein, wie man sie nur in Romanen von Horatio Alger findet – schlechten Romanen, übrigens. In den Jahren vor diesem Augenblick, als sich alles veränderte, war ich in einem Zustand der Verzweiflung. Aber ja, ich würde sagen, daß Glück sehr viel damit zu tun hatte. Natürlich nützt alles Glück nur dann, wenn man in der Lage ist, es beim Schopf zu packen.

Wenn man zum Beispiel vorbereitet ist für so etwas wie diesen berühmten Tag, als Bruno Walter plötzlich erkrankte und ich binnen zwei Stunden ohne vorherige Probe einspringen mußte. Es war ein sehr schwieriges Programm, aber es hatte mich so interessiert, daß ich mich intensiv damit beschäftigte, ohne zu ahnen, daß ich so kurzfristig in die Lage kommen würde, es zu dirigieren. *Don Quixote* von Strauss gehörte dazu, ein Werk, das ich nicht gekannt hatte und in das ich mich sofort verliebte, vor allem in die Art, wie Strauss die literarischen und philosophischen Anspielungen umsetzte; das hat bewirkt, daß ich mich sehr eingehend mit dem Werk befaßte. Ich bereitete mich nicht einfach darauf vor, es dirigieren zu können, falls sich die Gelegenheit ergeben sollte. Ich ging noch viel weiter. Ich weiß noch, ich saß in jener Woche nachts über der Partitur, schwelgte darin, las noch einmal Cervantes und stellte Vergleiche mit der literarischen Vorlage an, so daß ich, als es dann an dem Sonntagmorgen dazu kam, mit *Don Quixote* mehr als nur flüchtig vertraut war – ich konnte dadurch eine mehr als nur oberflächliche Vorstellung geben. Ich will mich da keineswegs rühmen, aber trotz der großen Nervosität und Aufregung und Beklemmung, die ich dabei hatte, konnte ich mich in diese Partitur in einem Maße versenken, wie mir dies ohne genügendes Vorbereitet-gewesen-Sein nicht möglich gewesen wäre.

Da Sie von Überraschungen sprechen – ich bin jeden Morgen beim Aufstehen überrascht, daß ich da bin und daß noch immer eine Welt um mich ist, die weitergeht. Ich glaube, ohne dieses Element der Überraschung könnte ich mir nicht die Begeisterung für Leben und Kunst bewahren, die ich empfinde. Das Leben ist eine endlose Folge von Überraschungen, und wenn ich einmal aufhören sollte, überrascht zu sein, mache ich Schluß, denn dann würde ich nicht mehr viel taugen, fürchte ich. Ich war ganz gewiß überrascht wegen dieses Tages, des 14. Novembers 1943, und wenn ich im Zusammenhang damit das Wort «okkult» gebrauche, dann deshalb, weil diese Dinge irgendwie etwas mit speziellen Daten oder damit zusammenhängenden Zahlen zu tun haben scheinen. Man könnte fast zum Astrologen oder zum Zahlenmystiker werden, wenn man einige davon näher untersucht. Ich kann nicht ausführlich darauf eingehen, denn das würde langweilig werden.

Tatsache ist, daß ich mich an meinem fünfundzwanzigsten Geburtstag, an einem 25. August, in einem Zustand tiefster Verzweiflung befand, weil ich zum zweiten Mal wegen meines Asthmas von der Armee für untauglich befunden worden war. Ich hatte damals einen Job, der mir einfach verhaßt war – er hatte mit Transkriptionen auf dem Gebiet des Jazz und der kommerziellen Musik bei einem Jazz-Verlag zu tun, und ich bekam dafür pro Woche 25 Dollar. An etwas anderes schien ich nicht heranzukommen. Ich hatte inzwischen Harvard absolviert und das Curtis Institute hinter mir. Ich hatte zwei Jahre bei Fritz Reiner studiert. Ich hatte drei Sommer lang, von 1940 bis 1942, in Tanglewood bei Koussevitzky studiert. Ich sollte eigentlich dirigieren, als Pianist auftreten und meine Kompositionen vortragen können, aber es geschah einfach nichts. Und noch dazu wollte mich die Armee nicht haben. Keiner konnte etwas mit mir anfangen.

Ich wollte am 25. August 1943 ins Wasser gehen, als ich genau an diesem Tag einen Anruf erhielt. Ich war gerade von Boston – wo mich die Musterungsbehörde abgelehnt hatte – ins Berkshire Music Center zurückgekehrt. Der Anrufer war Artur Rodzinski, dem ich noch nie begegnet war, von dem ich aber natürlich gehört hatte. Er war ein sehr bekannter Dirigent, der das Cleveland Symphony Orchestra und vorher das Los Angeles Orchestra geleitet hatte. Er hatte eine Farm in Stockbridge, einem Ort in der Nähe. Er sagte, ich solle ihn doch auf seiner Farm besuchen, was ich auch tat. Es war alles sehr geheimnisvoll, wie in einem Antonioni-Film. Ich kam auf diese Farm, und da näherte sich mir ein Mann auf einem Motorscooter mit einem Bienenschleier auf dem Kopf. Ich kam mir wie auf dem Mars vor. Und dieser Mann war Rodzinski. Er begrüßte mich und führte mich zu einem Heuschober, wo wir uns hinsetzten. Er ·sagte: «Wie Sie wissen» – ich wußte es nicht – «bin ich gerade zum Dirigenten des New York Philharmonic Orchestra ernannt worden und fange im nächsten Monat an, im September.» Ich sagte: «Herzlichen Glückwunsch.» Und er sagte: «Ich brauche einen Dirigenten. Ich war mir nicht klar, wen ich nehmen oder ob ich bei dem derzeitigen Mann bleiben sollte. Da habe ich Gott gefragt, wen soll ich nehmen, und Gott hat gesagt, nimm Bernstein. Und da habe ich Sie angerufen. Wollen Sie den Job übernehmen?»

Ich hatte natürlich inzwischen regelrecht Mund und Nase aufgesperrt – der Bienenschleier, der Scooter, der Heuschober und dieses unglaubliche Angebot, das war einfach nicht zu fassen. Ich dachte, ich höre nicht recht, brachte aber doch die Kraft auf, um zu sagen: «Ja, vielen Dank.» Wir schüttelten uns darauf die Hand. Ich stellte keine weiteren Fragen. Ich wollte nicht wissen, wie er zu einem direkten Draht zu Gott kam. Ich nahm ihm das einfach so ab. Später stellte sich heraus, daß der direkte Draht mit seiner Zugehörigkeit zur Oxford Movement, der Buchmanite Group, zusammenhing, die regelmäßig mit Gott spricht. In seinem Fall scheint das alles mit der Selbstaufgabe zu tun gehabt zu haben, die offenbar eines seiner ernsten Probleme war, und mit dem Einswerden mit Gott. Dafür bin ich seitdem Gott dankbar, wie Sie sich vorstellen können.

Dann geht es weiter, denn als ich erst dort war, als ich mich in meinem kleinen Ein-Zimmer-Apartment in der Carnegie-Hall eingerichtet hatte – einer Villa, verglichen mit meinem bisherigen Wohnquartier –, da fand ich es einfach toll, als stellvertretender Dirigent des Philharmonic Orchestra 125 Dollar in der Woche zu verdienen, das war für mich damals viel Geld. Ich hätte nicht glücklicher sein können. Ich kam sogleich meinen Pflichten nach, die darin bestanden, alle Partituren zu studieren, damit ich, falls Rodzinski erkrankte oder ein Gastdirigent sich indisponiert fühlte, einspringen und eine Probe oder auch ein Konzert selbst leiten konnte. Natürlich ist es in der Dirigentenwelt Tradition, daß ein Orchesterleiter eigentlich nie erkrankt, und ich glaube, seit fünfzehn Jahren war kein Dirigent des Philharmonic mehr indisponiert gewesen. Ich hatte mich deshalb damit abgefunden, daß dieser Fall nie eintreten würde.

Er trat aber ein. Ich war seit genau zwei Monaten auf meinem Posten. Bruno Walter war der Gastdirigent, und er erkrankte tatsächlich, und es war tatsächlich dieses Programm mit *Don Quixote,* und es war außerdem eine landesweite Übertragung an einem Sonntagnachmittag, was das Ganze noch aufregender und phantastischer machte. Ich weiß nicht, warum es mir so viel bedeutet, aber der 14. November war schon ein wichtiges Datum, weil es der Geburtstag von Aaron Copland war. Daß es ausgerechnet an diesem Tag passierte, verleiht der Sache wiederum einen magischen Touch.

Wie kommt es, daß es einheimische Dirigenten in Amerika so schwer haben?

Ich glaube, das hat sich inzwischen geändert, aber damals hatten sie es schwer, ja. Zu jener Zeit, ohne Akzent und ohne Bart und in dem Alter, in dem ich damals war, da zeigte kein Mensch Interesse.

Zwei Monate danach erkrankte sogar Rodzinski selbst. Aber ich konnte damals nicht für ihn einspringen, weil ich einen Vertrag mit dem Pittsburgh Symphony Orchestra hatte – ich sollte auf Fritz Reiners Bitte die Welturaufführung meiner ersten Symphonie *Jeremiah* leiten. Er hatte mich sehr freundlich und sehr großmütig aufgefordert, dieses Werk zu dirigieren, das noch nie aufgeführt worden war. Es war mein erstes Orchesterstück, und er glaubte daran. Und das erlebte auch einen großen Erfolg; ich habe in der Tat nie eine Besprechung eines neuen Werks auf der ersten Seite in einer größeren Stadt gesehen. In der gleichen Saison wurde auch mein erstes Ballett, an dem ich gearbeitet hatte, *Fancy Free*, im Metropolitan Opera House uraufgeführt. Man kann eine solche Periode wirklich nicht betrachten, ohne ein wenig an so etwas wie astrologische Kräfte zu glauben. Im gleichen Jahr dann, 1944, schrieb ich *On the Town*, meine erste Bernstein-Show, die im Dezember auf die Bühne kam und auch ein ungeheurer Erfolg wurde.

Sie erwähnten Koussevitzky. War er Ihr Mentor?

Er war nicht mein erster Mentor. Mein erster war Fritz Reiner. Diese beiden Männer unterschieden sich sehr in ihrer Auffassung, es war, so möchte man sagen, der Unterschied zwischen Südpol und Nordpol. Das war auch ein Glück für mich, daß ich zwei Lehrmeister hatte, die sich so gut ergänzten und so verschieden waren –, von jedem bekam ich so viele Anregungen für die Auffassung vom Dirigieren.

Reiner zum Beispiel war ein sehr strenger Lehrer und strenger Techniker. Er verlangte ungeheuer viel an Wissen, man mußte jede Partitur genau kennen. Man tritt einfach nicht an dieses Pult, ohne alles zu wissen, was man über die Partitur in diesem Augenblick wissen kann. Man muß das Recht erworben haben, zu dirigieren. Er legte großen Wert auf die Führung des Taktstocks. Er benutzte ihn sehr minuziös; seine Taktschläge waren fast mikroskopisch. Aber sie waren dabei unglaublich kraftvoll und magnetisch. Ich weiß noch immer nicht genau, wie er das gemacht hat. Er war sehr sparsam im Taktschlag, in der Gestik; er gab fast nie Auftakte zu Beginn eines Stücks. Er verließ sich darauf, daß das Orchester mit seinem Niederschlag einsetzte. Er brachte es einfach dazu. Und es klappte fast immer, wenn er ein gutes Orchester vor sich hatte. Ich werde nie seinen Anfang von Strauss' *Don Juan* vergessen, das ist ein sehr schwieriger Einsatz, der gewöhnlich einen sehr deutlichen Auftakt verlangt, ehe man den Niederschlag gibt, nach dem dann das Orchester einsetzt. Er gab da nie einen Auftakt. Der Taktstock ging einfach herunter, tick, und das Orchester war da. Ich wußte nie, wie er das machte. Ich habe es nie erfahren, wie sie das zusammen fertiggebracht haben. Ein Wunder.

Koussevitzky war genau das Gegenteil. Sehr klare Auftakte, aber nicht so sehr deutliche Niederschläge. Sehr zum Unterschied von dieser technischen Auffassung. Er war das, was man einen Lehrmeister mit Inspiration nennen könnte. Seine ganze Auffassung vom Dirigieren rührte vom Gefühl her. Er sagte immer: «Die Wärme, es muß wie die Sonne sein, das Legato, die wunderbare Linie.» Es war sehr bewegend und erregend, bei ihm zu lernen. Aber war war dabei der genaue Gegenpol von Reiner.

Klemperer sagte, man dirigiere meistens mit den Augen. Würden Sie dem zustimmen?

Das traf sowohl auf Reiner wie auf Koussevitzky zu. Ich glaube sogar, Reiner dirigierte viel mehr mit den Augen als mit dem Stock. Ich erinnere mich, wie seine Augen gleich Pfeilen über die kleinen Halbgläser seiner Brille hinweg auf das Orchester spähten und es sich banden, magnetisierten, so daß die geringe Bewegung des Taktstocks das übrige erledigte. Auch Koussevitzky hatte einen magnetischen Blick. Wie es bei mir ist, weiß ich nicht, weil ich mich nie selbst sehe. Ich sehe nicht, was ich tue. Ich habe nicht die leiseste Ahnung, wie ich mich auf dem Podium verhalte, deshalb kann ich Ihnen da über mich nichts sagen.

Ich möchte Sie gern noch nach Ihrer Zeit bei den New Yorker Philharmonikern fragen. Könnten Sie kurz umreißen, was Sie glauben, als aufführendes Ensemble insgesamt, geleistet zu haben, seit Sie das Orchester übernahmen?

Nun, das ist eine sehr umfassende Frage. Was wir geleistet

haben, seit ich das Orchester übernahm? Lassen Sie mich ein wenig um die Ecke herum anfangen mit der Feststellung, daß es noch einen weiteren Dirigenten gibt, der ebenfalls mein Mentor war und der sehr großen Einfluß auf mich ausübte, und das ist Dimitri Mitropoulos. Ich kannte ihn sogar schon, ehe ich Reiner und Koussevitzky begegnete. Er kam als Gastdirigent nach Boston, als ich noch Harvardstudent war und mit ihm zusammentraf. Da gab es auch wieder eine ganze Reihe okkulter Umstände, ich will nicht weiter darauf einge-hen, das würde zu weit führen, aber es ist wirklich ganz unheimlich.

Ich lernte ihn bei einem Tee kennen, den die Griechische Gesellschaft von Harvard, bekannt als Helicon Society, im Phillips Brooks House gab. Er als berühmter Grieche war Gast dieser Gesellschaft. Ich hatte zuerst nicht hingehen wollen, aber dann tat ich es im letzten Augenblick doch, aus Gründen, die mir entfallen sind. Eine lange Schlange von Leuten wartete darauf, Mitropoulos die Hand schütteln zu können. Es wurde zu seinen Ehren musiziert und Tee serviert, und ich war nur einer in dieser langen Schlange. Als ich an die Reihe kam, fragte er mich, was ich in Harvard machte, und ich sagte, ich sei Musiker. Er forderte mich auf, etwas auf dem Klavier zu spielen, was ich auch tat, mit sehr schweißfeuchten Händen. Von da an war ich für ihn jemand, den er musikalisch für etwas Besonderes hielt. Er drückte sich recht überschwenglich aus, gebrauchte Worte wie «Wunder-knabe» und so. Ich war einfach überwältigt. Ich hatte mich nie als so etwas betrachtet. Er lud mich zu den Proben mit dem Boston Symphony Orchestra in dieser Woche ein, und ich ging auch jedesmal hin. Einmal aß ich mit ihm zu Mittag. Er gab mir ein Foto mit seinem Autogramm und ging. So standen unsere Beziehungen.

Aber ich traf ihn zufällig einige Jahre später wieder, gerade nach meinem Abgang von Harvard, als ich wieder in einer

Periode der Verzweiflung war. Ich konnte keinen Job finden, und an Dirigieren hatte ich während der ganzen Zeit in Harvard nie gedacht, und ich begegnete ihm durch reinen Zufall. Ich erzählte ihm von meinen Nöten, und Dimitri sagte: «Sie müssen Dirigent werden.» «Wie kommen Sie darauf?» sagte ich. «Sie haben mich doch nie dirigieren sehen.» «Das brauche ich auch nicht.» «Nun», sagte ich, «wie wird man Dirigent? Ich tue alles, was dazu nötig ist.» Ich hatte gerade einen ganzen Sommer lang in New York nach einem Job Ausschau gehalten und nichts gefunden. Er sagte, ich solle es an der Juillard School versuchen. Aber es war zu spät, um sich dort noch zu bewerben. Dann sagte er, ich solle es beim Curtis Institute versuchen – «Fritz Reiner lehrt dort in Philadelphia.» Ich erkundigte mich und stellte zu meinem Erstaunen fest, daß man sich trotz der fortgeschrittenen Saison noch bewerben konnte, weil Reiner durch Engagements in Europa aufgehalten worden war und seine Klasse noch nicht zusammengestellt hatte. Ich ging zum Vorstellen hin und wurde angenommen, wiederum zu meinem Erstaunen, denn ich hatte noch nie dirigiert oder eine Partitur aus dem Blickwinkel des Dirigenten betrachtet, immer nur aus dem des Komponisten oder des Musikstudenten. Und so war ich plötzlich Schüler von Fritz Reiner. Und das verdanke ich Dimitri, der mir als erster sagte, ich sollte Dirigent werden.

Bis dahin kannte ich Koussevitzky noch nicht. Stellen Sie sich vor, ich hatte diese ganze Zeit in Boston gelebt und die Konzerte des Boston Symphony Orchestra besucht und ihn nie kennengelernt.

Mitropoulos hat mich auch durch die Erinnerung an sein Dirigieren beeinflußt, an das Dirigieren selbst, die Art, wie er dirigierte. Ich war sehr stark beeindruckt von diesen Proben, bei denen ich ihn in Boston beobachtet hatte. Er war wie ein Wilder. Er sprang hoch und ging in die Hocke, er kannte alles auswendig. Er hatte vielleicht das phänomenalste Gedächtnis in der Geschichte, ein photographisches Gedächtnis. Er stürmte zu den Bratschen hinunter, mitten hinein, und gestikulierte wie irre. Das Orchester betete ihn an, das Publikum betete ihn an, es war eine unglaubliche Woche, musikalisch gesehen. Ich werde sie nie vergessen, und ihren Einfluß spüre ich heute noch.

Ich bin deshalb so indirekt an die Beantwortung der Frage nach den New Yorker Philharmonikern gegangen, weil Dimitri später Dirigent dieses Orchesters wurde und ich ihm nachfolgte. Mitropoulos hat während seiner Zeit bei den New Yorker Philharmonikern Außerordentliches für das Repertoire geleistet, für junge und neue Komponisten. Aber er hinterließ das Orchester auch, wie ich leider sagen muß, in einem ziemlich verwilderten Zustand, weil es ihm zu sehr auf die Dynamik der Musik und auf ein dynamisches Repertoire ankam und weniger auf den eigentlichen Klang eines Orchesters, solange es ihm nur die Akzente und die Pianissimi brachte, die kühnen, dynamischen Umrisse eines Stücks. Er achtete nicht besonders darauf, ob es rein spielte, richtig rein, achtete nicht auf die verschiedenen Feinheiten des Bogenstrichs – ob man mit der Spitze strich oder mehr am Frosch, ob herauf oder herunter oder mit mehr Nachdruck oder weniger. Das Orchester hörte sich unter ihm recht ungenau an, besonders bei Mozart und Beethoven. Er machte sich nicht viel aus Mozart und Beethoven. In einem persönlichen Gespräch gestand er mir einmal, daß er an einem Punkt angelangt war, wo ihn diese Musik langweilig dünkte, weil sie ihn nicht genug forderte. Er wollte Schönberg dirigieren und Werke von Schnabel und alles, was lang, mühsam und kompliziert war und möglichst dodekaphonisch. Ich glaube, er hat da etwas Wichtiges übersehen, nämlich daß es nichts Herausforderndes auf der Welt gibt als acht Takte Mozart zu dirigieren –, daß es viel leichter ist, achthundert Takte Schönberg zu dirigieren.

Sie sind offenkundig der Ansicht, daß das klassische Reper-
toire die größeren Anforderungen an einen Dirigenten stellt.

Das tut es ganz gewiß. Je einfacher die Musik an der Oberfläche ist, desto schwieriger ist es, ihre innere Wahrheit herauszufinden. Ich meine damit nicht, daß sie entstellt oder verzerrt werden oder daß ihr eine Wahrheit aufgezwungen werden sollte. Das ist genau falsch.

Und da ist diese durchgehende, zusammenhängende Linie.

Es ist nicht nur die durchgehende Linie. Es geht darum, daß man diesen großen Glauben hat, den gleichen Glauben an die Schönheit des Schlichten, den der Komponist hatte, und daß man aus diesem Glauben heraus fähig ist, dieses Stück neu zu schaffen, diese Musik neu zu schöpfen in dem gleichen Geist von Adel und innerer Tiefe, in dem sie geschrieben wurde. Dimitri hatte das Interesse an diesem Aspekt verloren. Er liebte die Komplexität und zum Schluß Oberflächenkomplexität.

Das wollte ich nur vorausschicken. Ich möchte nicht sagen, wie das so viele neue Präsidenten von Organisationen tun, «Nun, ich habe diese Gesellschaft in einem erbärmlichen Zustand vorgefunden, aber jetzt...». Es ist leicht, sich in die Brust zu werfen. Dimitri Mitropoulos war vielleicht das größte Genie auf dem Gebiet der Musik, dem ich je begegnet bin. Er hatte, wie wir alle, seine Fehler. Zu seinen Fehlern zählte diese Einstellung zum Orchesterspiel selbst, dieses geringe Interesse an Schliff und Feinheit des Spiels, an der Vielfalt von Lauten, die man aus einem Orchester herausholen kann. Die Folge war, als ich kam, teilten wir uns das erste Jahr die Arbeit. Wir waren Codirigenten der Philharmoniker. Und dann ging er. Ich hatte das Orchester für mich allein. Und ich erinnere mich noch, wie ich mir während dieses ersten Jahres seine Aufführungen anhörte, wobei mir genau das auffiel – eine Unfertigkeit, ein Mangel an Zusammenspiel, an Präzision, an Intonation. Er hatte diese Dinge nie verlangt, sehen Sie. Solange er seine Dynamik erhielt, war er zufrieden. So bekam ich dann ein Orchester, das nicht nur ungeschliffen spielte, ungenau, unharmonisch und nachlässig, sondern das es auch nicht gewohnt war, Haydn, Händel, Bach, Mozart zu spielen; und auch ein Orchester, mit dessen Moral es nicht zum besten stand, weil infolge dieser Verschlechterung des simplen Vortragsniveaus sein Ruf gelitten hatte.

Ich sage so etwas nur sehr ungern, weil es sich so anhört, als wolle ich Mitropoulos anschwärzen, den ich doch verehrte. Ich versuche lediglich zu sagen, was ich für die Wahrheit halte. Wenn ich von der gesunkenen Moral des Orchesters spreche, dann meine ich damit, daß die Kritiken zu jener Zeit sehr schlecht waren. Das Publikumsinteresse hatte nachgelassen, eine normale gewöhnliche Nachmittagsvorstellung in der Carnegie Hall wurde nur spärlich besucht. Es war nicht gerade ein erhebendes Gefühl, sonntags nachmittags zu einem Konzert in die Carnegie Hall zu gehen. Und das Orchester spürte das. Es hatte nicht mehr das Gefühl, gut zu spielen, es war nicht mehr stolz auf sich, es wußte ja, daß es keine großen Zuhörerscharen mehr anlockte.

Die Angehörigen der New Yorker Philharmoniker stehen in dem Ruf, recht schwierig zu sein. Ist das auch Ihre Erfahrung?

Nein. Gewiß, das schienen sie zu sein, damals, aber ich glaube, das hing zum Teil mit dieser gesunkenen Moral zusammen. In dem inzwischen vergangenen Jahrzehnt ist das, glaube ich, alles anders geworden. Wir geben sehr viel mehr Konzerte als damals, und es ist nicht leicht, einen Platz zu bekommen. Das Orchester spielt wunderbar harmonisch und äußerst vielseitig.

Ich glaube, worauf ich am meisten stolz bin, wenn ich an meine Arbeit mit den Philharmonikern während dieser zehn Jahre denke, das ist der Umstand, daß das Orchester keinen «Philharmonic-Sound» entwickelt hat. Sie wissen, die meisten größeren Orchester rühmen sich ihres Sounds: Philadelphia-Sound, Boston-Sound; manche Dirigenten gehen sogar so weit, diesem Sound ihren Namen zu geben. Ich finde das antimusikalisch, gefährlich und allem zuwiderlaufend, was Ziel und Zweck eines Orchesters sein sollte. Zweck eines Orchesters ist es, so akkurat wie möglich, so packend wie möglich die Absicht des Komponisten zu vermitteln, den es spielt. Wenn ein Orchester bei jedem Stück, das es spielt, seinen eigenen Klang hat, kann es nicht den Klang des Komponisten haben.

Ich bin bei den Philharmonikern schrecklich stolz darauf, daß das Orchester keinen eigenen Klang irgendwelcher Art hat und daß es von einem Stück zum anderen sofort vom einen Klang auf den anderen umschalten kann. In diesem Sinn halte ich es für ein höchst subtiles Orchester. Vielleicht hat auch die Beschäftigung mit so vielen meiner Drehbücher und TV-Shows und Vorträgen zur Verfeinerung beigetragen. Aber was auch immer, ich habe jedenfalls versucht, diesen «Non-Philharmonic-Sound» zu entwickeln, den Klang, der nötig ist, um von Beethoven zu Ravel überzugehen, von Mozart zu Strawinsky oder Berg oder was immer wir spielen.

Halten Sie es für möglich, daß ein Dirigent in allen Bereichen des Repertoires mit dem gleichen Erfolg tätig ist?

Ich weiß nicht, ob es möglich ist, aber es muß Ideal und Ziel jedes Dirigenten sein. Mir steht ein Urteil darüber, ob ich oder ob irgendwer es kann, nicht zu. Man kann sich das nur als leuchtendes Ziel vor Augen halten. Ich habe das jedenfalls versucht. Wir spielen jetzt Haydn-Symphonien. Gerade letztes Jahr haben wir die «Pariser» Gruppe einstudiert und aufgenommen. Wenn ich mir jetzt die Aufnahmen anhöre, dann bin ich sehr stolz auf diese Haydn-Symphonien, weil der Klang ein Haydn-Klang ist. Er ist kein Philharmoniker-Klang, und man hört da kein bestimmtes Orchester heraus. Es klingt nur nach Haydn. Und wenn ich mir dann die Sibelius-Symphonien anhöre, bin ich genauso stolz, weil es eben nach Sibelius klingt. Das heißt, wenn wir Sibelius spielen, dann klingt das etwas getragen und feierlich und geheimnisvoll – und zögernd, bisweilen –, und die Haydn-Aufnahmen haben etwas Helles und Inniges und ungemein Heiteres. Man sollte nicht meinen, daß das dieselben Leute sind, die beide Werke spielen. Und dann spielen wir natürlich noch Mahler.

Sie identifizieren sich sehr stark mit Mahler. Ich habe mich gefragt, ob Sie besondere Schwierigkeiten beim Dirigieren seiner Werke hatten.

Die einzige Schwierigkeit mit Mahler ist die Ausdauer, die Fähigkeit zum Durchhalten, ein rein physisches Problem des Aufrechterhaltens der erforderlichen Intensität, Konzentration und physischer Energie. Bei physischer Energie denke ich natürlich auch an emotionale Energie, an die Spannung, die Nervenkraft, die nötig ist, um ein großes Mahler-Stück von Anfang bis Ende zu tragen. Das ist das einzige Problem, das ich bei Mahler entdeckt habe, denn ich finde, alles ist so klar und deutlich ausgedrückt in diesen Partituren, so ausführlich angegeben, so reichlich vermerkt, manchmal überreichlich – Fußnoten und Tausende von Zeichen und Akzenten und innere Diminuendi und Crescendi. Ich glaube, man kann Mahlers Absicht gar nicht verfehlen, wenn man ein elementares Verständnis für die Musik hat.

Da besteht diese Parallele: Mahler komponierte und dirigierte; er war ein Besessener; er war verfolgt von einem

Dämon, war ein ewig Ringender. Haben Sie je darüber nachgedacht, warum Mahlers Musik einen so großen Reiz auf Sie ausübt?

Sie meinen, es besteht eine Ähnlichkeit zwischen uns. Nun, es gibt da einige. Da ist natürlich das Hin-und-hergerissen-Sein zwischen Darstellen und Schaffen. Diese große Kluft kann einen schizophrenen Effekt bewirken. Obwohl sich diese Tätigkeiten bei Mahler und bei mir, bei Mendelssohn und Beethoven, Berlioz und Wagner recht natürlich verbinden, sind sie doch psychologisch sehr verschieden, da die eine Arbeit in größter Öffentlichkeit und die andere in größter Einsamkeit stattfindet. Und man braucht ungeheuer viel Zeit dazu, so ungeheuer viel Zeit, daß die Zeit gleichsam stillstehen muß, solange man komponiert. Man darf nicht das Gefühl haben, daß man um sechs aufhören muß, weil dann die wirkliche Zeit der Musik, die ich in diesem Fall wirklich nenne, die andere abzulösen hat; und wenn die Uhrzeit oberstes Gesetz ist, dann kann man nicht komponieren – ich zumindest kann es nicht. Wenn einem der Kopf voll ist von Mahler und Beethoven, fällt es manchmal sehr schwer, die eigenen Töne zu finden. Ich brauche einfach Zeit, um all die andere Musik loszuwerden, die mir im Kopf herumsummt, das Requiem von Verdi und die Haydn-Symphonien und Webern, was es gerade ist.

Beschäftigt Sie je der Gedanke, daß Sie am Ende vielleicht das Gefühl haben, Sie hätten mehr leisten können, wenn Sie entweder nur dirigiert oder nur komponiert hätten?

Nein, denn das ist für mich ein unvorstellbarer Zustand. Als nur schöpferisch oder nur darstellerisch tätigen Menschen kann ich mich nicht sehen, weil dies die zwei Seiten meiner Natur sind. Ich bin damit geschlagen, wenn Sie so wollen; nennen Sie es keinen Segen, nennen Sie es ein

Handikap. Es ist einfach so, daß ich eine Seite habe, die sich zurückziehen und für lange, ununterbrochene Perioden allein sein möchte, und eine andere, die unter Menschen sein will, eine gesellige Seite, die alles mit anderen teilen will. Ich glaube, das ist ein Schlüsselwort bei allem, was ich tue, «teilen». Ich liebe es so sehr, anderen etwas beizubringen, mitzuteilen, und ich mache so gern diese Fernsehsendungen, sowohl für jüngere Menschen wie für Erwachsene –, sobald ich etwas weiß oder erkenne oder mich über etwas freue, muß ich es schon in der nächsten Sekunde mit anderen teilen. Ich kann es einfach nicht für mich behalten. Das gilt merkwürdigerweise sogar dann, wenn ich komponiere. Wenn ich plötzlich etwas komponiere, von dem ich weiß, daß es gut ist, dann vermag ich es gar nicht abzuwarten, bis ich zu meiner Frau, meinem Kind oder meinem Freund rennen kann oder wer gerade da ist, um es ihnen vorzuspielen. Ich kann es nicht für mich behalten. Ich glaube, daß das Dirigieren dem entspringt – bei mir, jedenfalls –, diesem Impuls, was ich fühle, die Erregung, die Begeisterung, das Mysterium, was immer mir zur Musik einfällt, mit möglichst vielen Menschen zu teilen.

Darf ich Ihnen eine recht schwierige Frage stellen? Sie hat mit der kritischen Akzeptanz zu tun. Die Kritiker an der Ostküste neigen gegenüber dem Leiter der New Yorker Philharmoniker – wer das auch gerade ist – zu einer Einstellung, die man auf die Formel «Dem werden wir's zeigen» gebracht hat. Trifft Sie Kritik sehr?

O ja, ich würde lügen, wenn ich etwas anderes behauptete. Kritik läßt mich nicht unberührt: Kritik hat mich gekränkt, hat mich überglücklich gemacht, hat mich geärgert und hat mich erregt, aber selten erbittert. Das hält alles nicht lange an, wissen Sie. Das ist glücklicherweise alles vergänglich. Meistens bin ich frustriert, weil selbst die guten Besprechungen, die ich bekomme, aus den falschen Gründen gut sind. Bei den

Kritikern scheint so wenig Verständnis dafür vorhanden zu sein, was wirklich passiert. Die meisten von ihnen scheinen nicht richtig zu «hören». Das ist frustrierend. Ich will Ihnen sagen, was daran frustrierend ist. Man mag sich sagen, daß diese Kritiker ohnehin nicht hören können, wozu sie also lesen? Dann ist alles in Ordnung. Dann kommt es zu keiner Frustration. Aber wenn man noch genug vom Kind in sich hat (ich nehme an, es ist das Kind, ich wüßte nicht, was es sonst sein sollte), das einen auf die Kritiken neugierig macht, weil es ein rein kindliches Vergnügen ist, seinen eigenen Namen in der Zeitung zu lesen oder wissen zu wollen, was die Leute über einen sagen – ich nehme an, das sind alles kindliche Impulse, aber sie sind menschlich, und ich besitze noch genug davon, so daß ich noch immer meine Kritiken lese – dann ist es frustrierend.

Ich habe gehört, als Sie kürzlich in London waren, hätten Sie sich nur ein einziges Mal aufgeregt, nämlich als die Kritiker sich mehr mit Ihrer Gestik beschäftigten als mit der Musik.

Also das macht mich verrückt. Ich habe schon Hunderte und Tausende von Artikeln über meine sogenannte «Choreographie», über mein Herumtanzen auf dem Podium, gelesen. Es macht mich krank, darüber zu sprechen. Aber da ich meine Gesten oder Bewegungen auf dem Podium nicht einstudiere, habe ich keine Ahnung, was ich da mache. Ich trage wirklich für sie keine Verantwortung; und das ist schlimm. Ich gebrauche diesen Einwand keineswegs zu meiner Verteidigung. Es wäre besser, ich könnte mich gründlicher darauf vorbereiten oder mehr daran denken, was ich auf dem Podium machen werde und weniger Gefahr laufen, etwas zu tun, was mißfällt oder von der Musik ablenkt. Da stimme ich durchaus mit den Kritikern überein. Es lenkt sehr ab, wenn man mit Sehen beschäftigt ist, wo man mit Hören beschäftigt sein sollte. Ich habe keineswegs die Absicht, jemandes Blicke auf mich zu ziehen. Aber ich versuche eben einfach, die Musik aus dem Orchester herauszuholen, so gut ich kann, und alles zu tun, damit es so spielt, wie es spielen soll. Ich weiß nicht, wie ich mich dabei gebe, und ich könnte es nur wissen, wenn ich mich im Fernsehen dabei beobachte, was ich auch schon viele Male getan habe. Aber ich kann nicht hinsehen. Meistens muß ich das Gesicht abwenden. Ich kann mir selbst überhaupt nicht zusehen. Manchmal habe ich Mitgefühl mit den Leuten, die sich über mein Podiumsgebaren beschweren. Ich sage mir, na ja, wenn sie nicht hinsehen können, dann nicht ganz ohne Grund. Es tut mir sehr leid, wenn meine Erscheinung ablenkend wirkt, denn das möchte ich wirklich keinem Musikstück antun. Aber ich fürchte, daran ist nichts zu ändern. Ich muß tun, was ich tun muß, und Gott weiß, was das ist; ich weiß es nicht. Aber offenbar nehmen genügend Menschen keinen Anstoß daran, so daß ich noch immer öffentlich dirigiere.

New York, April 1967

JOHN ROCKWELL

Bernstein, der Sieger

Die Wogen tränenseliger Gefühle gingen hoch, als Leonard Bernstein 1969 seinen Posten als Musikdirektor der New Yorker Philharmoniker aufgab und mit dem Ehrentitel eines «laureate conductor» ausgezeichnet wurde. Von «laureate conductors» geht zuweilen die Aura einer gewissen tatterigen Würde aus, doch Bernstein mit seinen damals fünfzig Jahren war noch voll feurigen Schwungs, dem der Ehrgeiz Kraft verlieh, die Verheißung seiner kompositorischen Begabung einzulösen.

Doch die siebziger Jahre wurden gleichsam zu Leonard Bernsteins persönlicher Diaspora. Kurz nach der Aufgabe seiner Position warf man ihm höhnisch seinen «radical chic» vor, weil er Mitglieder der Schwarzen Panther zu sich einlud. Seine Kompositionen erschienen in großen Abständen und wurden allgemein mit Spott bedacht. Er schien wie besessen von einem Gastspiel zum andern zu hasten und dirigierte hauptsächlich in Europa. Einen tiefen Einschnitt in sein Privatleben brachte 1978 der Tod seiner Frau, der aus Chile stammenden Schauspielerin Felicia Montealegre. Sie hatten sich getrennt, und kurz danach war bei ihr Krebs diagnostiziert worden. Obwohl sie sich aussöhnten, sann Bernstein laut darüber nach, ob ihr Ehezwist nicht vielleicht ihre Krankheit beschleunigt habe. Auf ihren Tod folgte eine depressive Phase, und daran schloß sich ein Taumel hemmungslosen Lebensgenusses. Bernstein, die Zentralfigur des amerikanischen Musiklebens, schien einer grotesken Selbstparodie gefährlich nahe geraten zu sein.

Doch es war voreilig, Bernstein abzuschreiben. Heute

scheint er zu jener achtunggebietenden Persönlichkeit geworden zu sein, deren Bild sein grandioser philharmonischer Titel suggeriert, den er vor siebzehn Jahren erhielt. Als Dirigent ist ihm eine enorm gesteigerte Anerkennung zugewachsen –; viele Rezensenten, auch der Verfasser dieses Textes, wären um eine Antwort auf die Frage verlegen, welchen anderen Dirigenten sie im gängigen Repertoire lieber hören würden.

Während seine kompositorische Tätigkeit nach wie vor als ungleichmäßig bezeichnet werden muß, hören sich seine alten Stücke heute besser denn je an: *Candide* in der Produktion der New York City Opera und als Schallplattenaufnahme wurde mit hohem Lob bedacht, und sein vor nicht langer Zeit erschienenes Album der *West Side Story* stand an der Spitze der Verkaufstabelle der Klassikplatten. Im Klima der «neuen Romantik» läßt sich sein Œuvre insgesamt heute mit größerem Verständnis betrachten. Ehrgeizige Bernstein-Festivals fanden dieses Jahr in London und Paris statt, und zwei weitere sollen im Oktober folgen, in Milwaukee und in Bridgeport, Connecticut. Es gibt auch Anzeichen, daß er, mit achtundsechzig, in seinem Privatleben mehr zur Ruhe kommt, trotz unvermeidlicher, manchmal peinlicher, zuweilen herrlicher Ausrutscher ins allzu Emotionale.

Dieser ganz unalltägliche Charakter ist es, der, zum Besseren wie zum Schlechteren, jeden Aspekt seiner beinahe manischen Präsenz bestimmt. Manche nehmen noch immer an seiner Art Anstoß – wenn er seine, wie er selbst gern sagt, «große jüdische Klappe» aufsperrt, wenn er auf dem Dirigentenpodium rotiert und herumtänzelt, wenn er seine kompositorischen Talente an aufgemotzte Belanglosigkeiten oder allzu große Überspanntheiten zu vergeuden scheint. Als ein «Typ, der alle Welt umarmt», wie er selbst eingesteht, verteilt er bei jeder Gelegenheit Umarmungen und Küsse, und wenn er bei einem Umarmungsobjekt irgendwie Widerstreben spürt, drückt er es nur noch heftiger an sich.

Das einzige, was man Bernstein nicht vorwerfen kann, ist Unaufrichtigkeit. Ja, er ist aufrichtig im Übermaß – er empfindet so überschwenglich und möchte so sehr, daß wir ebenso aus uns herausgehen, daß er über die Stränge schlägt. Doch indem er bis zur Grenze und darüber hinaus geht, nimmt er Risiken in Kauf und erreicht er Ziele, die andere sich nicht einmal vorstellen können.

Wie viele Künstler ist auch Bernstein anfällig für Zustände tiefer Depressivität und wilder Aufschwünge. In diesem Sommer war er in euphorischer Gemütsverfassung. An einem Abend, der noch nicht weit zurückliegt, war er in seinem Haus in Fairfield, Connecticut, das er seit fünfundzwanzig Jahren besitzt, typischerweise damit beschäftigt, mit drei Bällen gleichzeitig zu jonglieren. Er arbeitete daran, die *Jubilee Games* abzuschließen, und sein ältester Freund, Sid Ramin, den er schon seit seinem zwölften Lebensjahr kennt und der verschiedene seiner Broadway-Kompositionen orchestriert hat, half ihm beim zweiten Satz des Stückes. Zugleich paukte er Sibelius' zweite Symphonie, um sie mit dem jungen Tanglewood Music Center Orchestra aufzuführen und in diesem Herbst mit den Wiener Philharmonikern aufzunehmen. Und außerdem waren zwei seiner drei Kinder übers Wochenende da – die vierundzwanzigjährige Nina und der einunddreißigjährige Alexander, beide Schauspieler. Die Älteste, Jamie, dreiunddreißig, Rock-Komponistin und -Musikerin, sollte am nächsten Tag eintreffen, und Bernstein, der gerade erfahren hatte, daß sie ihn zum erstenmal zum Großvater machen werde, war ganz aus dem Häuschen.

Vor vielen Jahren sprach Bernstein einmal voll Bewunderung vom alten Picasso in Südfrankreich, wie er sich beinahe nackt in seiner Badehose sehen ließ, völlig ungehemmt von bürgerlichen Konventionen. Doch trotz all seiner Extravaganzen ist Bernstein noch immer sehr Familienmensch; die Beziehung zwischen Vater und Kindern ist ungemein tief.

Obwohl das offene Haus, das die Bernsteins führten, vor allem Sache seiner Ehefrau war, führt er auch nach ihrem Tod weiterhin ein aktives gesellschaftliches Leben. Er gibt Einladungen – formellen wie informellen Charakters – in seinem Domizil im «Dakota», dem bekannten Appartementblock in der Upper West Side von Manhattan, wie in seinem Haus in Connecticut. Zu den Menschen, mit denen er verkehrt, gehören viele junge Leute – Musikstudenten, seine Kinder und ihre Freunde, aber auch Altersgenossen von ihm – moderne Komponisten und Musiker, Leute aus der Welt des Theaters, der Literatur und der Politik.

Will man einen zutreffenden Eindruck von Bernstein, wie er sich in der Öffentlichkeit zeigt, gewinnen, bietet dafür Tanglewood einen idealen Rahmen. Hier, in Tanglewood, fand er 1940, gerade von Harvard abgegangen, einen seiner wichtigsten Mentoren, Serge Koussevitzky, Dirigent des Boston Symphony Orchestra. In den letzten Jahren hat Bernstein dort in jedem Sommer zehn Tage verbracht, um mit den Bostoner Musikern das Gedenkkonzert für Serge und Olga Koussevitzky zu musizieren, das Tanglewood Music Center Orchestra zu dirigieren und zu unterrichten.

In Tanglewood rackert sich Bernstein ab, tut es aber mit Vergnügen. «Es nimmt kein Ende», sagte er eines Tages seufzend, während er sein schweißnasses Sweatshirt gegen ein frisches vertauschte. Aber er wäre untröstlich, wenn es tatsächlich ein Ende nähme. Er kurvt zusammen mit seinem Assistenten in seinem beigen Mercedes-Kabrio gemächlich durch das Gelände von Tanglewood und winkt hoheitsvoll den ernst dreinblickenden Musikstudenten zu, die ihre Sofortbildkameras zücken, um Autogramme bitten und hoffen, daß er ein paar Worte zu ihnen spricht.

Bernstein bezeichnete einmal seine Gespräche, Fernsehsendungen und sogar seine Auftritte auf dem Dirigentenpodium als «Unterrichten». «Ich bin ein heimlicher Rabbi», sagte er. Und wenn er in der Probe auf seinem Hocker sitzt und vom Podium aus über die Lesebrille lugt, wirkt er tatsächlich wie ein Rabbiner – wie sein Vater Samuel Bernstein, ein Bostoner Kosmetikahändler und Talmudkenner aus Rußland.

Die interessanteste von Bernsteins Orchesterproben in diesem Sommer fand mit dem Tanglewood Music Center Orchestra statt, einer Gruppe von Studenten, jung genug, um von seinen allgemeinen Bemerkungen über Fragen der Kultur zu profitieren, aber auch technisch schon so weit, daß sie auf seine Bemühungen um Feinschliff eingehen können. Unter dem stürmischen Beifall der jungen Musiker ging Bernstein aufs Podium. Er trug einen himmelblauen Pullover, Jeans, Cowboystiefel, hatte ein rotes Taschentuch in eine Gesäßtasche gesteckt, und ein breites Grinsen zerknitterte sein gebräuntes und noch immer klassisch schönes Gesicht. Seine begleitenden Kommentare bestanden aus anspornenden Adjektiven wie «toll», «perfekt», «großartig», «herrlich» und «sensationell», oft eingestreut, während er die Partitur nach irgendeiner Stelle durchforstete, die er noch sensationeller herausarbeiten wollte. «Toll!» rief er zu den Kontrabässen hin. «Nehmt den ganzen Bogen, dann seid ihr noch toller – *zweimal* so toll!»

Bernsteins Art, sich bei einer geschlossenen Probe als Dirigent zu geben, ist genauso «choreographiert» wie später beim öffentlichen Konzert; seine Verrenkungen mögen ablenkend wirken, aber sie sind weder einstudiert noch Mache. Bei der Aufführung der Sibelius-Symphonie sprang er unmittelbar vor einem stürmischen Einsatz der Bässe hoch und zog dabei die Beine an, als wollte er einen Hochsprung vollführen (später sagte er, er könne sich nicht daran erinnern). Auf der anschließenden Studentenparty – er blieb bis fünf Uhr morgens und verbrachte die Zeit mit Gesprächen und Tanzen – konnte man sehen, wie draußen auf dem überfüllten Tanzparkett hin und wieder ein Körper in die Höhe schnellte. Die Studenten hatten «Lennys Sprung» in die Schrittfolgen ihrer Tänze eingebaut.

Bernsteins übliche Mischung von analytischer Strenge, emotionaler Erhitztheit und psychologischer Raffinesse zeigte sich in jeder Probe. Seine Feststellung: «Die Musik ist immer aufs Thema bezogen, man hat nie das Gefühl, unwichtiges Zeug zu spielen – das ist das Großartige an Sibelius als Symphoniker», sagt etwas sehr Zutreffendes über das Genie des Komponisten aus und bewirkt zugleich, daß die Musiker, die sonst vielleicht in Langeweile versinken würden, mit Inspiration erfüllt werden.

«Die erste Regel beim Orchesterspiel heißt: alles ist Kammermusik», sagte Bernstein, riß sich die Brille vom Kopf und setzte sie mit Schwung wieder auf, während er dirigierte und in der Partitur nachsah. Er muß diese Bemerkung schon tausendmal von sich gegeben haben, aber sie behält gleichwohl ihre Richtigkeit. «Denkt dunkle Gedanken, auch wenn ihr hohe Töne spielt!» rief er, um ein Gefühl des «Nordischen» herauszulocken. «Ihr könnt während eines Auftakts ein Diminuendo spielen – *ihr* denkt zwar, ihr schafft es nicht, aber *ich* sage euch, ihr schafft es doch... Danke für dieses *fortepiano*, Sibelius dankt euch... Schreibt er nicht *tenuto* oder was Ähnliches vor? Schön, *ich* sage es; er hat mich damit beauftragt; wir sprechen miteinander.» Zur ersten Oboe: «Dieser winzige Einsatz ist wie fünfzig Trompeten.» Oder: «Ein großes Orchester ist ein schmiegsames Orchester: ‹Lenny und seine schmiegsamen Katzen...› Der Puls kommt aus dem Unterleib; entschuldigt den Ausdruck, aber genau das ist es. *Leidenschaft*... So, jetzt pulsiert es so richtig; das ganze Orchester ist von diesem Pulsieren gepackt... Ihr müßt weinen und leiden, und dieser Auftakt gehört dazu... ich liebe euch; was soll ich sagen? Ihr seid einfach traumhaft.»

Als Bernstein zum erstenmal mit den New Yorker Philharmonikern auftrat, tadelten Beobachter immer wieder seine «Übertreibungen» und seine «Oberflächlichkeit», warfen ihm vor, daß er seine am Broadway erworbene Ästhetik auf die Klassiker übertrage. Einiges davon war vielleicht reiner Snobismus. Doch Bernstein räumt selbst ein, er habe «überdirigiert», habe schöne Stellen, verführerische Details auf Kosten einer Gesamtkonzeption plakativ herausgestellt und, was sein Repertoire und seine Interpretationen betraf, zu sehr seine Lehrer imitiert. Das Detailgeflecht ist noch immer so durchsichtig wie eh und je, doch inzwischen beinahe immer einer Gesamtsicht der Komposition untergeordnet.

Bernstein schreibt einen Teil seiner Erfolge in jüngerer Zeit den Orchestern zu, mit denen er regelmäßig arbeitet – den New Yorker Philharmonikern, dem Boston Symphony Orchestra, dem Israel Philharmonic Orchestra, dem Symphonieorchester des Bayerischen Rundfunks und den Wiener Philharmonikern. Die traditionelle Verbindung des letztgenannten Klangkörpers mit dem Schaffen der «Wiener» Meister, Haydn, Mozart, Beethoven, Schubert, Brahms und Bruckner hat seinen Realisationen der Werke des Standardrepertoires ein neues Gewicht verliehen: Die Wiener Musiker stabilisieren ihn, er befeuert sie. Doch eine Rolle spielt auch sein eigener Reifungsprozeß. «Entweder man wird besser oder man stirbt», sagte er. «Es hat etwas Krankes, wenn man in einem eingefahrenen Gleis bleibt. Ich *hoffe,* ich bin besser geworden. Was soll sonst all das grausame Mühen und die Seligkeit und das Studieren und das chamäleonhafte Sich-Verwandeln in einen Beethoven oder Brahms oder Schubert für einen Sinn haben?»

Die Orchester der Gegenwart sind in der Regel überlastet und liefern infolgedessen in der Regel Routineleistungen. Bernsteins Status verhilft ihnen zu zusätzlicher Probenzeit:

Für die meisten Konzerte des Boston Symphony Orchestra in Tanglewood bekommen die Dirigenten zwei Proben von insgesamt fünf Stunden Dauer bewilligt. Für das Koussevitzky-Gedenkkonzert, bei dem nur zwei Werke auf dem Programm stehen, erhält Bernstein drei Proben und kann diese um mehr als eine Stunde überziehen – was insgesamt neun Stunden ergibt. Der Unterschied war zu hören –, selbst ergraute Veteranen reagieren auf seine Sorgfalt und auf seine leidenschaftliche Überzeugungsarbeit.

In den vergangenen Jahren litt sein Ansehen als Dirigent darunter, daß er sich nicht in irgendeine der damals gängigen Kategorien einfügte. Er war weder ein tiefschürfender deutscher Mystiker wie Wilhelm Furtwängler noch ein Fanatiker der Werktreue wie Toscanini. Die Anregungen, die ihn am Anfang seiner Laufbahn inspirierten, waren der emotionale Subjektivismus Koussevitzkys mit seinem Einsatz für moderne Musik, die beim Publikum keinen Anklang fand, und die erratische, doch – wenn er auf der Höhe seiner Kunst war – mitreißende Verbindung von Gefühlstiefe und Intellektualität bei Mitropoulos, der den «genialen Jungen» Bernstein als erster auf den Gedanken brachte, daß er Dirigent werden könnte. Bernstein hält seine Vergangenheit in Ehren und geht darin beinahe bis zum Fetischismus. Beim Dirigieren trägt er Koussevitzkys Manschettenknöpfe (bei seiner Hochzeit in Tanglewood hatte er Koussevitzkys weißen Anzug an) und um den Hals eine Picasso-Friedenstaube, die Mitropoulos trug.

Ein anderes Geheimnis seines Erfolgs – und hier findet sein Entschluß Bestätigung, die Leitung der New Yorker Philharmoniker niederzulegen – liegt darin, daß er nicht mehr seine ganze Zeit dem Dirigieren widmet. Er nimmt die Angebote an, die ihn reizen, und bedient sich dabei seiner eigenen Gesellschaft Amberson Productions, ein Name, der aus dem englischen Wort für Bernstein, *amber*, gebildet ist.

Amberson Productions wird von Harry Kraut geleitet, Bernsteins «Manager», sofern überhaupt die Rede davon sein kann, daß jemand Manager eines Mannes sein kann, der so sehr sein eigener Manager ist. Kraut trat die Nachfolge von Schuyler Chapin an, als dieser die Leitung der Metropolitan Opera übernahm. Zeit fürs Komponieren abzuzwacken ist eines der Hauptanliegen Bernsteins und Krauts. 1964–65 ließ sich Bernstein von seinem Orchester für ein «sabbatical» beurlauben, und das Jahr 1980 war ausnahmslos dem Komponieren gewidmet. In der Regel aber umfaßt die darüber abgezweigte Zeit jeweils zwei bis vier Monate, was bedeutet, daß er nicht im tagtäglichen Einerlei von Dirigenten versackt, die nur dirigieren.

Die meisten großen Dirigenten der Musikgeschichte haben komponiert und brachten so ihren Interpretationen von Werken aus anderen Epochen ein besonderes, aus ihrer eigenen Zeit gewonnenes Verständnis zu. Mit dieser Tradition ist es in den letzten Jahrzehnten bergab gegangen, da die Komponisten der Avantgarde entweder das Orchester überhaupt aufgegeben haben oder in einer Sprache komponieren, die das Publikum überfordert und für die Orchester zu komplex ist. Bernstein kommt aus einer für die Konzertbesucher meist noch immer zugänglichen, tonalen symphonischen Tradition und dirigiert die Klassiker mit der rhythmischen Verve unserer Tage und mit einem Gefühl für Farben und Dramatik, das den meisten anderen Dirigenten, die diesen oder jenen Dirigierstil vergangener Zeit sklavisch nachahmen, bedauerlicherweise abgeht.

Doch wenn seine Tätigkeit als Komponist auf die des Dirigenten erfrischend wirkt, ist Bernstein sich doch nicht so sicher, ob auch das Umgekehrte gilt. Während der elf Jahre, in denen er die New Yorker Philharmoniker leitete, konnte er nur zwei größere Werke vollenden – die Symphonie

Kaddish, 1963, und die *Chichester Psalms*, 1965. In den siebziger Jahren begann er mit der Arbeit an *Mass,* worin er der Rockmusik am nächsten kam – ein Werk, das von vielen Kritikern abschätzig beurteilt wurde. Dann nahm er sich die Zeit, um die 1973 in Harvard gehaltenen «Charles Eliot Norton Lectures» vorzubereiten, eine Verteidigung von Tonalität und Eklektizismus, in der er gelegentlich allzu locker, doch immer mit leidenschaftlichem Engagement argumentiert. Danach kamen *Dybbuk,* ein ehrgeiziges, aber problematisches Ballett in der Choreographie von Jerome Robbins, 1974, und *1600 Pennsylvania Avenue,* ein Musical zum 200jährigen Bestehen des Weißen Hauses, das ein katastrophaler Mißerfolg wurde. 1977 erschien das erfolgreichere *Songfest,* eine Zusammenstellung von Gedichten und verschiedenen musikalischen Idiomen, geschrieben zu Ehren der Außenseiter der amerikanischen Kultur. Diese Periode brachte auch eine Unzahl von aufgegebenen Projekten und Gelegenheitskompositionen und schließlich, 1983, die Oper *A Quiet Place.*

Als Komponist ist Bernstein offensichtlich von Enttäuschungen heimgesucht. Als Stephen Wadsworth, der Librettist des *Quiet Place,* erklärte, er habe nicht die Zeit, das Textbuch zu ihrem nächsten Opernprojekt zu schreiben, einer fünfsprachigen Beschwörung des Holocaust, war Bernstein geradezu gebrochen. Eines der Probleme, die ihm zu schaffen machen, ist seine zunehmend rigorose selbstkritische oder – so ist zu vermuten – selbstzweiflerische Haltung. «Ich habe schon immer Sachen weggeworfen», sagt er, «aber jetzt werfe ich noch viel mehr weg. Ich werfe es immer aus dem gleichen Grund weg –, es ist unehrlich, es kommt nicht aus mir selbst, es ist aus irgendeinem Grund entstanden, der mir vielleicht selbst nicht bewußt ist.»

Eine weitere Schwierigkeit besteht für ihn darin, sich von der Musik anderer Komponisten freizumachen. Die erste

Phase jeder Kompositionsperiode, klagt er, vergehe damit, die Komponisten aus sich «auszutreiben», die er zuletzt dirigiert hat, und während der letzten Phase müsse er sich wieder in die Psyche anderer versetzen, wenn er für bevorstehende Konzerte Partituren studiere. «Wenn ich mich wirklich in eine Partitur vertiefe, komponiere ich sie zusammen mit dem Komponisten noch einmal», sagt er. «Es beansprucht so viel Zeit und so viel psychische Energie, daß man geradezu schizoid wird. Zwei Wochen dauert es, bis ich die anderen aus dem Kopf habe – Ives und Haydn und Copland und Brahms. Erst dann kann ich vielleicht anfangen, meine eigenen Noten zu suchen. Und selbst, wenn man findet, was man für seine eigenen Noten hält, traut man ihnen zuerst nicht. Es ist schmerzhaft.»

Es gibt Leute, die die Meinung vertreten, daß er diesen anderen Stimmen nie entkommen, daß seine Musik im Kern von anderer Musik abgeleitet ist. Schon 1949 schrieb ausgerechnet sein alter Mentor und Freund Aaron Copland, Bernsteins Kompositionen seien «im schlechtesten Fall Kapellmeistermusik – eklektisch im Stilistischen und ohne Tiefe der Inspiration.» Dazu tritt noch eine Neigung zu tieferschürfenden Bekenntnissen zu «ewigen Wahrheiten», die Klischees gefährlich nahekommen – brave, konventionelle Schablonen, die sich als Archetypen verkleiden.

Solchen Zweifeln – den eigenen wie denjenigen anderer – stehen die auf der Hand liegenden Vorzüge seiner Musik gegenüber. Er hat eine ansprechende melodische Begabung, in unserer Zeit eine besondere Rarität. Melodien wie die zu «Somewhere» aus der *West Side Story* oder das große Thema aus *Trouble in Tahiti* schreibt keiner so leicht. Seine von den populären Musikgattungen inspirierte rhythmische Verve und seine auftrumpfenden Synkopierungen wie die Direktheit und Zugänglichkeit selbst seiner angeblich «ernstesten» Partituren machen ihn zu einem Komponisten von unbe-

streitbarer Begabung und Breitenwirkung. Doch seine zutiefst konservative Treue zur tonalen Tradition – die in
krassem Gegensatz zu seiner Reputation steht, für Moderströ-
mungen anfällig zu sein – bereitete ihm in den fünfziger und
sechziger Jahren große Schwierigkeiten mit Komponisten der
Avantgarde, Strawinsky und Copland eingeschlossen. Heute
hingegen, im Klima einer «neuen Romantik», beginnt Bernstein wie ein Prophet zu wirken. Deswegen ist er stolz auf
seine «Norton Lectures» in Harvard, in denen er sich zu dem
Standpunkt bekannte, daß die Tonalität auf einem Universal-
gesetz gründe. «Ich fühle mich nicht als Komponist bestä-
tigt», sagt er, «wohl aber als Erklärer, als Lehrer.»

Doch Bernsteins Musik erschöpft sich nicht darin, an der
Tonalität festzuhalten. Er gibt seinen Partituren ein unwider-
stehliches Aroma von populärer Musik und Jazz – und erregt
damit bei seinen konservativen Kritikern Anstoß, die sonst
vielleicht seinem harmonischen Traditionalismus applaudie-
ren würden. Sicher wäre ihm ein anhaltenderer Erfolg beschieden gewesen, wenn er nach dem Triumph der *West Side
Story* weiterhin für den Broadway geschrieben hätte. Dann
wäre ihm möglicherweise ebensoviel Beifall zugefallen, wie er
Stephen Sondheim, seinem einstigen Librettisten und ergebe-
nen Jünger, zuteil geworden ist. Statt dessen übernahm
Bernstein die Leitung der New Yorker Philharmoniker und
setzte seinen vielleicht aussichtslosen, trotzdem aber ehren-
werten Versuch fort, der klassischen Tradition den Geist der
populären Musik zu injizieren. Am weitesten ging er darin in
seiner in dieser Beziehung interessantesten Komposition,
Mass, deren Ablehnung ihn tief getroffen hat. Verglichen mit
Messen aus dem 18. und 19. Jahrhundert hört sich Bernsteins
Schöpfung bizarr an. So, wie sie gedacht ist, als eine Fusion
des klassischen Idioms mit dem damals im Entstehen begriffenen Rock-Musical, ist sie eine bemerkenswerte Komposition.

Zeit seines Lebens hat Bernstein den Standpunkt vertreten, daß es für einen amerikanischen Komponisten, der dem Kunterbunt kultureller Einflüsse in unserem Land ausgesetzt ist, eine Selbstverständlichkeit sei, eklektisch zu schreiben. «Warum hat dieses Wort etwas Abwertendes?» fragt er. Doch gerade dieses Vermengen von populären und «ernsten» Stilen und seine Neigung, innerhalb ein und derselben Komposition von einem Stil zum andern zu springen, zieht ihm die vehementeste Kritik zu. Immerhin aber sollte man bedenken, daß Gustav Mahler – «der originellste Kopf seiner Zeit» – wegen des Nebeneinanders scheinbar unvereinbarer Stilarten und seiner exzessiven Emotionalität jahrzehntelang abgelehnt wurde. Bernstein ist vielleicht nicht Mahler. Aber man hat das Gefühl, daß auch seine Zeit kommen könnte und dies in vielem aus den gleichen Gründen – man wird die Emotionalität akzeptieren und an der Vielfalt Geschmack finden.

Daß tonale, allgemeinverständliche Musik wieder in Mode gekommen ist, hat seinen Grund auch in dem konservativen kulturellen und politischen Klima, das heute in der westlichen Welt herrscht. Ironischerweise waren die Verunglimpfungen Bernsteins wegen seines angeblichen «radical chic», verbunden mit Protesten, die nach seiner Überzeugung vom FBI organisiert worden waren, um seine liberale Einstellung zu diskreditieren und einen Keil zwischen die jüdische und die schwarze Gemeinschaft zu treiben, erste Anzeichen dieser Reaktion.

Wenn Bernstein seit den siebziger Jahren eine einsame «Diaspora» durchwandert hat, war einer der Gründe dafür sein Gefühl der Entfremdung von der konservativen Grundströmung der Zeit. Bernstein ist ein unbelehrbarer Liberaler geblieben, ein Kämpfer für die Rechte von Minderheiten und für den Frieden. Als Freund demokratischer Präsidenten war er zum letztenmal während der Endzeit von Carters Präsidentschaft im Weißen Haus – «meinem liebsten Haus auf der ganzen Welt» –, wobei es ihm gelang, einundzwanzig Mitglieder seiner Begleitung und seiner Familie in Lincolns Schlafzimmer zu «schmuggeln», wo man jüdische Gebete rezitierte. Er war seither nie mehr dort und sagt, er werde es erst wieder betreten, wenn Reagan nicht mehr Präsident sei.

Diese Prinzipienfestigkeit und Treue zu seinem jüdischen Glauben könnte ihn, so scheint es, vor ein enormes Problem stellen. Er hat die Wiener Philharmoniker ins Herz geschlossen, aber viele führende Vertreter der amerikanischen Juden treten heute, nachdem Kurt Waldheim, dem vorgeworfen wird, seine NS-Vergangenheit vertuscht zu haben, österreichischer Bundespräsident geworden ist, für einen Boykott Österreichs in dieser oder jener Form ein. Was soll Bernstein, ein strahlendes Symbol dessen, wozu Juden es in den Vereinigten Staaten bringen können, nun tun? Er hat vor, im Oktober wieder nach Wien zu reisen, um dort Flagge zu zeigen.

«Ich finde, nicht hinzufahren, würde heißen, das Feld zu räumen», argumentiert er. «Ich bin entschlossen, nach Wien zu gehen, weil die Musiker meine Brüder sind, meine Brüderlein – mein Herz hängt an ihnen. Ich würde sie im Stich lassen, wenn ich wegbliebe. Es wäre, als würde man *sie* wegen dieser gräßlichen Waldheim-Geschichte bestrafen. Es ist *egal*, ob er Verbrechen begangen hat – das ist Schnee von gestern. Aber daß er soviel Mühe darauf verwendet hat, eine Autobiographie zusammenzufälschen, und dann noch obendrein dieses hemmungslose Lügen – er hat die Stirn, die Chuzpe, sich um das Präsidentenamt seines Landes zu bewerben, obwohl ihm völlig klar war, daß ihn vor allem Ex-Nazis oder nicht einmal *Ex*-Nazis wählen würden.»

Irgendwann einmal würde Bernstein gerne seine Autobiographie schreiben, völlig rückhaltlos und erst nach seinem Tod zu veröffentlichen. Doch nachdem er den Versuch aufgegeben hat, den Text in einen Computer zu tippen, hält er nach jemandem Ausschau, der ihm dabei zur Hand geht – vielleicht Stephen Wadsworth mit einem Video-Team, sinnt er. Eine zusätzliche Motivation, die Geschichte seines Lebens von seiner Warte aus zu erzählen, liefert die angekündigte Enthüllungsbiographie aus der Feder von Joan Peyser, vor der er sich «fürchtet».

Doch letzten Endes kehrt für diesen umgänglichsten und geselligsten aller Menschen, die mit anderen Menschen zusammenarbeiten, alles zum einsamen Geschäft des Komponierens zurück. Bernstein arbeitet in dem Studio hinter seinem Haus in Fairfield, das seine Frau für ihn in einer alten Scheune eingerichtet hat. Die meisten seiner Erinnerungsstücke befinden sich in einem Studio in Manhattan, gehütet von Helen Coates, seiner einstigen Klavierlehrerin (er begann mit vierzehn Jahren bei ihr zu lernen) und langjährigen Sekretärin, inzwischen siebenundachtzig und leidend. Zusammen mit Bernsteins Mutter, heute achtundachtzig Jahre alt, ist Helen Coates das letzte Bindeglied zur vorherigen Generation.

Doch eine Fülle von Erinnerungsstücken findet sich auch in seinem Haus in Connecticut – Photos seiner Ehefrau, die er noch heute, mit jäher, leidenschaftlicher Intensität «den großartigsten Menschen [nennt], dem ich in meinem Leben begegnet bin», seiner Mentoren und Idole. Man sieht *Grammy*-Preisurkunden, einen Flügel, einen Schreibtisch mit Sessel, ein Stehpult, an dem er das eigentliche Komponieren besorgt – es sei denn, man zählt das Sofa mit; Bernstein beteuert, richtig arbeite er erst abends, wenn er flach liegt.

Obwohl er äußerlich frisch und gesund wirkt, hat er Anlaß, sich Sorgen zu machen. Schon immer asthmatisch und für Emphyseme anfällig, ist er noch heute ein hemmungsloser Raucher. «Am Dirigieren», sagt er, «ist das Tolle, daß man dabei nicht raucht und Sauerstoff in rauhen Mengen einatmet.

Wenn ich monatelang herumsitze und komponiere, bekomme ich Bronchitis.» Zuweilen überfällt ihn ein quälender Husten, der seinen Freunden Angst macht, und er muß sich ständig räuspern. Beim Gedenkgottesdienst für Alan Jay Lerner standen draußen Leute und hielten ein Schild hoch, auf dem stand: «Wir lieben Sie – hören Sie mit dem Rauchen auf!»

Zu alledem kommt hinzu, daß mehr und mehr Freunde an jenen natürlichen Ursachen sterben, die in seinem Alter der Gesundheit jedes Menschen zuzusetzen beginnen. Und eine ganze Gruppe jüngerer Freunde ist von AIDS betroffen. Bernstein berichtet, er habe kürzlich während einer Europa-Tournee Qualen bei dem Versuch ausgestanden, Kontakt zu einem jungen Musikstudenten aufzunehmen, der an AIDS zugrunde ging und dessen Angehörigen es zutiefst peinlich war, wenn irgendwelche seiner Freunde mit ihm telefonisch Verbindung aufnehmen wollten. «Es war furchtbar – ein Engel der Reinheit, dieser Junge. Als man mich schließlich mit ihm verband, sagte er, alles sei wunderbar: Es gehe ihm besser, er nehme wieder zu. Und gleich darauf starb er.»

Am 25. August 1988 – wird Bernstein siebzig Jahre alt, die biblische Lebensspanne, nach der alle Zeit von Gott geborgt ist. «Mein Vater wurde 1962 siebzig, und es gab eine riesige Party für ihn in Boston», erzählt er. «Alle Angehörigen waren gekommen, auch der Bürgermeister und andere Politiker – es war der Höhepunkt seines Lebens. Doch er machte sich bereits Sorgen. Danach ging es stetig mit ihm bergab, und 1969 starb er schließlich.» Was Bernstein damit sagen will, liegt auf der Hand: Er fühlt sich getrieben, alles, was er zustandebringen will, bald zu schaffen.

Doch all das erscheint vielleicht zu pessimistisch bei einem Mann, der noch immer den verführerischen Charme und die jugendliche Spannkraft eines alterslosen «Wunderknaben» besitzt. Wenn man ein paar Wochen in seiner Nähe war, ihn bei seinen Tätigkeiten und beim Nachdenken über sein Leben erlebt hat, wünscht man ihm, daß er alles unter einen Hut bringen kann, daß er sein zeitlebens verfolgtes Ziel erreichen möge, das Klassische mit dem Populären, das Traditionelle und das Wagemutige, das Schöpferische und das Nachschaffende, Intellekt und Gefühl, das Leben in der Gemeinschaft und das einsame Leben zu verbinden.

IV

WERNER BURKHARDT

«Somewhere» in «America» …
die swingende Prophetie

Zu Bernstein,
dem Musical-Komponisten

Dreißig Jahre danach, wenn sich das waghalsige Experiment längst als Meisterwerk entpuppt hat, ist der Premierenschock nur noch mühsam zu rekonstruieren. Die Zäsur ist von der Zeit vereinnahmt worden, hat sich fast schon in Kontinuität verwandelt. Doch wo Erinnerungen blaß werden, helfen Pressestimmen. Als Leonard Bernsteins Musical *West Side Story* 1957 am Broadway herauskam, schrieb Hans Sahl über die Uraufführung: *«West Side Story* zeigt den Krieg zwischen zwei jugendlichen Gangs, die einander in den Straßen New Yorks bekämpfen; dargestellt als eine moderne Version des Romeo-und-Julia-Motivs, sehr frei, sehr heutig und beängstigend realistisch in der Schilderung von Vorkommnissen, wie man sie täglich in den Zeitungen liest.» Als eine Tournee-Besetzung dieser Produktion dann nach Europa ging und im Juni 1961 München besuchte, äußerte sich Erich Pfeiffer-Belli sehr viel skeptischer: «Der theatralische Stil gestaltet nur oberflächliche Gesellschaftskritik… Der elementaren menschlichen Tragik, wie Shakespeare sie ganz schlicht gemeint hat, ist das Musical noch lange nicht gewachsen.» Als die Truppe dann, von den Strapazen *on the road* schon etwas angeknackst, im August in Hamburg landete, haben mich «die packenden Straßenkämpfe, die prononcierte Lässigkeit der Bandenmitglieder» beeindruckt. Geärgert haben mich diese «unzulänglichen, außerdem vernutzten Stimmen.»

Die Reaktion auf *West Side Story* mit einem Modewort von heute als «kontrovers» zu kennzeichnen, klingt allzu glatt und smart. Enthusiasmus oder Erbitterung tobten. Graben-kämpfe brachen aus, und immer wieder wurde die ja auch sehr abendländische Frage gestellt: Eine Shakespeare-Tragö-die nicht nur singen, sondern auch swingen zu lassen... darf man oder darf man nicht?

Noch herrschte damals auf der Musical-Bühne die inspi-rierte und perfekte Unterhaltsamkeit, lag über dem Broad-way das Echo von – immerhin! – Cole Porters *Kiss Me Kate* (1948), von *South Pacific* (1949), *The King and I* (1951) und *Can Can* (1953). *My Fair Lady*, gut ein Jahr vor Maria und Tony auf den fast 3000 Vorstellungen anhaltenden Run über den Broadway geschickt, adelte die Pläsierlichkeit durch den Biß der Dialoge, den Witz der Musik. Aber Bernstein setzte noch eins drauf. Genau gesehen, nahm er dreierlei in sein Literatur-Musical auf: einen Jazz-Klang, der nicht mehr nach dem Ballsaal und dem Vaudeville der Vergangenheit, sondern nach der Straße, nach dem damaligen Heute schmeckte, die realistische Gesellschaftskritik und den Tod.

Seltsames Paradox: Das nicht-glückliche Ende eines Musi-cals schien dieser Kunstgattung einen neuen Anfang zu bescheren, ihr neues Leben einzuflößen. Aufbruch und Umbruch lagen in der Luft. Doch schnell hatte sie der Wind verweht, und daran hat sich bis auf den heutigen Tag nur wenig geändert. Im August 1983 befragt, ob er der warten-den, der dürstenden Welt nicht eine neue *West Side Story* schenken wolle, antwortet Bernstein in Moll. Ausführlich beklagt er den Niedergang des Musicals, den Verfall dieser amerikanischen Art des Musiktheaters.

«Wir sind ja schon dabeigewesen», seufzt er, «aus dem Musical eine amerikanische Oper zu entwickeln. Stephen

Sondheim hat mitgearbeitet, Verse geschrieben, Richtung-weisendes komponiert, erste Schritte getan. Es war wie im Wien des 18. Jahrhunderts. Das Singspiel war geschaffen und wartete auf Mozart. Meine *West Side Story* war es noch nicht ganz. Meine *Messe* ist auch ein Stück in die Richtung gewesen. Doch wir haben umsonst geträumt. Am Broadway herrscht Alberich, gibt es nur noch ‹greed›, also Raffgier. Verstehen Sie, was ich meine? Es geht nur noch ums Geld. Die Zukunft ist beendet.»

Als sie begann, glänzte diese Zukunft für Bernstein in fast blendend hellen Farben. Von Resignation keine Spur und zum Optimismus jeder Anlaß: Als dem 25jährigen der Durchbruch gelang, eroberte er wie im Handstreich und fast gleichzeitig zwei musikalische Welten. Mit dem Carnegie Hall-Konzert am 14. November 1943 brachte sich der Diri-gent zum ersten Mal auf die Titelseiten. Der Komponist landete nur wenige Monate danach seinen ersten großen Hit. Am 18. April 1944 hatte das Ballett *Fancy Free* an der Metropolitan Opera Premiere... und einen Riesenerfolg.

Dieser Auftakt, so zündend wie folgenreich, steht am Beginn von Bernsteins großer, mehrteiliger Liebeserklärung an die Stadt New York. Immer wieder hat er sie ausgespro-chen. In dunklere, skeptisch verzagtere Töne hat er sie später gehüllt. Doch zunächst war alles Staunen und Glück, eine einzige Dankesadresse des jungen Musikers aus Lawrence, Massachussetts, an die Metropole.

In den knapp fünfundzwanzig Minuten von *Fancy Free* spiegelt sich, was der Novize in Manhattan gehört und erlebt, was ihn fasziniert und beschäftigt hat. Man kann sich das nicht realistisch genug vorstellen. Denn Bernstein ist ja glücklicherweise nie das gewesen, was die Apostel der Gleichmacherei so hochtrabend wie wohlfeil einen «Wande-rer zwischen den Welten von E- und U-Musik» zu nennen belieben. Er hat nicht, abgehoben und aufgehoben im Studierstübchen, Theorien des Brückenschlags und der Verschmelzung ersonnen. Er ist auf die Piste gegangen und hat die Szene inspiziert. Voller Neugier, doch ohne ideologische Verkrampfung hat er sich an die Erforschung des «Big Apple» gemacht, ist allen Strömungen der populären Musik auf der Spur gewesen. Er hat am Broadway die glamourösen Shows, im Greenwich Village die intimen Clubs besucht, und der Klang, der ihn da vor allem anderen gefangennahm, ist nun einmal der des Jazz gewesen.

Sehr schnell ist Bernstein das, was andere erst spät oder nie werden: ein Fan ohne Fanatismus. Schon der 21jährige hatte in Harvard eine umfangreiche Arbeit den Einflüssen des Ethnischen, also vor allem des Afro-Amerikanischen auf die amerikanische Musik gewidmet. Das lag damals in der Luft, und es lag auch auf des Studenten Wellenlänge.

Wenn das Feuer, an der Uni entzündet, dann in New York so lichterloh weiterbrannte, hatte das seinen Grund auch darin, daß sich zur Neigung der Beruf in seiner allerdrastischsten Form gesellte. Geld mußte verdient werden, und da wollte es das Glück, schaffte es das über ganz Manhattan ausgeworfene Netz von Beziehungen, daß Bernstein für einen Musikverlag tätig werden konnte. Er fing als Laufbursche an, stellte Klavier-Auszüge her, mußte die vier-, ja achthändigen Arrangements anfertigen, machte die Knochenarbeit. Ähnlich wie Gershwin, der ja auch erst einmal die Lieder anderer verhökern mußte, ehe man seine eigenen druckte, begann Bernstein im Souterrain, seinen amerikanischen Traum zu träumen.

Doch hatte auch diese Tiefe ihr Trauliches. Zu den Aufgaben Bernsteins gehörte es, die Improvisationen des Tenorsaxophonisten Coleman Hawkins von der Schallplatte auf das Notenpapier zu übertragen. «Ich bekam 25 Dollar die Woche», erinnert er sich später. «Das war nicht schlecht.» Was sich aber künstlerisch noch weit mehr auszahlen, in der

Zukunft Zinsen bringen sollte, war der Zwang, am Jazz nicht nur die Oberflächenreize wahrzunehmen, sondern in die Tiefe zu dringen, zum Eigentlichen vorzustoßen. Wer vor der Aufgabe sitzt, alle rhythmischen Unwägbarkeiten, zwischen Dur und Moll irisierenden Klangverfärbungen eines spontan entstandenen Solos in unserer traditionellen Notenschrift festzulegen, erkennt strukturelle Zusammenhänge. Er fand heraus, daß die wirklich bedeutenden solistischen Allein-gänge eines Jazzmusikers keineswegs, wie Mythenbildung oder Vorurteil uns immer noch weismachen wollen, Explo-sionen einer unleugbaren, aber auch chaotischen Begabung sind. Er konnte, so nahe an der Sache, als Musiker gar nicht daran vorbeihören, daß auch hier Intervalle wiederholt, Rhythmen abgewandelt, Themenfragmente fortgesponnen wurden. Neben der Betroffenheit, ohne die natürlich über-haupt nichts geht, war es die Einsicht, die Leonard Bernstein zum artikulierten Fürsprecher, zum ausdauernden, zuverläs-sigen und bemerkenswert treuen Liebhaber des Jazz machte.

Einer solchen Liebe zu verfallen, war Mitte der vierziger Jahre keineswegs eine Selbstverständlichkeit. Kein Jazz-Age versetzte den Erdball, wie noch wenige Jahrzehnte zuvor, in den Charleston-Rausch der zwanziger, in das Swing-Fieber der dreißiger Jahre. Kein Strawinsky nutzte den Ragtime als eine seiner vielen Masken. Kein Milhaud zähmte den Blues zu einer Fuge und ließ ihn die «Erschaffung der Welt» begleiten. Die goldenen Tage der Swing-Ära neigten sich ihrem Ende zu. Die Schatten des Zweiten Weltkriegs lagen über der Szene. Die Big Bands von Basie, Goodman und Ellington hatten Existenzsorgen, und an versteckten Orten destillierten junge, aufmüpfige Schwarze schon den neuen Klang: den Bebop. Noch leuchtete die Fassade einer intakten Entertain-ment-Kultur. Doch dahinter rumorte es. Von dieser Span-nung leben Bernsteins erste Versuche, eine neue, eigene, genuin amerikanische Form des Musiktheaters zu schaffen.

Fancy Free erzählt eine einfache Geschichte, berichtet von drei Matrosen auf Landgang, die in Manhattan auf Abenteuer aus sind und in einer Seitenstraße ihr Glück suchen. Es ist sehr heiß. Sie langweilen sich ziemlich, gehen in eine Kneipe, bandeln mit vorbeiflanierenden Mädchen an, geraten in Streit und ziehen weiter ... immer noch und immer wieder auf der Pirsch.

Das lakonische, dabei nie verhetzt wirkende Stück ist überraschend frisch geblieben und konfrontiert uns gleichzeitig mit einem dieser Bernstein-Rätsel, die so schwer zu lösen sind, die zu lösen man auch gar nicht erst versuchen sollte; machen sie doch einen guten Teil der Faszination des Komponisten aus: Das Werk lebt aus vorhandener Musik und hat doch einen eigenen Ton.

Das solistisch herausgestellte Klavier erinnert manchmal an das fröhliche Pling-Pling, mit dem Väterchen Basie seine Swing-Nummern zu beschließen liebte, häufiger jedoch an den Big City Sound, in den George Gershwin sein Manhattan hüllte – lange vor Woody Allen, doch ebenfalls in Schwarz-Weiß, zwischen Melancholie und Überschwang. Doch nicht immer schmeckt sie vor, diese Mischung aus Harlem und Lower East Side. Nicht ständig bringt einen die Phantasie auf den Gedanken, einer der drei Matrosen hätte auch als «Amerikaner in Paris» ausgezeichnete Figur gemacht. Immer mal wieder lugt Petruschka um die Ecke, und in den Häuserschluchten, zu Füßen der Wolkenkratzer, lebt auch die gläserne Bizarrerie der kleinen Suiten Strawinskys. Natürlich kommt der Jazz nicht zu kurz, hat der Komponist den Tänzerinnen und Tänzern laszive Blues-Melodien, fetzenden Big Band Swing auf die Beine geschrieben. Doch nie hat er sich zur Naivität hinreißen lassen. Er hat über die sieben durchaus sinfonisch gearbeiteten Stücke eine großstädtische Aura des Distanzierten gelegt und damit, seiner Zeit weit voraus, einen Begriff angepeilt, der dann einer ganzen Jazz-

Epoche den Namen und einem zentralen Song der *West Side Story* den Inhalt geben sollte... COOL.

Ein Stück aus *Fancy Free* wäre fast zur Legende geworden, als Legende verdämmert. Es heißt *Big Stuff* und ist der Blues, der in der noch menschenleeren Bar aus der Juke-Box kommt. Die uralte Aufnahme mit Billie Holiday ist so gut wie verschollen. Doch als Bernstein Ende der siebziger Jahre eine Gesamtaufnahme seines Ballett-Erstlings einspielte, setzte er sich irgendwann, während oder nach der Produktion, an ein Klavier und sang, nur von einem Bassisten und einem Trommler von der Hamburger Rock-Szene begleitet, das alte Lied. Die Schallplatten-Industrie spricht in solchen Fällen von einem «Bonus». Sinnvoller wäre es, sich ein Herz zu fassen und von einer «Offenbarung» zu reden.

In zwei Minuten entwirft Bernstein eine Welt, und was nach all den Jahren so bemerkenswert erscheint: Es ist keineswegs die Welt des klassischen Blues, ist es schon vom rein Formalen her nicht. Denn kein Zwölftakter zieht seine Kreise. Die traditionelle Songform, das gute alte AABA gibt das Gefäß ab für den Weltschmerz, der sich hier, anrührend uncool, aussingt. Das ist der Kneipenstimmung kurz vor Sonnenaufgang näher als dem Blues, hat weniger mit den stolzen Archaismen einer Bessie Smith zu tun als mit dem *One More for the Road* eines Torchsongs von Frank Sinatra. Ein großes kleines Lied aus dem Schattenreich der amerikanischen Großstadt, ein früher *Walk on the Wild Side* ist es geblieben, und vor der Kneipentür wartet schon Tom Waits.

Das kurze Ballett von der flüchtigen Liebe der Matrosen wurde allein im ersten Jahr nach der Premiere 160mal gegeben. Es traf genau den Nerv der Zeit, kam mit dem ganz und gar Amerikanischen, durch und durch Patriotischen seines Sujets absolut im rechten Augenblick, und noch im Jahre 1970 meint der amerikanische Ballettkritiker Lincoln Kirstein: «*Fancy Free* bleibt bis auf den heutigen Tag unter den

Werken nationalen Charakters das robusteste und widerstandsfähigste.»

Doch wie so oft: Nicht nur der Zeitgeist, sondern auch ein Zeitgenosse hat seinen Anteil an diesem Erfolg gehabt. Auftritt: Jerome Robbins. Er hat die Story ersonnen, die Choreographie geschaffen und auch einen der drei Matrosen getanzt. Hier begann eine Zusammenarbeit, die in der Konzeption und Verwirklichung der *West Side Story* gipfeln sollte. Zunächst fand sie ihre Fortsetzung in einem anspruchsloseren Rahmen. Etwa neun Monate nach dem Ballett *Fancy Free*, am 28. Dezember 1944, hatte das Musical *On the Town* Premiere.

On the Town erzählt eine einfache Geschichte, berichtet von drei Matrosen auf Landgang, die vierundzwanzig Stunden lang einen turbulenten Streifzug durch Manhattan machen, Nachtlokale besuchen und sich verlieben. Weil ja bekanntlich nichts so erfolgreich ist wie der Erfolg, hatten sich Robbins und Bernstein kurzerhand entschlossen, aus ihrem Ballett ein abendfüllendes Musical zu entwickeln. Ein Neuaufguß ist es aus mehreren Gründen nicht geworden. Die jetzt auch singenden Figuren der Handlung bleiben nicht Archetypen, werden Individuen. Die Handlung selbst klebt nicht mehr an einer Straßenecke, sondern wandert quer durch die ganze Stadt. Und vor allem: Keine Note von *Fancy Free* wird im Verlauf von *On the Town* wiederholt. Bernstein hat eine vollkommen neue Musik geschrieben.

Die ist ein wenig routinierter geworden, zielt nicht auf die Metropolitan Oper, sondern auf den Broadway, und wenn man sie angepaßt nennt, muß das kein Vorwurf sein. Eine andere Dramaturgie hat sie zu bedienen. Einem anderen Publikum wendet sie sich zu. Das Gegenüber von Solo-Klavier und großem Orchester wurde ersetzt durch den Schlagabtausch einer virtuos-eleganten Klarinette und einer von ihr souverän, ganz im Geiste Benny Goodmans und

Woody Hermans beherrschten Big Band. Auch gibt es keinen Broadway-Hit ohne zumindest eine zündende, gesungene Broadway-Melodie.

Lieder wie *New York, New York* und *Lonely Town* lieferten da genau das Richtige, schon vom Thema her Einschlägige. Denn Bernsteins Liebeserklärung an New York lief 1944 auf höchsten Touren. Beim Publikum, bei der Öffentlichkeit im allgemeinen wurde das sehr schnell bemerkt und gleich sehr hoch bewertet. Stimmen wurden laut, die Verbindungen herstellten zwischen *On the Town* und *Oklahoma* aus dem Jahr 1943. Rodgers und Hammerstein mit ihrem Lobgesang auf den eher traulichen als wilden Westen des Landes! Bernstein mit seiner Hymne auf den Großstadt-Dschungel! Voller Wohlgefallen ruhten die Blicke der Patrioten auf den beiden Seiten dieser amerikanischen Medaille.

Das *Oh What a Beautiful Morning* auf der Farm und der Frühnebel über den Docks am Hudson River ... die Anfänge beider Stücke sind von Anbeginn an als typisch amerikanisch empfunden worden, und das Exemplarische wird noch dadurch verstärkt, daß beide Stücke aus der Geographie musikalisch Nutzen ziehen. Durch Lagerfeuerglück und Sentiment der Hillbilly-Welt werden Cowboys und Farmer definiert. Der Plot von *On the Town* hingegen lädt zu einer Inspektion urbaner Musikformen ein. Nun treibt es unsere drei Fahrensleute zwar nicht in ferne Länder, sondern nur durch ein paar Stadtteile. Doch in Manhattan, wo oft nur eine einzige Straße zwischen der Hütte und dem Palast liegt, läuft das auf eins hinaus. Der Times Square und die U-Bahn, der Central Park und das Naturgeschichtliche Museum, der Rummelplatz Coney Island und die Vielzahl, auch Vielfalt der Nachtlokale ... all das schlägt sich nieder in den ständig wechselnden Farben und Gestalten einer sehr großstädtischen Partitur. Soviel Schwung und eingeweihter Witz, verbunden mit einem Nicht-Zuviel an tieferer Bedeutung, begeisterte das Publikum. 463mal konnte das Seemanns-Trio die Stadt unsicher machen, und das ist ja für ein erstes Musical auf dem Broadway kein schlechtes Resultat.

Die vierzig Minuten von *Trouble in Tahiti* sind ein kleines Wunder; eine Köstlichkeit mit zartbitterem Beigeschmack, ein Glücksfall mit doppeltem Boden. 1951 hatte sich Bernstein nach einer strapaziösen Tournee in Klausur begeben und im April, nach dem letzten Konzert in Mexico City, ein Haus in Guernavaca gemietet. Wieder einmal war die Zeit gekommen, die künstlerischen Pferde zu wechseln: Der Dirigent wollte schreiben, und zwar diesmal gleich beides: Text und Musik.

Er entwarf die Umrisse einer kleinen Vorstadtgeschichte, skizzierte das Libretto. Doch als er Anfang Juni mit der Komposition beginnen wollte, wurde er ans Totenbett von Koussevitzky gerufen und übernahm während des Sommers dessen Dirigierklasse in Tanglewood.

Beim Festival of Creative Arts der Universität Brandeis hatte *Trouble in Tahiti* am 12. Juni 1952 Premiere. Die Kritik war sich auf charakteristische Weise uneins. Einige fragten sich, ob ein Opern-Einakter die Formen der kompositionellen Gediegenheit mit der Schlichtheit von Pop-Songs verschmelzen solle und dürfe. Andere streckten die Waffen vor dem Charme des Stückes und lagen ihm gleich zu Füßen. Da lagen sie richtig.

Beim ersten Hinhören und -sehen erscheint das Ganze in der Tat eher wie ein durchkomponierter musikalischer Sketch als eine ernsthafte Oper. Vom Alltag und von den Sehnsüchten eines in den Vorortgebieten, also in «Suburbia», lebenden Ehepaares handelt das Werk, und es erhielt seinen Titel von einem fiktiven Kino-Melodram, das dem Fernweh ein Ziel gibt. Es wurde (da mit kleinem Orchester, zwei Protagonisten und einem als Chor agierenden Gesangstrio sehr handlich) an amerikanischen Universitäten gern und oft gegeben. Auf deutschen Bühnen war es mir noch nie begegnet, hätte es sich wohl auch kaum häuslich niederlassen können; so eng ist es an den «American Way Of Life» einer bestimmten Gesellschaftsschicht, an die kaum übersetzbare Slang-Intonation einer bestimmten Epoche gebunden. Um so erstaunter und beglückter war ich, als mir der *Trouble in Tahiti* im Juni 1983 auf den Brettern der Grand Opera im texanischen Houston begegnete und auch «dreißig Jahre danach» nichts von seinem ansteckenden Elan verloren hatte.

Vierzig melodisch, rhythmisch und auch dramaturgisch beflügelte Minuten vergingen wie im Fluge.

Was der Regisseur Mark Shifter da auf die Bühne gezaubert, was Houstons Orchesterchef John Demain dirigiert hatte, impft Tempo, Witz und Perfektion des Broadway-Theaters mit der Gediegenheit einer Opernproduktion von Rang. Von den Verhältnissen am Broadway rührt die Überzeugung, daß jede Bühne breit, aber nicht sonderlich tief ist, und daß man aus dieser nur scheinbar einengenden, in Wahrheit inspirierenden Tatsache inszenatorisch Honig zu saugen hat. Den Stil des amerikanischen Theaters hat das ja nicht unwesentlich mitgeprägt, und so fahren auch in Houston auf schmalen Bändern von rechts und links Podeste auf die Bühne. Mit Küchenstuhl und Schreibtisch, Punchingball und Kinosesseln bestückt, machen sie vor gleichbleibendem Hintergrund die Schauplätze dingfest. Immer mal wieder ziehen spielzeuggroße Fertighäuser in Weiß an der Rampe entlang... eine unendliche Reihe, die von der unendlichen Monotonie dieser heillos heilen Welt spricht.

Ein Tag aus dem Leben von Dinah und Sam rollt vorüber, und die Sopranistin Diane Kesling wie der Bariton Edward Crafts zeichnen mit sängerischem wie darstellerischem Gusto die Porträts des hier angepeilten, mittelständischen Durchschnittsamerikaners... Nach dem vernörgelten Frühstück trennen sich die Wege, führen ihn an die Erfolgserlebnisse hinter dem Schreibtisch und im Sportclub, sie in die Tristesse auf der Psychiatercouch und in die Langeweile des Kinos. Auch wenn der Abend sie wieder vereint, haben sie einander nichts zu sagen, fliehen vor der Schein-Idylle ins Kino.

Was da in Houston wie ein süßsaures Happy End wirkte, deutet in Wahrheit auf tiefe Verstörung. Man merkt es nicht gleich. Doch wenn man ein wenig darüber nachdenkt, ist es ja doch deprimierend: Da geht eine Frau, nur um nicht mit ihrem Mann reden zu müssen, am Abend mit ihm ins Kino und guckt sich noch einmal den Film an, den sie bereits am Nachmittag gesehen hat.

Man bedenke: Bereits 1951 hat Bernstein das konzipiert, und Bewunderung verdient einmal wieder seine divinatorische Gabe, seine Fähigkeit, den Zeitgeist aufzuspüren und ihm auf der Spur zu bleiben. Zu einer Zeit, als das Wort «Entfremdung» noch nicht totgeredet war, verhalf er einem sich fremd gewordenen Paar zum Leben auf der Bühne. Die Werbespruch-Schmissigkeit mancher Musik-Nummern arbeitet nur um so krasser heraus, wie's da drinnen aussieht: öd und leer.

Was nur fürs Seelische gilt. Denn der Musiker Bernstein hat eine Partitur geschrieben, in der die Einfälle einander auf dem swingenden Fuße folgen. Der Jazz, den er hier aufgreift und einarbeitet, stammt jetzt von der veränderten Szene der fünfziger Jahre, gibt sich gern cool und lässig. Man trägt in jenen Tagen einen ins Elegante verfremdeten Bebop. Exotismen driften herein. Der Klang von *South of the border*, die afrokubanischen Rhythmen der Karibik locken und zaubern.

Doch läßt Bernstein keinen Zweifel daran, daß wir dem Frieden nicht trauen dürfen. Durch unregelmäßige, wie verstolpert wirkende Perioden, scheinbare und wirkliche Taktwechsel bringt er den Blues aus dem Tritt und färbt ihn ironisch. Das Gesangstrio, das mit flockigem Close-Harmony-Singing die Geschehnisse kommentiert und einem antiken Chor so unähnlich ist, wie man es kaum zu hoffen wagt, hat etwas vom überkandidelten Pfiff, auch der Virtuosität der Andrew Sisters. Aber es hilft dabei, gerade durch das Blankgeschrubbte seiner Außenansicht, die Agonien hinter soviel Fassade aufzudecken.

Doch schon hier läßt Bernstein eine mögliche Gegenwelt ahnen. Den Vorwurf, auf dem imaginierten Tahiti herrsche der lieblose Zynismus, bringt er zum Schweigen, begegnet ihm mit einem Ton sehnsuchtsvoller, die Zukunft suchender Hymnik. *Somewhere*, das Hoffnungswort der fünf Jahre später entstehenden *West Side Story*, taucht schon an dieser Stelle auf, ist unüberhörbar auch in dieser leiseren Welt.

Candide ist das Sorgenkind des Musicalkomponisten Bernstein. Daß es gleichzeitig eins seiner Lieblingskinder gewesen und geblieben ist, braucht nicht ausführlich erwähnt zu werden. «'s ist halt der Lauf der Welt», weiß die Marschallin.

Intellektuelles Schwergewicht solchen Kalibers war nie zuvor auf Broadway-Brettern gestemmt worden. Irritiert, verstört waren die Theaterbesucher, auf die nach Vorstellungsschluß die Limousinen mit den dunkelgetönten Fensterscheiben warteten. Am 1. Dezember 1956 war in New York Premiere. Ganze 73 Aufführungen konnten stattfinden. Dann kam das Aus, und man kann von einem Flop sprechen, kann es aber auch formulieren wie der alte Herr Mönckeberg, Enkel des berühmten Hamburger Bürgermeisters. Als einmal das Gespräch auf die Oper *Der Barbier von Bagdad* von Peter Cornelius kam, meinte er: «Das ist wie Maria Stuart... schön, aber unglücklich.»

Die Möglichkeit, aus Voltaires bitter amüsantem Erziehungsroman ein Musical zu machen, hatte man schon im Herbst 1950 ins Auge gefaßt. Ausgeheckt hat den Plan Lillian Hellman, die Dramatikerin, die bereits Jahre zuvor in dem

Stück *Die kleinen Füchse* mit der Raffgier der neuen Reichen abgerechnet hatte. Die Geschichte von dem jungen deutschen Adelssproß Candide, der bei seiner Reise rund um den Erdball mit knapper Not der Inquisition und den Piraten entkommt, das Erdbeben von Lissabon miterlebt, von einer Katastrophe in die nächste stolpert und bei alledem an der Überzeugung festhält, daß diese Welt die beste aller nur möglichen Welten sei... eine solche Story war ganz nach Lillian Hellmans kritischem Sinn, nach ihrem links schlagenden Herzen. Was Bernstein an dem Sujet gereizt hat, liegt auf der Hand. Wohl ist es schwer von Bildung. Aber es schreit auch nach Musik, macht allerlei Maskerade und Mimikry in Tönen möglich.

Doch noch hatten die Vielbeschäftigten andere Verpflichtungen, und als sie sich ernsthaft an die Arbeit machten, hatte der politische Horizont Lillian Hellmans nach all dem, was sie in den Tagen McCarthys durchmachen mußte, sich noch weiter verfinstert, kam ihr der Begriff «Inquisition» nicht mehr historisch vor. Klar, daß dem Amüsierpublikum ein so problemgesättigtes Unternehmen nicht recht munden wollte. Aber auch die ernsthafte Kritik monierte, daß das Libretto die florettfechtende Ironie Voltaires gegen den schwerfälligen Ernst der Menschheitsbeglückung eingetauscht hatte, und eine Zeitlang schien es, als ob nur die Ouvertüre das Premieren-Desaster überleben sollte. Die allerdings war, vor allem in amerikanischen Konzertsälen, allgegenwärtig, einmal, weil sie soviel Witz und Pfiff hat, dann aber auch, weil sie so kompatibel ist, als Anheizer wie als Rausschmeißer oder Zugabe gleich gute Figur macht.

Dann aber geschah etwas Eigentümliches, zunächst überhaupt nicht Spektakuläres: Ein Werk, das aus dem Lichterglanz des Broadway verbannt wurde, mauserte sich im Untergrund, in den Zirkeln der hochverwöhnten Kenner und Bernstein-Afficionados zum Geheimtip. Goddard Lieberson von Columbia/CBS, dem wir schon die erste Schallplatten-Gesamtaufnahme von Gershwins *Porgy and Bess* verdanken, hatte mit der Original-Besetzung ein Album produziert. Allein die Tatsache war eine kleine Sensation, weil die großen Firmen nur ungern auf der Platte festhalten, was als Flop bereits vergessen ist. Aber dies Original-Cast-Album wurde ein Kult-Objekt, war ein Grund dafür, daß Candide nie ganz wegtauchte, daß Musiker und Theaterleute es immer wieder, immer noch einmal mit ihm versuchten. Im Repertoire der Studentenbühnen tauchte er auf. Es kam zu konzertanten Aufführungen und zu Tourneen, die – es klingt wie ein Gruß aus amerikanischen Pioniertagen! – irgendwo in der Provinz strandeten. Doch 1973 war es soweit. Von Lillian Hellmans philosophisch-politischem Ballast befreit, um neue Songtexte bereichert und im Orchestralen auf eine der *Dreigroschenoper* nahe Dreizehnmannkapelle verschlankt, schaffte es *Candide* in einem experimentellen Off-Broadway-Theater in Brooklyn, erreicht daraufhin ein zweites Mal den Broadway und brachte es auf 740 Vorstellungen. In den frühen achtziger Jahren erschien der Weitgereiste, nun wieder von einem großen Orchester begleitet, auf den Brettern der New York City Opera, dem zweitbesten aller möglichen Operntheater im Moloch Manhattan.

Die Partitur ist ein böse funkelndes Juwel. Sie leuchtet, glänzt und blendet in fast allen Farben. Nur der Blues-Ton fehlt. Bernsteins Jazz-Begeisterung tritt diesmal – die Sache will's! – ganz in den Hintergrund, blitzt nur einmal kurz auf, wenn beim Erscheinen des alten Juden die Klarinette in ein vorderorientalisches Lamentieren ausbricht, in einen swingenden Freilach vor der Klagemauer.

Natürlich ist das Parodie; wie fast alles in einem Stück, das mit so schwindelerregender Souveränität zwischen den Stilen hin und her schaltet. Da steht neben dem altmeisterlich komponierten Opern-Quartett eine rabaukenhafte Music-

Hall-Nummer. Eine große Koloratur-Arie für die Primadonna mündet in Rumba und Paso Doble. Einen lutherischen Choral unterbricht Schlachtenlärm, der aus dem heidnischen Rußland des *Sacre* nach Westfalen herüberschallt. Auch Lyrismen haben einen Pferdefuß. Fünfer- und Siebener-Takte bringen ins Schwanken, was bukolische Idylle, zuverlässiger Friede scheint.

Auch in dieser Welt gelingt Bernstein seine Quadratur des Kreises. Er keltert Musik aus Musik und bleibt doch ganz er selbst. Die Autodafé-Szene, ein schaurig-schöner Höhepunkt des Stückes, beginnt mit einem ungeduldigen, die Beschleunigung der Ereignisse fordernden, also quietschvergnügten Chor. Zum Schluß grimassiert Till Eulenspiegel am Galgen. Da hört das Zitat auf, geistreiche Anspielung zu sein. Es wird zur Botschaft, und Bernstein ist auf einmal dem Aufklärer Voltaire sehr nahe, wird durch die Gebärde, mit der er Götter und Götzen vom Sockel reißt, zum Offenbach der Neuen Welt.

Hingerissen, auch ein wenig neidisch lauscht der deutsche Bernstein-Fan. Denn neben der Musik brillieren die Verse. Hausmannskost durfte man einer so verwöhnten Zielgruppe, den Intellektuellen, Snobs und Schicken in der Metropole aller Metropolen, nicht vorsetzen. Und so reimt sich «necklace» auf «reckless», «bottle» auf «Aristotle», lassen sich Zeilen wie: «What a day! What a day, for an auto-da-fé» nicht mehr aus dem Hirn verjagen. Manches, wie der Zusammenklang von »cheery« und «dies irae», mag auch im Englischen ein wenig gewagt anmuten. Doch zu einem Höhepunkt wird das Loblied auf das lange gesuchte, endlich gefundene Land der Verheißung und der ewigen Glückseligkeit, auf Eldorado. Da heißt es:

> Here each man is each man's brother.
> Here the cows give golden cream.

Ev'ry day is like the other.
If we don't leave soon I'll scream.

Stephen Sondheim hat diesen Vierzeiler verbrochen. Als er ihn und andere Songtexte 1973 schrieb, um der Wiederaufnahme, der Neufassung von *Candide* zusätzlichen Schliff zu verleihen, war er längst, auch als Komponist, eine Broadway-Größe, machte sein Show-Business-Evergreen *Send in the Clown* gerade zum ersten Mal die Runde.

Sich ineinander verschlingende Biographien, fast Rondoformen! Der glücklich etablierte Sondheim, der hier dem ebenfalls etablierten, nur in diesem Ausnahmefall vorübergehend vom Glück verlassenen Bernstein aus der Patsche half, war ein Novize, ein noch unbeschriebenes Blatt, als er zum ersten Mal mit dem Komponisten zusammenarbeitete. Das war 1956, und Bernstein, der Erstaunliche, schrieb zur gleichen Zeit an *Candide* und an *West Side Story*. Bei *Candide* rührten ohnehin schon reichlich viele, hochprominente und hochempfindliche Köche im Brei herum. Da holte Bernstein sich Sondheim für die Liedertexte der *West Side Story*.

Der Gedanke, die *Romeo und Julia*-Geschichte in den Großstadtdschungel von heute zu verpflanzen, stammt von Jerome Robbins. Schon 1944, bei der Produktion von *On the Town*, hatte er klargemacht, daß der Choreograph neben dem Komponisten und Librettisten der Dritte im Bunde derjenigen ist, die ein modernes Musical auf den Erfolgskurs schikken. 1949 kam er auf Shakespeare, konzipierte zunächst eine *East Side Story* mit einem Judenjungen als Romeo und einer Julia italienisch-katholischer Herkunft. Vom ersten Augenblick an wollte er Bernstein für die Musik (und anfangs auch für die Verse) und Arthur Laurents für den gesprochenen, die Handlung vorantreibenden Dialog.

Doch wie so oft am Broadway, wie schon in Gershwins klassischen Tagen: Alle hatten viele Ideen, aber leider erst einmal überhaupt keine Zeit. Als man sich sechs Jahre später wieder zusammensetzte, stimmte die Topographie der Geschichte nicht mehr, waren die Straßenkämpfe in anderen Stadtteilen aktueller geworden, hatten sich die Konflikte auf andere ethnische Gruppen verlagert. Aus der East Side wurde die West Side, und die Beteiligten kamen überein, die riesige Einwandererwelle aus Puerto Rico, die damals den Vereinigten Staaten so nachhaltig zu schaffen machte, auf die Musical-Bühne branden zu lassen. Das schuf nun wirklich Aktualität, und dem Komponisten boten sich noch weit zwingendere Möglichkeiten, die geographischen und sozialen Gegensätze in Musik umzumünzen, die Coolness Jazz-Manhattans auf das Feuer latein-amerikanischer Rhythmen treffen zu lassen.

Aber wieder verging Zeit mit der Suche nach Tänzern, die singen, und Sängern, die tanzen konnten. Auch Sponsoren machten sich rar, sprangen ab. Während der Proben kam es zu Phasen tiefster Entmutigung. Denn schließlich, so Bernstein: «Alle sagten zu uns: Laßt die Finger davon. Das ist der reine Selbstmord. Was ist das für ein Musical, in dem am Ende des ersten Aktes zwei Leichen auf der Bühne liegen, und am Schluß jeder tot ist? Wie soll eine Show Erfolg haben, die so voll ist von Haß und Häßlichkeit?»

Aber der Premiere am 26. September 1957 im New Yorker Wintergarten folgten 734 Vorstellungen, hätten noch viel mehr sich anschließen können, wenn da nicht diese, schon lange im voraus eingeplante Tournee durch die Provinz gewesen wäre. Im April 1960, nach zehn Monaten auf Reisen, kehrte die *West Side Story* auf den Broadway zurück, blieb noch eine Weile und verschwand nach 249 Vorstellungen erst einmal in der Versenkung. Das anspruchsvolle Stück hatte sich durchgesetzt, doch zur Welt-Sensation wurde es erst im Kino, durch die opulente Breitwand-Fassung mit Natalie Wood und Rita Moreno. Die professionell getimete Veröffentlichung des Soundtracks mehrte Bernsteins Schallplattenruhm. Die kühn den Raum beherrschende, bruchlos in den Sog des Geschehens integrierte Choreographie von Jerome Robbins setzte Zeichen, ist aus der verblüffenden Success Story dieses schwarzen Musicals nicht wegzudenken.

Nun ist dieser aus dem Asphalt emporgewachsene Evergreen längst ein Stück Geschichte, schien das eine Zeitlang auch für den Komponisten gewesen zu sein. Der hatte sich anderen Dingen zugewandt. Vielbeschäftigt und voll von Plänen wie immer, war er nie dazu gekommen, *West Side Story* als Ganzes zu dirigieren; im Orchestergraben eines Theaters nicht, und auch aus den Plattenstudios kam nur rein Instrumentales, episodisch Suitenhaftes, nie die Gesamt-Aufnahme von eigener Hand.

Anfang der 80er Jahre wurde das anders. Mancherlei war zusammengekommen. 1979 hatte Bernstein in Hamburg eine Produktion seines Freundes, des Choreographen John Neumeier, gesehen, und sein Interesse an dem frischen Oldie, Jahrgang 1957, war wieder wachgeworden. Außerdem hatte seine Schallplattenfirma unter dem Asphalt des Einwandererviertels eine Goldader entdeckt, hatte den Maestro lange überredet und schließlich überzeugt.

«Die *West Side Story* mache ich nur der Plattenfirma zuliebe», erzählte er im Oktober 1981 und ließ verschmitzt durchblicken, daß er ein so harsches Statement nicht wortwörtlich verstanden wissen wollte. «Das Orchester steht noch nicht fest. Aber das eine ist schon klar: Ich werde die Produktion nur mit absolut erstklassigen Sängern machen. Im Schallplattenstudio brauche ich ja keine Rücksicht darauf zu nehmen, ob einer jung ist, gut aussieht oder tanzen kann. Da zählt nur die Stimme. Auf Teenager kann ich notfalls verzichten. Auf der Bühne ist das was anderes.»

Im Sommer 1984 ist das Vorhaben Wirklichkeit geworden. Bernstein hat – vollkommen konsequent und im Einklang mit seinen Absichten – nach den Sternen des Opernhimmels gegriffen, hat sich Dame Kiri Te Kanawa als Maori-Maria, José Carreras als Tony geholt und in Kauf genommen, daß ein so belcantistisch nobles Liebespaar die Straßenschluchten in ein Villenviertel, die West Side in das Westend einer kultivierteren und nicht so mörderischen Stadt verwandelt.

Doch im Orchester bietet Bernstein ein ganz anderes, das richtige, das wahre Stück. Mit entfesselter, wie aufatmender Lust stürzt er sich ins Getümmel, vergegenwärtigt Straßenszene wie Hoffnungsschimmer, und weil er ja beides ist, Prophet und Profi, macht er bald vergessen, ob der das Feuer der Plattenfirma oder sich selbst zuliebe entfacht. Altersweisheit äußert sich höchstens in einer staunenswerten Genauigkeit der Artikulation, und darüber wird niemand jammern bei einem Werk, dessen orchestraler Part im en-suite-Betrieb so oft Federn lassen muß und oft so unterbelichtet bleibt wie die abgewetzten Stimmen, die mich schon 1962 so verdrießlich stimmten.

Sachen hört man, die hat man noch nie gehört, und Weihnachten 1986 konnte man sie dann auch sehen. Im Fernsehen lief eine Anderthalb-Stunden-Dokumentation über die Arbeit im Aufnahmestudio.

Nicht die Berliner oder Wiener Philharmoniker, auch nicht die Bernstein so nahestehenden Israelis musizieren, sondern eine Schar handverlesener Studio-Musiker aus New York, und das ist gut so. Die Energien einer Stadt brodeln uns entgegen. Auch im nüchternen Klima dieser Produktionsstätte beschwört Bernstein die ganze Vielfalt Manhattans, diese Aura von Hexenkessel und Schmelztiegel. Gedanken an Ethnisches bleiben immer wach. Nur eben: Die Rassenkämpfe, von denen die Geschichte erzählt, spiegeln sich im Orchester in der freundlichen Koexistenz von Musikern unterschiedlichster Herkunft. Wir erleben den Trompeter, der seine Harlem-Triolen schmettert wie in einer Rhythm and Blues Band. Wir lassen uns mitreißen von einer Perkussionsgruppe, die aus dem puertorikanischen Musikanten-Reservoir der Riesenstadt New York zusammengetrommelt worden ist und den Latin-Rhythmen von damals ein wenig Pfeffer von heute beimischen soll. Wir sehen aber auch den jüdischen Geiger, der schon alles gehört, gesehen und fast noch mehr gespielt hat. Ihm reicht ein Augurenlächeln des Meisters, und er macht kenntlich, wann der Übervater Gustav Mahler die Halbstarken an der Westseite besucht.

Und der Musical-Komponist Leonard Bernstein wiederholt am Dirigentenpult, was er am Schreibtisch schon immer, schon seit vierzig Jahren gemacht hat: Er zwingt das Disparateste zusammen. Wach greift er sich, was in der Luft liegt, formt sein Eigenes daraus, und dem Vorwurf, das alles schmecke doch etwas nach Eklektizismus, kann er mit seinem Patriarchenlächeln begegnen. Schließlich: Sächelchen wie *Maria*, *Tonight*, *America*, *Somewhere*, *I Feel Pretty* und und und..., die sollen einem Komponisten erst mal einfallen.

«A Quiet Place»

Anmerkungen eines Librettisten

Ich war Leonard Bernstein ein- oder zweimal beiläufig begegnet – falls man einem solchen Menschen überhaupt «beiläufig» begegnen kann –, bevor ich zum ersten Mal ausführlich mit ihm sprach. An jenem Oktobernachmittag vor sechs Jahren hatte ich den Eindruck, daß sich dieser vorzügliche und berühmte Prophet der Musik (das ist er seit langem für Amerikaner meiner Generation) in einer ziemlich trübsinnigen Gemütsverfassung befand. Er hatte mit einem alten Freund und Mitarbeiter seit Monaten an einem Bühnenwerk gearbeitet, aber die Zusammenarbeit abgebrochen – nicht, weil er mit dem Kollegen unzufrieden war, sondern mit der «Richtung, in der sich das Projekt entwickelte». Überdies hatte er die gemeinsame Arbeit am 4. Juli abgebrochen. Ich erinnere mich an mein Gefühl des Mitleids, als ich das Datum hörte, denn es ist sowohl ein Tag Amerikas als auch ein Tag der Unabhängigkeit, und da war nun der Mr. American Music, der sich für eine einsame Art von Unabhängigkeit entschieden hatte. Aber Lenny fühlte, daß etwas mit seinem jüngsten Vorhaben nicht stimmte – es war nicht der «bewußte nächste Schritt».

Zwischen 1944 und 1957 hatte Leonard Bernstein den Broadway erobert und in gewissem Sinne dem Broadway-Idiom eine neue Qualität gegeben – mit nicht mehr als vier Stücken, von denen mindestens drei befruchtend auf das amerikanische Musiktheater gewirkt haben. Außerdem hatte er mit *Trouble in Tahiti* (1952) einen bemerkenswerten, eigenständig amerikanischen Opern-Einakter geschrieben, dessen Ausdrucksmittel sich durchgehend der Muster volkstümlicher Musik bedienten. Während und seit dieser Zeit juckte es Leonard Bernstein in den Fingern, die Möglichkeiten des amerikanischen Musiktheaters auszuweiten, es immer unverwechselbarer und frischer erscheinen zu lassen. Das letzte der vier Broadway-Stücke war *West Side Story* (1957), ein Art Jazz-Singspiel. Als nächstes Bühnenwerk wurde *Mass* (1971) aufgeführt, ein Folk-Rock-E-Musik-Sing-und-Tanz-Vaudeville-Musikdrama, das die Glaubenskrise im Amerika der sechziger Jahre behandelte.

In den vierzehn Jahren zwischen der *West Side Story* und *Mass* gab es Vorhaben für das Theater (zwei Brecht-Projekte und Thornton Wilders *The Skin of Our Teeth/ Wir sind noch einmal davongekommen*), in die viel Arbeit investiert wurde, die aber aus unterschiedlichen Gründen nie in Proben gegangen sind. Nachdem Bernstein 1958 die musikalische Leitung des New York Philharmonic Orchestra übernommen hatte, die er bis 1969 behielt, hatte er selten Muße zum Komponieren, obwohl er in diesen Jahren zwei größere Partituren schrieb – *Chichester Psalms* und seine *Kaddish*-Symphonie.

In den siebziger Jahren, in denen er als freischaffender Dirigent tätig war, kehrte der Komponist Bernstein mit *Mass* sofort zum Theater zurück. Danach schrieb er zur Zweihundertjahr-Feier der Unabhängigkeitserklärung das Musical *1600 Pennsylvania Avenue*, das 1976 mit wenig Glück am Broadway herauskam. Später erfuhr ich, daß sich von der ursprünglichen Konzeption bis zur Aufführung vieles geändert hatte, darunter auch mehrere grundlegende Ideen des Stücks, der Schluß und die Person des Regisseurs. Also verschwand *1600 Pennsylvania Avenue* von der Bühne und wurde nicht weiter verbreitet. Ein wichtiger Grund dafür war der Broadway-Mechanismus, der sich seit zwanzig Jahren erbarmungslos ausschließlich am «Hit» orientiert und in keiner Weise daran interessiert ist, das amerikanische Musiktheater zu fördern. (Der Erfindungskraft eines einzigen Mannes gelang es, das Broadway-Musical weiterzubringen *und* regelmäßig «Hits» zu produzieren: Stephen Sondheim.)

In gewissem Sinne war Leonard Bernstein vom Broadway betrogen worden; dieser war nicht mehr Medium für schöpferische Künstler, sondern für Produzenten des Big Business. Unterdessen beschritt Bernstein, vielleicht weil er am Musiktheater seiner Nation verzweifelte, tapfer einen neuen Weg – mit *Songfest* (1977), einem weiteren Geburtstagsgeschenk an sein Land, das er «eine Studie zu einer amerikanischen Oper» genannt hat. *Songfest*, ein Konzertstück für sechs Sänger und Orchester, besteht aus Vertonungen amerikanischer Gedichte aus mehreren Jahrhunderten, einige für Solostimme, einige für mehrere Stimmen – in der Tat Ausgangspunkt für eine eigenständige Bernstein-Oper mit Arien, Szenen und Ensembles.

Bernstein hatte also in den siebziger Jahren dreimal – jeweils auf sehr unterschiedliche Art – versucht, die Grenzen des amerikanischen Musiktheaters zu erweitern. Als ich ihn 1980 zum ersten Mal traf, waren die Broadway-Bühnen eindeutig nicht der passende Schauplatz für das, was für ihn notwendig war. Er hatte es satt, für Produzenten zu schreiben. Alles an ihm sagte: keine konventionellen «Nummern» mehr, keine Nummern mehr, die nur geschrieben werden, um die Show um 22.30 Uhr noch einmal hochzureißen. Keine leeren Formeln mehr. Das war Leonard Bernsteins Unabhängigkeitserklärung von 1980, und ein ziemlich trübsinniger, mitarbeiterloser Maestro schaute mich an jenem ziemlich trübsinnigen Oktobertag vor sechs Jahren in seinem Arbeitszimmer an. Ich empfand seine Furcht vor dem Verrinnen der Zeit. «Ich bin zuversichtlich und voller Hoffnung», sagte er ohne viel Zuversicht, «daß ich vor Ende des Jahres mit einem Stück für die Bühne anfangen werde. Ich weiß es, weil ich es nicht ertragen würde, das Jahr ohne das zu beenden.»

Ich bin während der fünfziger und sechziger Jahre im Amerika der Vorstädte aufgewachsen, ein keiner Volksgruppe angehörender, «echt amerikanischer» Junge, der von seinen Eltern nicht zum Broadway, sondern in die Metropolitan Oper mitgenommen wurde. Dort in der alten Met wurde meine kindliche Phantasie gepackt, und ich pflegte freundschaftlichen Umgang mit den Personen aus den Mozart-Opern, aus *Butterfly*, *Troubadour*, *Rosenkavalier*. *West Side Story* war das erste amerikanische Musiktheaterstück, das ich hörte, und es wirkte auf mich, weil es für mich Oper *und* volkstümliche Musik war. Für meine Ohren war das «Tonight»-Ensemble – wie das Sextett aus dem zweiten Akt des *Don Giovanni* oder das *Rosenkavalier*-Terzett – ein drängendes, vorwärtstreibendes Aufeinandertreffen von Gedanken vieler Personen. Es war sehr interessant zu erkennen, daß die Wunder des Musiktheaters auch in meiner eigenen Sprache möglich waren. Im Laufe der Jahre lernte ich dann in der Tat einige weitere Werke des amerikanischen Musiktheaters kennen und schließlich auch lieben. Als ich zum ersten Mal die Verfilmung von Richard Rodgers' und Oscar Hammersteins *Carousel* sah und danach eine Bühnenaufführung ihres *Oklahoma*, weinte ich, genau wie ich bei *Madame Butterfly* weinte. Als ich zum ersten Mal Gershwins *Porgy and Bess* hörte, war ich völlig fertig, in gleichem Maße bewegt durch das eigenständig Amerikanische wie die Schönheit und Kraft dieses Stücks. Aber die meisten Musicals, die am Broadway liefen, waren einfach nicht so schön oder wahrhaftig oder auch nur unterhaltsam wie Verdis *Falstaff* oder Mozarts *Figaro*. Das meiste, was ich hörte, klang nicht frisch, und die immer geringere Vitalität des Broadway in den sechziger und siebziger Jahren – mehr Neuinszenierungen als Uraufführungen – bot wenig Anlaß zu genauerer Betrachtung. Und die amerikanischen Opernversuche machten mich gewöhnlich verlegen: dürftige Puccini-Aufgüsse oder im Beliebigen blei-

bende volkstümelnde Weitschweifigkeiten und meist unin-
spirierte Musik. Mein Herz gehörte immer noch Zerlina und
Leporello.

Glücklich schwelgte ich im aus Europa entlehnten Musiktheater; andererseits setzte ich aber auch meine sprunghafte
und widerwillige Beziehung zur amerikanischen Theatermusik fort. Ich verließ die Schule, reiste zu den europäischen
Opernzentren, studierte Gesang und schrieb für Zeitschriften und Zeitungen über Oper und Opernsänger. Endlich
beschloß ich, ein Opernlibretto zu schreiben – wahrscheinlich mit der einigermaßen verfehlten Vorstellung, den Amerikanern zu zeigen, wie man so etwas macht. Die ziemlich
mißlungene Arbeit bekam den unheilverheißenden Titel *The
Mistake* (Der Fehler). Durch die Fehler in *Der Fehler* ernüch-
tert, aber gepackt von der aufregenden Aufgabe, für das
Musiktheater zu schreiben (wenn auch noch schlecht), beschloß ich, mich an eine ernsthafte Arbeit zu machen. Meine
stärksten Interessen – Oper, Schauspielerei und das Schreiben
in amerikanischer Sprache – sollten sich in meiner Arbeit
miteinander verbinden. Ich fing an, Opernsängern Schau-
spielunterricht zu geben, Opern zu inszenieren und erstmals
die Kultur meines Heimatlandes zu untersuchen. Gründlich
studierte ich das Opernrepertoire, und es juckte mir in den
Fingern, einen neuen Vorstoß in Richtung auf ein Opernlibretto zu wagen – obwohl mein erster Versuch das vielleicht
nicht gerade rechtfertigte. Ich hatte unerschöpfliche Energie
und die nagelneue, noch etwas unscharfe Vision einer frischen, angemessenen Ausdrucksform für die amerikanische
Oper.

Ungefähr zu dieser Zeit traf ich mich mit Leonard Bernstein an jenem trübsinnigen Oktobernachmittag. Im Gegensatz zu Millionen amerikanischer Kinder der fünfziger Jahre
hatte ich ihn nie im Fernsehen gesehen, und meine Gefühle,
den Dirigenten Bernstein betreffend, waren eher gemischt,

aber ich wußte, daß er ein bedeutender Amerikaner und ein wichtiger Musiker war. Und ich hatte seit langem das seltsame und unerklärliche Gefühl, ihm bei etwas helfen zu können, das er einfach tun mußte.

Ursprünglich hatte ich Bernsteins Bekanntschaft durch seine Tochter Jamie gemacht, die ich in Harvard kennengelernt hatte, aber als eine der Zeitschriften, für die ich schrieb, mich um ein Interview mit ihm bat, hatte ich kaum mehr als ein paar Hallos mit ihm gewechselt. Meine Anfrage wurde vom Bernstein-Management negativ beschieden; der Meister komponiere in den achtziger Jahren und gebe keine Interviews. Schließlich schrieb ich ihm einen Brief: «Lieber Mr. Bernstein! Lassen Sie uns das Interview machen. Ich bin kein übler Bursche, und es wird ganz gut gehen. Und wenn ich Ihnen nicht gefalle, gehe ich wieder, oder wir erfinden Anagramme» – ich wußte, daß er dieses Spiel liebte –, «oder wir gehen ins Kino und lassen das Interview Interview sein.» Der letzte Satz war der einzige ganz ohne Hintergedanken, denn der Brief war natürlich ein sehr berechnender Versuch, die Geschichte zu kriegen. Er schloß: «P. S.: Interessieren Sie Libretti?» Am nächsten Tag rief er mich an; er hatte ein viel größeres Interesse an Libretti als an irgendeiner weiteren Illustrierten-Geschichte. «Wenn Sie mir bis Dienstag um vier (es war Freitag) ein Szenarium für eine Fortsetzung von *Trouble in Tahiti* bringen», sagte er, «bekommen Sie Ihr Interview. Ist das nicht fair?» Ich ging also zu diesem Treffen, und wir interviewten uns gegenseitig, und es wurde ein durchaus merkwürdiger Nachmittag.

Mein Szenarium war ein recht geschickter, wenn auch flüchtiger Kommentar zu *Trouble in Tahiti*, der sich Sprache und Bilder Bernsteins (er hatte Text *und* Musik zu *Tahiti* geschrieben) auf eine Weise zu eigen machte, die Lenny vielversprechend fand. Am wichtigsten war allerdings, daß es eine zentrale Szene gab, die derjenigen sehr ähnelte, die er selbst sich als Beginn der Fortsetzung vorgestellt hatte. Es war eine Begräbnisszene. Bei mir gab es einen Kindersarg, bei ihm einen Sarg mit einer Ehefrau und Mutter. Auf diese Art entdeckten wir eine uns gemeinsame Notwendigkeit – nämlich über Verlust, Schmerz, Trauer in der Familie und die gemeinsame Überwindung der Tragödie zu schreiben. Lenny hatte erst zwei Jahre vorher seine Frau Felicia durch Krebs verloren, ich erst ein Jahr vorher meine Schwester Nina durch einen Autounfall. Beide litten wir noch schwer unter dieser Belastung.

Ein kurzer Meinungsaustausch über weniger schmerzliche Themen wie Schreiben, Broadway und Oper offenbarte weitere gemeinsame Interessen. Beide wollten wir a) eine Oper schreiben, b) eine amerikanische Oper schreiben, ein durchkomponiertes Musiktheaterstück in unserer eigenen Wort- und Musiksprache, die irgendwie sowohl der Broadway-Tradition als auch der der «ernsten Musik» Achtung erwies, und c) wollten wir etwas aussagen über Familien, die mit dem Phänomen Tod fertigwerden müssen. Das Interview habe ich nie geschrieben, und von dem Szenarium verwendeten wir nur die Idee mit dem Begräbnis. So begann sowohl eine intensive und zermürbende Suche nach einer Oper als auch eine Freundschaft, die für mich immer ganz besonders und ganz frisch geblieben ist. Ich erkannte, daß Lenny jemand Jungen und Eigenwilligen wie mich brauchte, der ihm half, den «bewußten nächsten Schritt» zu tun. Und ich hatte das unglaubliche Glück, in diesem brillanten Mann den Mentor zu finden, den ich brauchte.

Lenny sagt: «Wenn dich jemand wegen *A Quiet Place* fragt, sagst du einfach, wir haben Text *und* Musik gemeinsam geschrieben.» Ich fing – zunächst ohne Lenny – an meinem Schreibtisch in New York im Dezember 1980 mit der ersten

Szene an. Er schrieb mit Unterbrechungen vom nächsten Frühsommer an, aber eigentlich wurde nichts von dem, woraus die Oper jetzt besteht, geschrieben, bevor wir zum ersten Mal – das war in einem Bauernhaus in Massachusetts – ganze Wochen miteinander verbrachten. Wir machten aus einem Quartett, das ich geschrieben hatte, ein Terzett und änderten gemeinsam fast jede Zeile, und ich saß neben dem Klavier, als er das dann komponierte. Er wollte mich nicht gehen lassen. Er hatte natürlich Angst. Ich auch, besonders wenn ich ihm sagen mußte, daß mir etwas nicht gefiel, was er geschrieben hatte – eine zuerst furchteinflößende Aufgabe, die mir aber allmählich lieb wurde. Wir machten auf diese Art unermüdlich weiter, bis wir *beide* mit der Musik zufrieden waren. Zwischendurch aßen wir riesige Tomaten und Steaks und hörten uns jede Note amerikanischer Musik an, die wir auftreiben konnten. Er wollte meine Reaktionen sehen und hören. Wir erzählten uns gegenseitig unser Leben, erfanden – wie schon einmal angekündigt – oft und gern Anagramme und beschlossen, uns um einen Auftrag für unsere Oper zu kümmern.

Wir setzten dann die Arbeit getrennt fort – ich an einem Kinderlesepult in der öffentlichen Bibliothek von Santa Fe mit Dvořáks *Stabat Mater* in meinem Walkman, er in seinem Arbeitszimmer in Connecticut; aber nie wurde etwas endgültig verabschiedet, bevor wir uns nicht gemeinsam hineinvertieft hatten. Die nächste längere Periode gemeinsamen Lebens und Arbeitens fand in Bloomington, Indiana, statt, wohin wir von der Indiana University eingeladen wurden, die einen Workshop über die entstehende Oper abhielt. Bevor Lenny jetzt allerdings einen einzigen Federstrich tat, legte er sich erst einmal vor lauter Angst neun Tage ins Bett. Wir hatten bis dahin nicht sehr viel geschrieben, und wir wußten beide, daß, wenn wir nicht jetzt produktiv würden, es uns wahrscheinlich nie mehr gelänge. Endlich und ganz plötzlich wachte er auf und komponierte den größten Teil dessen, was jetzt den ersten Akt ausmacht. Ich war immer in der Nähe und brachte auf sein Ersuchen Zustimmung oder Mißbilligung zum Ausdruck. Mein im Entstehen begriffenes Szenarium traf die Entscheidungen in bezug auf die Verteilung von Rezitativen, Arien und Ensembles, und ich machte sogar Vorschläge, die die Komposition betrafen. Bis zu einem bestimmten Punkt allerdings nur – LB: «Ich höre da keine Musik, du vielleicht?» SW: «O ja, irgendwie schon.» LB: «Dann summe sie vor, verdammt noch mal!»

Gräßliches Schweigen.

Wir bemühten uns sehr, das Schreiben in bestimmten Schemata zu vermeiden, die Krankheit zu vermeiden, für die wir den Namen «Schematoma» prägten. Reim-Schemata, metrische Schemata, geschlossene Formen, die Schemata des «gut gemachten Stücks» wurden argwöhnisch ins Auge gefaßt und wenn, dann nur widerwillig akzeptiert. Dennoch dachten wir ständig an Da Ponte und Hofmannsthal, Monteverdi und Janáček, Maeterlinck, Britten, *Wozzek*, sogar an Metastasio. An *diesen* Modellen hatten wir unsere helle Freude.

Wir wollten eine Oper schreiben über Amerikaner des Mittelstands, die keiner ethnischen Minderheit angehören, keine regionale Volksoper, keine neo-europäische Große Oper und kein sentimentales Pop-Singspiel in der Art der meisten Broadway-Stücke. Wir wollten eine Oper in amerikanischer Sprache schreiben – der amerikanischen Sprache, wie sie von Amerikanern gesprochen wird, um ihre amerikanische Persönlichkeit auszudrücken. Wenn wir nicht Opern über Amerikaner und über amerikanische Probleme schaffen, wird die Oper für die Amerikaner keine unumgängliche oder notwendige Kunstform sein, sondern nur etwas aus Wien oder Mailand Geborgtes. Wir brauchen mehr amerikanische Opern – unsere Kultur ist reich, unsere Gemeinwesen sind kleine Welten für sich, und jetzt, da wir mit der Desillusionierung durch Vietnam, durch Watergate und durch das Zurückschlagen der konservativen Kräfte mündig werden, ist der Schmerz groß.

Der Rest der Oper wurde von Juni 1982 bis Juni 1983 geschrieben; sie wurde dann von der Houston Grand Opera uraufgeführt, die uns – gemeinsam mit dem John F. Kennedy Center for the Performing Arts in Washington D. C. und der Mailänder Scala – den Auftrag gegeben hatte. Die letzte Zeit arbeiteten wir meistens in Connecticut, bis zum Morgengrauen auf der Suche nach Lösungen, unentwegt abschweifend, uns die Haare raufend, halb wahnsinnig vom blinden Herumtappen nach einer neuen Sprache – gar nicht zu reden vom roten Faden. Die Lektüre von James Merrills bemerkenswertem buchfüllenden Gedicht *The Changing Light at Sandover* – einer wunderlichen Geschichte der menschlichen Seele, wie sie dem Dichter und einem Freund durch ein Ouija-Brett offenbart wurde – bewegte uns tief. Die Idee, daß Seelen und Geister unabhängig von Raum und Zeit (in diesem Fall unabhängig von Leben und Tod) in enge Beziehungen miteinander treten, ist als Idee sehr stark. Diese Idee sucht in *A Quiet Place* die Mitglieder der Familie heim, die einander auf irgendeine Art hören und verstehen müssen, obwohl sie nicht miteinander sprechen wollen oder können. Im Quartett des zweiten Aktes hat die ganze Familie teil an Worten, Phrasen, Musik und intimen Gesten, obwohl die einzelnen Mitglieder räumlich und zeitlich getrennt sind. Im dritten Akt streckt Dinah die Hand nach ihrer Familie aus und segnet sie, obwohl sie physisch nicht mehr am Leben ist. Im ersten Akt erweckt Dede die Musik ihrer Mutter wieder zum Leben, als sie sich erinnert, von ihr geträumt zu haben, und diese wiedererweckte Musik ist die Musik des eigenen Traums ihrer Mutter – eines *Trouble in Tahiti*-Traums von einem Garten, der mir die Anregung für den Schauplatz unseres letzten Aktes gab. A *Quiet Place* legt es uns nahe, *cultiver nos jardins*, um Voltaire zu paraphrasieren, dessen Utopie *Candide* Lenny vor dreißig Jahren inspirierte, in seiner gleichnamigen Broadway-Operette nach der «besten aller möglichen Welten» zu suchen.

Die Vorstellungen, die Lenny in bezug auf die Struktur von *A Quiet Place* während der Entstehung hatte, waren ihm, glaube ich, meistens nur halb bewußt. Während ihm sehr klar war und er es sehr begrüßte, daß ich häufiger Teile seines alten Librettos zu *Trouble in Tahiti* wiederverwendete, schien er selbst musikalische Bezüge selten bewußt einzusetzen – sei es zu *Tahiti*, sei es zu den fertiggestellten Teilen von *A Quiet Place*. Unzählige Male stellte Lenny *nach* der Komposition fest, daß bestimmte Stellen sich tatsächlich auf frühere bezogen. Wenn er mir neue Stellen vorspielte und wir «Übereinstimmungen» feststellten – Melodien, die aus anderen Melodien abgeleitet waren –, zitierte er oftmals eine Zeile von Merrill: «Es gibt keine Zufälle.» Ein Strom von Assoziationen: Juniors musikalische Welt zum Beispiel ist Zelle für Zelle auf einer Melodie aufgebaut, die Lenny für einen Teil von *Lolita* geschrieben hatte (Nabokovs Roman hatte ihn einige Jahre zuvor beschäftigt). Was Junior zuerst und zuletzt singt, ist aus «Hey Big Daddy» entwickelt, Juniors «Strip»-Lied im ersten Akt, in dem er ausspielt, was ein zentraler Konflikt seines Lebens zu sein scheint und was mit dem Verhältnis zu seinem Vater zu tun hat. In dem meisten, was Junior singt, kann man eine enge Beziehung zu «Hey Big Daddy» oder Teilen daraus finden. Die sich entwickelnde Struktur von *A Quiet Place* schien nicht an «Schematoma» zu leiden. Lenny widerstrebte es, etwas zu tun, nur weil es bei ihm oder bei anderen Komponisten funktioniert hatte. Wir zogen es vor, solche Modelle der einzelnen Personen auf nicht-sprachliche Art zu absorbieren und dann einfach unsere Arbeit zu tun.

In diesem Sinne hat die Partitur von *A Quiet Place* für mich, was die Struktur betrifft, eine gewisse Ähnlichkeit mit Bartóks *Musik für Saiteninstrumente, Schlagzeug und Celesta* – ein Material von verhältnismäßig geringem Umfang bringt das ganze Stück hervor, das sich wie aus einer Zelle heraus entwickelt, bis sich dieser Teil auf jenen Teil «reimt» und ich mich kaum genau erinnern kann, wo ich diese Stelle vorher gehört habe. Diese Wirkung ist offensichtlich aber nicht immer nur halb bewußt. *A Quiet Place* beginnt mit dem Akkord, mit dem *Trouble in Tahiti* schloß – einem Cluster aus allen Noten eines Schlüsselthemas aus *Tahiti*, das auch in der neuen Oper eine entscheidende Rolle spielt. Old Sam, der in *Tahiti* auf diese Melodie die Worte «Is there a day or a night waiting in time somewhere» und «I don't know, I don't know» sang, singt dreißig Jahre später in seinem schrecklichen Ausbruch im Bestattungsinstitut darauf die Worte «Not even now» und «My handsome son». Das Thema ist eine alte, «wieder aufgewühlte» Unsicherheit, um mit Old Sam zu sprechen, wie all die anderen Dinge, die «nie funktioniert haben».

Als Lenny zum ersten Mal das große Garten-Thema aus *Tahiti* wiederverwendete, da war das der Moment, in dem ich erkannte, daß er die Oper wirklich schreiben würde. Im ersten Akt betritt Dede in ziemlicher Aufregung das Bestattungsinstitut und singt ihre *Valse Manique* «Fantastic, great!», die übergeht in ein leises Duett mit Susie voller Verwunderung und Verworrenheit der Erinnerung. Daraus entwickelt sich – es aufheizend – Dinahs Traummusik in den Streichern mit der Bezeichnung *cantando*. Das ist überwältigend. Als die Erinnerungen Dede zu sehr bedrängen, zieht sie sich bis zum Schluß des Duetts auf ihre ihr Sicherheit gebende, aber unendlich unbequemere *Valse Manique* zurück. Hier war jetzt eine meisterhafte kleine Szene unter Benutzung einer geschlossenen Form. Ich erinnere mich, daß ich dachte: «Wenn der Bursche das schreiben kann, dann hat es ihn also gepackt.»

Das Garten-Thema wird immer wieder benutzt, auf besonders befriedigende Art an der Stelle, an der Dede im zweiten Akt in Dinahs Kleid auftritt und an Old Sam die Worte richtet: «What do you see, Daddy? Daddy, it's me.» Später erscheint das Thema wieder, als Sam im dritten Akt Dinahs Tagebuch liest, in der Erinnerung ihre Stimme hört, und sie geistesabwesend irgendwelche Wörter in rein assoziativer Reihung singt, wobei das Thema nur angetippt, «unterspielt» erscheint. Immer steht diese Musik für eine herrliche, ersehnte, aber oft auch erschreckende, erinnerte Intimität, mit der die Personen von *A Quiet Place* fertigwerden müssen.

Der Choral ist eine weitere Zelle. Der Text besteht aus Sprüchen, wie sie auf Kissen aufgestickt werden, in der Art von «Segne dieses Haus»-Sprüchen, so klischeehaft wie als Münzaufdruck passend. Sie sollten, wie das Thema erinnerter Intimität, während der ganzen Oper beachtet werden; wirklich akzeptiert werden sie erst am Schluß, im Garten. Diese Musik hat Lenny neu komponiert. Sie folgt auf das *Tahiti*-Cluster-Thema am Anfang des Prologs; zunächst ruhig, wird sie dann, als Dinahs Auto schleudert und zerschellt, entschiedener und sogar feindselig. Am Ende des Prologs scheint sich das Thema einen Augenblick lang mit den blasierten Vorstädtern einzulassen, die auf dem Weg zum Begräbnis sind, in einem anderen Moment scheint es im Widerstreit mit ihnen. Die erste Phrase erscheint im zweiten Akt wieder, als Dede und Sam Dinahs Schrank durchsehen und nach einer gemeinsamen Basis für ihre Beziehung suchen, nach einem sicheren Weg ohne Hindernisse: Dede summt die Melodie von «The path of truth is plain and safe», und Sam kann sich nicht genau erinnern, wann und wo er sie schon gehört hat. «Was summst du da?» fragt er Dede. «Keine Ahnung», antwortet sie, und eine Jazz-Figur schickt sie aus dem Zimmer, und sie probiert

Dinahs Kleid an. Sogar wenn sie sagt: «Was siehst du, Daddy?» – unmittelbar bevor das Zusammenstoßen von Gegenwart und ersehnter Vergangenheit das Garten-Thema wiederbelebt –, variiert sie noch die «path of glory»-Melodie.

Wenn im dritten Akt die Blätter von Dinahs Tagebuch die Familie umflattern, dann wird sie von diesem Choral gewissermaßen umspült – zuerst auf eine kalte Art durch einen übermütigen, synkopierten, «falschen» Orchestersatz mit gähnenden Lücken zwischen den Phrasen, dann auf warme Art durch eine vollkommen schlichte, ruhige Ausführung, von den allgegenwärtigen Stimmen hinter der Bühne gesummt. Der Choral scheint jedesmal, wenn er vorkommt, eine Enthüllung anzukündigen – das Trauma des Unfalls, die Entdeckung eines Heilmittels im zweiten Akt, die Heilung der Schlußszene.

Als die Uraufführung näherrückte, strengten wir uns sehr an, die Einzelteile zusammenzufügen, leider ein bißchen zu hastig, wie ich heute sehe. Meistens fühlten wir uns, um Noel Cowards *The Scoundrel* zu zitieren, «wie zwei leere Papiertüten, die aufeinander eindreschen», aber irgendwie schafften wir es, uns unsere gegenseitige Wertschätzung zu erhalten. (Lenny fragt mich immer noch: «Wann werden wir zum ersten Mal richtig streiten?») Sogar an unseren Tiefstpunkten – und einige lagen eindeutig unter dem Meeresspiegel – hörten Lennys Humor und sein unerschöpflicher Großmut niemals auf. Er ist ein Mann, der viel versteht. Und er läßt sich im Grunde durch nichts täuschen, am wenigsten durch Erfolg.

> One more thing I know:
> our opera's a thing
> of beauty and truth
> which *no one* can sing!

It's also a thing
of despair and of fright
which *no one* will love
on opening night!

(Noch etwas weiß ich:
unsere Oper ist eine Angelegenheit
von Schönheit und Wahrheit,
die aber *niemand* singen kann!

Sie ist auch eine Angelegenheit
von Verzweiflung und Furcht,
die *niemand* am Premierenabend lieben wird!)

Das fand ich eines Morgens unter meiner Tür, Teil einer ausgiebigen nächtlichen Korrespondenz, die mitteilte, wann man aufwachen und wie man die nächste Szene schreiben solle und ob die Oper nun richtig toll oder wirklich richtig schlecht sei.

Hier weitere Mitteilungen von Lenny:

1. Um 5 das Licht ausgemacht, vorher beide *Times*-Rätsel gelöst. Man hofft, daß der Schlaf um 6 kommt. 8 Std. bis 14 Uhr. Das ist meine Vorstellung von normalen Menschen. Ich wünsche mir sehnlichst, zu ihnen zu gehören.

2. I hope (but doubt) I shall remain alive long enough to finish Dialogue Five.

Without it, though, there'll be no Dialogue Nine.

Perhaps, I'll write that first, though out of line. It's short, and could be done before I die.

And then, O Wonder, *Readings* could ensue,
And Reminiscences of Bill and Sue
In Contrapünktisch Cancrizanserei.
Poi finalmente può Junior entrar,
Diseased, dishevelled, mad and half-alive,
E far la PRIMA SCENA terminar

(Ich hoffe – aber zweifle –, daß ich lang genug am Leben bleibe,
um Dialog Fünf zu beenden.
Ohne den gibt es allerdings keinen Dialog Neun.
Vielleicht schreibe ich den zuerst, ohne Rücksicht auf die Reihenfolge.
Er ist kurz, und ich könnte ihn schaffen, bevor ich sterbe.
Und dann, o Wunder, könnten die *Lesungen* folgen.
und die Erinnerungen von Bill und Sue
in Contrapünktischer Cancrizanserei.
Dann schließlich kann Junior auftreten,
krank, zerzaust, verrückt und nur halb am Leben,
und kann die ERSTE SZENE beschließen.)
    3. Eines der wahrhaft großartigen, erhellenden, wirklich ernsthaften Wochenenden meines Lebens. Ich bin sehr stolz auf Dich.

V

ROBERT S. CLARK

Bernstein und das Fernsehen
als Medium der Kunst

Manche Begabten sind doppelt gesegnet: Bei ihnen ver-
knüpfen sich eindrucksvolle Talente mit historischen
Zufallsfügungen, die es ihnen ermöglichen, ihre Gaben bis
zur Neige auszuschöpfen. Leonard Bernstein ist einer von
ihnen: Es war sein – und unser – Glück, daß er und das
amerikanische Fernsehen gemeinsam die Jahre der Reife
erreichten.

Ich möchte damit keineswegs sagen, Bernsteins Karriere
wäre ohne die Existenz des Fernsehens nicht zu der geworden, die sie ist: die außergewöhnlichste eines amerikanischen
Musikers mit klassischer Ausbildung. Als der energiegela-
dene junge Mann aus Lawrence, im Bundesstaat Massachusetts, in seiner ersten, nach seinem eigenen Text gestalteten
TV-Sendung *Omnibus* auftrat (am 14. November 1954),
hatte er sich bereits einen dauerhaften Platz im musikalischen
Bewußtsein des Landes gesichert – beginnend mit seiner
Berufung zum Assistenten bei den New Yorker Philharmoni-
kern, 1943, und seinem umjubelten Debüt am 14. November
desselben Jahres, als er für Bruno Walter einsprang, über die
Uraufführung seines Balletts *Fancy Free* in New York und die
New Yorker Premiere seiner musikalischen Komödie *On the
Town* (beides 1944) bis zu den Uraufführungen seiner *Jere-
miah*-Symphonie (1944) und der Symphonie *The Age of
Anxiety* (1949). Vor *Omnibus* hatte er bereits das London
Philharmonic, das Israel Philharmonic Orchestra und die

Tschechische Philharmonie dirigiert. Er war zum Leiter des Orchestra and Conducting Department am Berkshire Music Center in Tanglewood, Massachussetts, ernannt worden und hatte als erster Amerikaner überhaupt an der Scala gearbeitet, wo er Cherubins Oper *Medea* mit Maria Callas, Ensemble, Chor und Orchester der Mailänder Oper dirigierte. Der Musiker Bernstein hatte ohne Zweifel keinen Schub durch das noch in den Kinderschuhen steckende Medium Fernsehen nötig.

Doch nach meiner Auffassung läßt sich nicht bestreiten, daß die schöpferische und die nachschöpferische Karriere, die wir heute mit Bernsteins Namen assoziieren, von ihren Manifestationen auf dem Bildschirm nicht zu trennen ist. Bernstein, der nur ein paar Jahre vor der ersten Präsentation funktionierender TV-Geräte geboren wurde (1918), fand in dem während der Nachkriegszeit in einer raschen Entwicklung begriffenen, wagemutigen Medium die vollkommene Entsprechung für eine der vielen Seiten seiner nach Entfaltung drängenden kreativen Persönlichkeit.

Bernsteins Beiträge zu den Annalen des Fernsehens gehören drei miteinander verflochtenen, gleichwohl aber eigenständigen Genres an. An erster Stelle, finde ich, stehen jene Sendungen, in denen er als Pädagoge und Erklärer von Musik vieler verschiedener Gattungen erscheint – klassisch im hergebrachten Sinn, zeitgenössisch-klassisch, Jazz, musikalische Komödie, Rock. Von 1954 an wirkte er in dieser Rolle in einer fortlaufenden Serie von Auftritten in *Omnibus*, *Lincoln Presents* und *Ford Presents* und schließlich, von 1958 bis 1972, in den dreiundfünfzig Sendungen der mit großem Beifall aufgenommenen *Young People's Concerts*.

Das zweite Betätigungsfeld ist das eines Komponisten, dessen Werke vom Fernsehen ausgestrahlt werden: seine Symphonien, seine Bühnenwerke – *Mass*, *Trouble in Tahiti*, *Wonderful Town* – und seine *Chichester Psalms* sind dafür ein paar Beispiele. Und schließlich kommen dazu noch die zahlreichen Fernsehaufzeichnungen seiner Auftritte am Dirigentenpult, in denen er mit den New Yorker Philharmonikern, dem Israel Philharmonic Orchestra und anderen Orchestern Werke anderer Komponisten musiziert.

Obwohl seine Karriere als Dirigent schon in vollem Schwung war, als er sein Fernsehdebüt gab, war es Bernstein als Pädagoge und Erklärer, den das Fernsehen zuerst für sich nutzte. Dafür bediente man sich der Sendung *Omnibus*, gewissermaßen ein *hors-d'œuvre* für den anspruchsvollen Fernsehzuschauer, das dem kommerziellen Medium in einer Frühzeit eine Zierde lieferte; Konzertübertragungen lagen noch in der Zukunft.

Die Serie hatte, gegen Jahresende 1954, einen fulminanten Start mit einer Folge, die Beethovens Skizzenbüchern gewidmet war. Auf dem wohl besten Requisit, das er jemals benutzte – dem Boden des Studios, in eine riesige Nachbildung des Notenliniensystems verwandelt –, und darum herum verteilte er Instrumentalisten, die die Stelle von Noten vertraten, und ließ diese visuellen Darstellungen von Beethovens ersten, zweiten und manchmal auch späteren Ideen zu heute vertrauten Passagen mit Illustrationen ihres Klangbildes abwechseln. Es war zugleich erhellend und amüsant, und die Musiker – das starrende Auge der Kamera nicht gewöhnt – wirkten manchmal wie verlegene Kinder, die bei irgendeinem albernen Spiel ertappt wurden, während der Maestro bereits damals sein Talent demonstrierte, Alltagsmetaphern (die «letzte Runde» eines Symphoniesatzes) mit Aphorismen zu kombinieren («der Künstler ist bereit, sein Leben und seine Kräfte dafür zu geben, daß eine Note auf die andere mit vollkommener Konsequenz folgt»). Diese Kombination schlägt geistig für beinahe alles, was später kam, den Ton an.

Obwohl der *Omnibus*-Moderator Alistair Cooke, ein

Engländer, nicht sehr lange danach mit einem Überschwang, der nicht eben mit unserer Vorstellung von den Briten übereinstimmt, Bernstein als den «ausdruckfähigsten aller heutigen Komponisten und Musiker» feierte, wirkt der Hauptdarsteller in den frühesten Folgen aus der Sicht der achtziger Jahre ein wenig wie ein Fremder. Er konnte den Eindruck eines schüchternen Dozenten von einer der Elite-Universitäten erwecken, wenn er den Blick abwandte oder auf den Boden richtete, sobald die Kamera zu zudringlich wurde, und er schien dabei außerstande, einen gewissen Anflug von Herablassung in der Art, wie er sprach und sich gab, zu unterdrücken. Wenn er sich nicht an einer Zigarette festklammerte, suchten seine Hände ständig nach irgendeinem rettenden Halt: über dem Unterleib gefaltet, in die Jackentaschen gerammt oder die Revers umklammernd, wobei die Fingerspitzen einander berührten, als wollten sie einen Schutzschild bilden. Sogar seine Körperhaltung und seine Bewegungen im Aufnahmestudio erinnerten an das Thronen und Schreiten eines unsicheren Lehrers vor einer Klasse.

Es dauerte nicht lange, und Bernstein ließ das Klassenzimmer hinter sich. Schon Anfang 1957 ist er viel ungezwungener; er hat sich als Standardanzug einen Smoking zugelegt, und wenn ihm eine vorwitzige Strähne ins Gesicht fällt, fühlt er keinen Zwang mehr, sie sich aus der Stirn zu wischen. Er ist mehr Rhetor als Professor; der Conférencier, der er bis in die Tage der *Young People's Concerts* bleiben sollte, hat sich inzwischen ganz herausgebildet. Die Stimme ist zu einem seiner großen Aktivposten geworden: fest, direkt, nie belehrend oder gönnerhaft, so umgänglich, daß man Vertrauen faßt, doch der Ton ist etwas gehoben und gebietet damit Aufmerksamkeit.

In diesen Sendungen, Ende 1956 und Anfang 1957 ausgestrahlt, begegnen wir Bernsteins pädagogischem Stil, der dann auch in die *Young People's Concerts* Eingang fand.

Dieser Stil ist darauf angelegt, den «geistigen Normalverbraucher» auf seinem eigenen Niveau ohne Herablassung anzusprechen und ihn dann behutsam auf dem Weg des geringsten Widerstands zu einem vertieften Verständnis zu führen. Zumeist geht Bernstein so vor, daß er zunächst die eingefahrenen Fehlansichten und unbegründeten Annahmen seines gedachten Publikums – Erwachsene wie Jugendliche – konstatiert und sie anschließend widerlegt. Dabei benutzt er leicht verständliche Metaphern und Analogien zusammen mit musikalischen Beispielen und technischen Erläuterungen, alles in sorgfältiger Dosierung, um nicht zu überfordern. Es geht ihm, unausgesprochen oder auch ausgesprochen, immer darum, der Musik die Möglichkeit zu verschaffen, über das neu geweckte Bewußtsein des Hörers auf seine Gefühlsskala einzuwirken.

Nehmen wir als Beispiel seine Sendung vom 31. März 1957, für die er sich die Aufgabe stellte, mit der – wie er wohl annimmt, bei seinem Publikum weit verbreiteten – Vorstellung aufzuräumen, Johann Sebastian Bachs Musik sei langweilig. Er geht sie sofort mit der Erklärung an, als Klavierschüler sei er vom «Unmittelbaren» am langsamen Satz von Bachs *Italienischem Konzert* gepackt worden – und illustriert dies am Klavier. Aber, so räumt er ein, vieles bei Bach könne beim Hörer als eine endlose Abfolge von Sechzehntelketten ankommen, die ohne Abwechslung abschnurren, «mehr Motorik als Emotion». Davon ausgehend, daß das heutige Publikum an Musik mit dramatischen Kontrasten gewöhnt worden sei, konstatiert er, bei Bachs Musik gehe es immer «jeweils um eine einzige Sache». «Genauso wie die Architektur einer Brücke unvermeidlich aus dem einen ersten Bogen herauswächst», bildeten sich Bachs Strukturen um ein einzelnes Thema oder einen einzelnen Gedanken, und das übrige bestehe aus Ausarbeitung, Diskussion, Wiederholung und Schlußfolgerung. «Es gibt keinen Grund», erklärt er beruhi-

179

gend, «sich vor dem Kontrapunkt, diesem Schreckgespenst, zu fürchten», und illustriert dies mit musikalischen Beispielen. Ein Chor, in der Tracht, wie man zu Bachs Zeit in die Kirche ging (anachronistischerweise gehören ihm auch Frauen an), sowie eine Instrumentalgruppe unterstützen das Bemühen, Bachs Musik zu vergegenwärtigen.

Diese Darbietungen verlangten ein enormes Aufgebot von Inszenierungsideen und Tricks der (langsam den Kinderschuhen entwachsenden) TV-Aufnahmetechnik: Kostüme, Beleuchtungseffekte und Requisiten von imitierten Baseball-Spielfeldern – in einer tonalen Komposition ist «die Tonika das Schlagmal» – über Partituren, Bücher und Filmausschnitte bis zu Standfotos und anderem mehr. Man begegnet Einblendungen, Parallelmontagen, raschen Schwenks, dem Zoomen und Kippen, da die Kunst des Umgangs mit der Fernsehkamera als aktiver Teilnehmerin an dem gefilmten Ereignis, nicht nur als einer passiven Zeugin, immer mehr an Sicherheit gewinnt. Als Autor, Conférencier, Dirigent und manchmal als Solist steht Bernstein eindeutig im Mittelpunkt dieser Sendungen. Doch großes Verdienst ist auch dem *Omnibus*-Produzenten, Robert Saudek, dem Produzenten der *Young People's Concerts*, Roger Erlander, und ihren zahlreichen Mitarbeitern anzurechnen: Ihr zupackender Einsatz zeigt sich ebenso deutlich wie Bernsteins dynamische Art.

Nehmen wir als ein Kontrastbeispiel seines reifen Stils das *Young People's Concert* «Musical Atoms: A Study of Intervals», ausgestrahlt am 29. November 1965, das praktischerweise auch einen kurzen Blick auf die Wandlungen gewährt, die im Laufe des Jahrzehnts vor der Kamera mit Bernstein als Persönlichkeit im Blickfeld der Öffentlichkeit vor sich gegangen waren. Die Charakteristika sind alle noch da: die treffenden Metaphern und Analogien (Oktaven auf der Klaviatur werden mit der Länge eines Fußes auf einem Maßband verglichen, eine Stelle mit aufsteigenden Mollsekunden ist wie «ein großes Ungeheuer, das sich aus dem Meer erhebt»), die Requisiten (hochgehaltene Spielkarten, die die Intervalle im Spiel numerieren), der Rückgriff auf Vertrautes, um nicht Vertrautes zu erhellen (zur Illustration der Obertonreihe wird das «Help!» der Beatles gespielt).

Doch der Mann, der das alles bringt, ist ein anderer geworden. Viele Faktoren haben im Laufe dieser Dekade auf ihn eingewirkt; am wichtigsten war vielleicht das Faktum, daß die *Young People's Concerts* vor einem Publikum, nicht im leeren Studio aufgenommen wurden, was nicht ohne Wirkung geblieben sein kann. Doch was die Erklärung dafür auch sein mag, in diesem Augenblick, Mitte der sechziger Jahre, als Bernstein den Gipfel seiner landesweiten Wertschätzung erreicht hat, haben wir in voller Größe das intellektuelle Pendant zu Johnny Carson (amerikanischer TV-Talkmaster) vor uns, das so vielen vertraut wurde, selbstsicher, sogar schlagfertig, vor der Kamera völlig locker.

Und wenn er das Pult besteigt, um einen Satz aus Vaughan Williams' 4. Symphonie zu dirigieren, tritt noch ein weiterer, weithin bekannter Aspekt von Bernsteins Persönlichkeit ins Licht: der Dirigent als Spiegel der Musik. Breitbeinig dastehend, als wollte er sich gegen den Ansturm seiner eigenen Gefühle wappnen, mit wedelnden Armen, das Gesicht vor Anstrengung und innerem Feuer verzerrt, die Hände zu Fäusten geballt und von Zuckungen geschüttelt, gibt er den Fortgang der Musik – oder, genauer, seine Reaktionen darauf – bei jedem wichtigen Schritt mimisch wieder. Auch hierin drückt sich sein pädagogischer Trieb aus: So wichtig ist es ihm, seinen Hörern die emotionale Grammatik der von ihm dirigierten Musik klarzumachen, daß er für sie den musikalischen ‹Satzbau› mit Grimassen, Gestik und Körpersprache zergliedert.

Eine der frühesten Manifestationen dieser Neigung findet sich in der bereits erwähnten Bach-Sendung, in der Bernstein einen Choral aus der *Matthäus-Passion* dirigiert, der im Augenblick von Christi Tod gesungen wird: Mit geschlossenen Augen und eingezogenen Schultern entlockt er den Sängern die Töne mit Fingern, die die Musik gleichsam streicheln. Bemerkenswerterweise war bei diesem frühen Beispiel kein Zuschauer außer der Kamera anwesend. Professionelle Musiker werden einwenden, daß während eines Konzerts wenig Notwendigkeit für eine Veranschaulichung des «Sinngehalts» durch den Dirigenten bestehe, denn die Bedeutung bestimmter Stellen werde, zusammen mit so grundlegenden Entscheidungen wie der, ob eine Passage laut oder *sehr* laut gespielt werden solle, üblicherweise während der Proben erarbeitet. Doch eine Figur, die beinahe unbewegt auf dem Podium steht und praktisch nichts anderes tut, als mit einem Stab das Tempo anzugeben, ist für eine TV-Kamera nicht sehr ergiebig. So ist es denkbar, daß Bernstein durch seine häufigen Begegnungen mit der Fernsehkamera bewußt oder unbewußt den vehementen Dirigierstil entwickelte, für den er berühmt geworden ist.

Die *Young People's Concerts* setzten sich durch das ganze Jahr 1972 fort, und wenn man sie als Ganzes betrachtet, sind zumindest noch zwei Dinge daran bemerkenswert. Zunächst die Breite dessen, was sie bringen. Bernstein läßt sein Publikum, das sich glücklich schätzen darf, einen kleinen Einblick in die verschiedensten Dinge gewinnen, von exotischen Musikinstrumenten und der Akustik von Konzertsälen bis hin zu einer ersten Einführung in Tonarten, musikalische Formen und Instrumentierung; von der Musik Amerikas und anderer Nationen bis zum Jazz und zu Volksmusik im symphonischen Gewand; von Bach und Beethoven bis zu Strawinsky, Copland, Hindemith und Mahler. Ebenso eindrucksvoll ist das Aufgebot großer Künstler, die diese Serie, zusammen mit *Omnibus* und den früheren Sendungen mit Bernstein, vor die Fernsehkameras brachte: Paul Tortelier,

Jennie Tourel, Eileen Farrell, Stanley Drucker, Glenn Gould, Aaron Copland, Lynn Harrell, Shirley Verrett, Julius Baker, Christa Ludwig, Walter Berry und Ralph Gomberg, um nur ein paar zu nennen (und dazu hin und wieder etwas Vergnügliches wie ein Auftritt Carol Burnetts, die in der *Omnibus*-Sendung über «American Musical Comedy» Ethel Merman imitierte).

Mit einer bemerkenswerten Ausnahme – *The Unanswered Question*, die sechs «Charles Eliot Norton Lectures» über musikalische Linguistik, die Bernstein 1973 an der Harvard University hielt – trägt das, was auf die *Young People's Concerts* folgte, viel weniger von Bernsteins persönlichem Gepräge. Es spiegelt auf verschiedene Weise seinen Weg als Komponist und Dirigent: vom ersten beispielsweise die Aufführung seiner *Mass* («A Theatre Piece for Singers, Players and Dancers» – ein Theaterstück für Sänger, Instrumentalisten und Tänzer), zum zehnjährigen Bestehen des Kennedy Center, 1981, und andere seiner Bühnenwerke, vom zweiten ein kontinuierlicher Strom aufgezeichneter Konzerte, die viele Orchesterwerke Beethovens sowie seine Oper *Fidelio*, sämtliche Mahler-Symphonien und eine ansehnliche Zahl von Werken amerikanischer Komponisten umfassen – die drei Angelpunkte seiner Dirigententätigkeit, seit er 1969 die Leitung der New Yorker Philharmoniker niederlegte. Bei vielen dieser Konzertauftritte dirigiert er die Wiener Philharmoniker oder das Israel Philharmonic Orchestra, in denen man seit anderthalb Jahrzehnten in erster Linie *seine* Orchester sieht.

Bernsteins Fernsehtätigkeit begann mit Beethoven, und es wäre keine Überraschung, wenn Beethoven auch ihren Ausklang bildete. Anläßlich der 200. Wiederkehr von Beethovens Geburt, 1970, trat Bernstein in *Beethoven's Birthday: A Celebration in Vienna* zugleich als Moderator, Stadtführer, musikalischer Erklärer und Dirigent von Teilen des ersten

Beethovenschen Klavierkonzerts (er dirigierte vom Flügel aus), Auszügen aus *Fidelio* und der «Ode an die Freude» aus der 9. Symphonie auf. Rasch steuert er am abgedroschenen Beethoven-Bild vorbei und erzählt uns, die Ertaubung des Komponisten habe «eine bereits vorhandene neurotische Anlage nur verstärkt», die schlichte Wahrheit über diese von der Legende so oft mit Edelsinn und Langmut umkleidete Figur laute, daß Beethoven «niemals mit etwas zufrieden» gewesen sei, und im Gegensatz zu dem, was man der romantisierten Tradition entnehmen könne, fehle es an Beweisen dafür, «daß er in irgendeiner seiner Liebesbeziehungen jemals den letzten Schritt tat». Ein Teil der Persönlichkeit Beethovens sei nie erwachsen geworden. Doch zugleich, so sein später Verteidiger, sei er zeit seines Lebens «ein Geschöpf voll Anmut, Unschuld und Vertrauen, selbst in den Augenblicken seiner tiefsten Verzweiflung», gewesen.

Dann kommt Bernstein, wie es für ihn typisch ist, richtig auf Touren. «In unseren Tagen, in dieser Welt voll Hoffnungslosigkeit, Qualen und Hilflosigkeit, brauchen wir seine Musik, die wir so lieben ... Diese Musik wird nicht nur in alle Ewigkeit bestehen, sondern ist auch von aller Musik dem Universellen am nächsten gekommen ... Das fragwürdige Klischee von der Musik als einer Sprache der gesamten Menschheit wird bei Beethoven beinahe zur Wahrheit. Niemals hat es einen anderen Komponisten gegeben, der so unmittelbar zu so vielen Menschen spricht, jungen und alten, gebildeten und unwissenden, zu Amateuren und Berufsmusikern, zum anspruchsvollen wie zum naiven Gemüt.» Doch über die Breitenwirkung hinaus, die sich dem Universellen nähere, habe Beethovens Musik ihren Ankergrund in einem zutiefst humanen Bereich. «Diese Musik zeugt von einem universellen Denken, von menschlicher Brüderschaft, Freiheit und Liebe.»

Klischee oder nicht, die Idee des Universellen taucht schon

früh in Bernsteins musikalischen Reflexionen vor den TV-Kameras auf und kehrt häufig wieder. In seinen Sendungen über Jazz und die amerikanische musikalische Komödie, aus der Frühzeit seiner Karriere im Fernsehen, lehnt er die Unterscheidung zwischen «Kunstmusik» und den verschiedenen Gattungen populärer Musik, wie sie vor und unmittelbar nach dem Zweiten Weltkrieg den musikalischen Diskurs bestimmte, als künstlich ab. «Jazz ist Kunst!» erklärt er emphatisch und stellt damit praktisch fest, daß die Merkmale, anhand derer üblicherweise Musik definiert und eingeordnet wird, oberflächlich seien. Zum Beweis führt er an, daß der moderne Jazz sich in seinem Klangbild immer mehr der «Kunstmusik» seiner Zeit annähere und die musikalische Komödie tendenziell der Oper immer ähnlicher werde. Auch in diesem Fall helfen Analogien, die von oberflächlichen Unterscheidungen geschaffenen Gräben zu überbrücken und verborgene Ähnlichkeiten ans Licht zu holen. Das aus dem 18. Jahrhundert stammende halb gesungene, halb gesprochene Genre des Singspiels sei das Musical *Annie Get Your Gun* von damals. Um den Schleier wegzuziehen, «braucht nur der Mozart unserer Zeit daherzukommen. Es könnte in der nächsten Sekunde geschehen.»

Die tiefere Einheit der Musik gehe über die westlichen Formen und Stile hinaus. In einer Sendung über japanische Musik sagt Bernstein: «Es war von jeher das besondere Talent der Japaner, Elemente aus anderen Kulturen zu übernehmen, und sie sich dann so tief zu eigen zu machen, daß sie irgendwann in japanischer Gestalt wiederauftauchen. *Gagaku* beispielsweise... wurde vor mehr als tausend Jahren von den Chinesen und den Koreanern entlehnt und dann zur japanischen Hofmusik umgeformt.»

Ihren intensivsten Ausdruck fand Bernsteins Suche nach universellen Gemeinsamkeiten in den «Norton Lectures» in Harvard. Hier dehnt er sie über den Bereich der Musik hinaus auf die Verbindungen zwischen allen Formen menschlicher Kommunikation aus. Dazu bedient er sich einer Reihe detailliert und reich illustrierter Übertragungen von Begriffen aus Chomskys struktureller Linguistik in musikalische Äquivalente.

Die «Norton Lectures», bei denen sich Bernstein wie in den frühen *Omnibus*-Sendungen einer Vielzahl von visuellen Hilfsmitteln, Requisiten und musikalischen Demonstrationen – dargeboten am Klavier allein oder auch orchestral – bedient, haben im Kontext seiner Entwicklung eine doppelte Bedeutung: Sie sind die Frucht einer lebenslangen geistigen und künstlerischen Odyssee. Zugleich demonstrieren sie die Möglichkeiten und die Vielseitigkeit des Fernsehens als eines pädagogischen Mediums. Die Suche nach dem Gemeinsamen in der Musik der Menschheit scheint ihr Ziel – oder zumindest einen Zustand der Ruhe – erreicht zu haben. Das Fernsehen durfte Bernstein auf seinem Weg nicht nur passiv beobachtend, sondern in aktiver Partnerschaft begleiten.

VI

CLAUS-DIETER SCHAUMKEIL
Discographie Leonard Bernstein

B ei der Erarbeitung der Aufstellung sämtlicher offizieller
Schallplattenaufnahmen des amerikanischen Dirigenten
Leonard Bernstein wurde eine menschenmögliche Vollstän-
digkeit zumindest angestrebt. Ich habe mich darum bemüht,
den letzten Bestellnummernstand der jeweiligen Veröffentlichung zu dokumentieren. Bei CD-Erst- oder Wiederveröf-
fentlichungen sind entsprechende Hinweise auf die LP-
Alternativ-Bestellnummern unterblieben, wenn es sich um
längere Musikstücke handelt. Nicht verzichten wollte ich
allerdings auf die entsprechenden Kopplungshinweise, wenn
sich mehrere verschiedene Musikstücke verschiedener Komponisten auf ein und derselben LP- oder CD-Veröffentli-
chung befinden oder wenn auf derselben LP oder CD auch
ein anderer Dirigent mit einem anderen Orchester vertreten
ist. Bei Schallplatten, die mittlerweile von der jeweiligen
Firma wieder aus dem Katalog gezogen und daher für den
potentiellen Käufer zur Zeit nicht erhältlich sind, habe ich
den Hinweis «inzwischen gestrichen» in der Hoffnung benutzt, daß sich bei dringlicher Nachfrage die eine oder andere
Firma auf ihren jeweiligen Midprice-Labels doch zu einer
baldigen Wiederveröffentlichung entschließen möge.

JOHANN SEBASTIAN BACH
Konzert Nr. 1 d-moll
BWV 1052
G. Gould, Columbia Sym-
phony Orchestra
CBS MY-38524 (dito Philips
A 01360 L, inzw. gestr.)

Violinkonzert E-dur BWV 1042
I. Stern, New Yorker Philhar-
moniker
CBS 61 573 (inzw. gestr.) +
CBS 72 531 (inzw. gestr.)

Konzert Nr. 9 für Violine und
Oboe BWV 1960
I. Stern, H. Gomberg,
New Yorker Philharmoniker
CBS 42 228 (2 LP) + CBS
72 531 (inzw. gestr.)

Magnificat D-dur BWV 243
L. Venora, J. Tourel, R. Ober-
lin, C. Bressler, N. Farrow,
Schola Cantorum, New Yorker
Philharmoniker
CBS MS-6375 (inzw. gestr.)

Matthäus-Passion BWV 244 –
englisch gesungen
A. Addison, B. Allen, C. Bressler, D. Lloyd, D. Bell, W. Wil-
derman, Transfiguration Boys'
Choir, The Collegiate Choral
Society, New Yorker Philharmoniker
CBS 72 159/61 (inzw. gestr.)

SAMUEL BARBER
Adagio aus dem Streichquartett
h-moll op. 11
New Yorker Philharmoniker

CBS M 30573 (inzw. gestr.) +
2CBS MG-31155 (+ Copland/
Ives/Piston)
Los Angeles Philharmonic
Orchestra
DG CD 413 324-2 + CD
415 895-2

Violinkonzert op. 14
I. Stern, New Yorker Philhar-
moniker
CBS 39070 (+ *Klavierkonzert*
op. 38) + CBS MS-6713
(+ *Violinkonzert* Hindemith)

BÉLA BARTÓK
Konzert für 2 Klaviere, Schlag-
zeug und Orchester
A. Gold, R. Fizdale, New Yorker Philharmoniker
CBS MS-6956 + 72543 (inzw.
gestr.)

Violinkonzert Nr. 2 in h-moll
I. Stern, New Yorker Philhar-
moniker
CBS 60 292 + CBS MP-38886

Musik für Saiteninstrumente,
Schlagzeug und Celesta
New Yorker Philharmoniker
CBS MS-6956
Symphonieorchester des Baye-
rischen Rundfunks
Hungaroton HCD 12631
(+ Bernstein/Brahms)

Rhapsodien für Violine und
Orchester Nr. 1 + 2
I. Stern, New Yorker Philhar-
moniker
CBS 60 292 + CBS MP-38886

LUDWIG VAN BEETHOVEN
Sinfonien Nr. 1–9
M. Arroyo, R. Sarfaty, N. Di
Virgilio, N. Scott, Juilliard
Chor, New Yorker Philhar-
moniker
CBS 77 703 (7 LP) + CBS D8S-
815 (dito einzeln)
G. Jones, H. Schwarz, R. Kol-
lo, K. Moll, Chor der Wiener
Staatsoper, Wiener Philhar-
moniker
DG 2740 216 (8 LP, dito ein-
zeln)

Sinfonie Nr. 1 c-dur op. 21
CBS CD MK 42219 (+ *Ouver-
türe König Stephan op. 117* +
Sinfonie Nr. 2 D-dur op. 36)
DG CD 419 434-2 (+ *Sinfonie
Nr. 7 A-dur op. 92*)

Sinfonie Nr. 2 D-dur op. 36
CBS CD MK 42219 (+ *Ouvertüre König Stephan op. 117* +
1. Sinfonie)
DG 410 836-1 (+ *1. Sinfonie*)
+ DG CD 423 049-2
(+ *4. Sinfonie*)

*Sinfonie Nr. 3 Es-dur op. 55
(Eroica)*
CBS 61 331 (+ Erläuterungen,
inzw. gestr.)
CBS CD MK 42220 (+ *Ouver-
türen zu Egmont op. 84* und
Fidelio op. 72 b)
DG CD 413 778-2 (+ *Ouver-
türe zu Egmont op. 84*)

Sinfonie Nr. 4 B-dur op. 60
CBS CD MK 42221
(+ *5. Sinfonie*)

DG CD 423 049-2
(+ *2. Sinfonie*)

*Sinfonie Nr. 5 c-moll op. 67
(Schicksals-Sinfonie)*
CBS CD MK 42221 (+ *4. Sinfonie*) + CD MYK 42544
(+ *8. Sinfonie Schubert*)
DG CD 419 435-2 (+ *8. Sinfonie* + *Ouvertüre* zu *Fidelio
op. 72 b*)

*Sinfonie Nr. 6 F-dur op. 68
(Pastorale)*
CBS CD MK 42222 (+ *Leono-
re-Ouvertüre Nr. 3 op. 77 a* +
Die Weihe des Hauses op. 124)
DG CD 413 779-2 (+ *3. Leono-
re-Ouvertüre op. 77 a*)

Sinfonie Nr. 7 A-dur op. 92
CBS CD MK 42223
(+ *8. Sinfonie*)
DG 419 434-2 (+ *1. Sinfonie*)

Sinfonie Nr. 9 d-moll op. 125
CBS CD MK 42224
DG CD 410 859-2

*Leonore-Ouvertüre Nr. 3
D-dur op. 72 a*
New Yorker Philharmoniker
CBS 79200 (*Das Konzert des
Jahrhunderts*, (inzw. gestr.)
+ CBS M2X-34256

*Ouvertüren (Egmont/Leonore 3/
Coriolan/König Stephan/
Fidelio)*
New Yorker Philharmoniker
CBS M-30079

*Ouvertüren (Egmont/Corio-
lan/Fidelio/Leonore 3/Die Ge-*

schöpfe des Prometheus/König Stephan)
Wiener Philharmoniker
DG 2531 347

Streichquartett cis-moll op. 131
(Fassung für Streichorchester)
Wiener Philharmoniker
DG CD 419 439-2 (+ *Ouvertüren* zu *Die Geschöpfe des Prometheus op. 43/Coriolan op. 62/ König Stephan op. 117)*

Klavierkonzert Nr. 1 C-dur
op. 15
L. Bernstein, New Yorker Philharmoniker
CBS 72 108 (inzw. gestr.)

Klavierkonzert Nr. 2 B-dur
op. 19
G. Gould, Columbia Symphony Orchestra
CBS ML-5211 (+ Bach *Konzert Nr. 1 b-moll* BWV 1052 (inzw. gestr.)

Klavierkonzert Nr. 3 c-moll
op. 37
G. Gould, Columbia Symphony Orchestra
CBS 77 409 + 72 796 (inzw. gestr.)
R. Serkin, New Yorker Philharmoniker
CBS CD MK 42259
(+ *1. Klavierkonzert* mit Serkin/Ormandy)
CBS MY-38526 (+ *Chorfantasie op. 80*)

Klavierkonzert Nr. 4 G-dur
op. 58

G. Gould, New Yorker Philharmoniker
CBS Odyssey Y4-34640 (inzw. gestr.) + CBS 72 249 (inzw. gestr.)

Klavierkonzert Nr. 5 Es-dur
op. 73
R. Serkin, New Yorker Philharmoniker
CBS CD MYK 42529 + CD MK 42260 (+ *4. Klavierkonzert* Serkin/Ormandy)

Chorfantasie c-moll op. 80
R. Serkin, Westminster Chor, New Yorker Philharmoniker
CBS MY-38526 (+ *3. Klavierkonzert*)

Klavierkonzert Nr. 4 G-dur
op. 58 + Sinfonie Nr. 5 c-moll
op. 67 + Leonore-Ouvertüre
Nr. 3 C-dur op. 72 a
C. Arrau, Symphonieorchester des Bayerischen Rundfunks
DG 2721 153 (inzw. gestr.)

Violinkonzert D-dur op. 61
I. Stern, New Yorker Philharmoniker
CBS MY-37224 + 2 CBS MG-31418 (+ *Violinkonzert* Brahms Stern/Ormandy)

Missa solemnis D-dur op. 123
E. Farrell, C. Smith, R. Lewis, K. Borg, Westminster Chor, New Yorker Philharmoniker
CBS M-25619 + CBS 77208 (beide inzw. gestr.)
E. Moser, H. Schwarz, R. Kollo, K. Moll, Niederländischer

Rundfunkchor, Concertge-
bouw-Orchester
DG CD 413 780-2

Fidelio-Gesamtaufnahme
G. Janowitz, L. Popp,
R. Kollo, A. Dallapozza,
K. Terkal, H. Sotin, D. Fischer-
Dieskau, M. Jungwirth,
A. Sramek, Chor der Wiener
Staatsoper, Wiener Philhar-
moniker
DG CD 419 436-2

VINCENZO BELLINI
*La Sonnambula (Die Nacht-
wandlerin)*-Gesamtaufnahme
M. Callas, E. Ratti, C. Valletti,
G. Modesti, Chor und Orche-
ster der Mailänder Scala
Fonit-Cetra Opera Live LO 32
(inzw. gestr.)
Great Opera Performances
G. O. P. 12

ALBAN BERG
*Violinkonzert (Dem Andenken
eines Engels)*
I. Stern, New Yorker Philhar-
moniker
CBS 42 139 (+ *Kammerkonzert
für Klavier und Violine*) + CBS
CD MK 42139

HECTOR BERLIOZ
*Rakoczy-Marsch aus «Fausts
Verdammnis» op. 24*
New Yorker Philharmoniker
CBS 30 023 (+ *Römischer Kar-
neval* etc.)

Harold in Italien
W. Lincer, New Yorker Phil-
harmoniker
CBS 72 112 (inzw. gestr.) +
CBS 78 281 (+ *Römischer Kar-
neval* + *Romeo und Julia* Aus-
züge, inzw. gestr.)
D. Mac Innes, Orchestre
National de France
EMI 1 C 065-02893 (inzw.
gestr.)

Römischer Karneval
New Yorker Philharmoniker
CBS 30 023

Symphonie fantastique op. 14 a
New Yorker Philharmoniker
CBS MY-38475
Orchestre National de France
EMI CD 555-769002-2

Requiem op. 5
S. Burrows, Choeurs de Radio
France, Orchestre National de
France, Orchestre Philharmo-
nique de Radio France
CBS 79205 (2 LP)

Der Tod der Cleopatra
J. Tourel, New Yorker Philhar-
moniker
CBS CMS-6438
(+ Ravel *Shéhérazade*)

LEONARD BERNSTEIN
Candide-Ouvertüre
New Yorker Philharmoniker
CBS CD MK 42263
Los Angeles Philharmonic
Orchestra
DG CD 413 324-2

Divertimento für Orchester
Israel Philharmonic Orchestra
DG CD 415 966-2
Symphonieorchester des Baye-
rischen Rundfunks
Hungaroton CD HCD 12631
(+ Bartok + Brahms)

*Facsimile (Choreographisches
Essay für Orchester)*
New Yorker Philharmoniker
CBS MS-6792 (+ *Chichester
Psalm*) + 2 CBS MG-32174
(*Bernstein dirigiert Bernstein*)
Israel Philharmonic Orchestra
DG IMS 2532052

Fancy Free (Ballett)
New Yorker Philharmoniker
2 CBS MG-32174
Israel Philharmonic Orchestra
DG IMS 2531 196 (+ *Serenade*)

*Dybbuk (2 Suiten aus dem
Ballett)*
P. Sperry, B. Fifer, New Yor-
ker Philharmoniker
DG IMS 2531348
D. Johnson, J. Ostendorf, New
York City Ballet Orchestra
CBS 76486 (inzw. gestr.)

Halil
J. P. Rampal, Israel Philharmonic Orchestra
DG CD 415 966-2 (+ *Divertimento + Meditationen aus
«Mass» + On the Town-Tanz-
episoden*)

On the Town (3 Tanzszenen)
New Yorker Philharmoniker
CBS CD MK 42263

Israel Philharmonic Orchestra
DG CD 415 966-2

*On the Waterfront – Sympho-
nische Suite*
New Yorker Philharmoniker
CBS CD MK 42263
Israel Philharmonic Orchestra
DG CD 415 253-2 (+ Gesamt-
aufnahme *West Side Story*)

Präludium, Fuge und Riffs
B. Goodman, L. Bernstein,
Columbia Jazz Combo
CBS CD MK 42227 (+ Bartók/
Copland/M. Gould/
Strawinsky)

*Serenade für Solo-Violine,
Streichorchester, Harfe und
Schlagzeug*
Z. Francescatti, New Yorker
Philharmoniker
CBS MS-7058 (+ Copland
Orgel-Symphonie)

*Serenade für Solo-Violine,
Streichorchester, Harfe und
Schlagzeug*
G. Kremer, Israel Philharmonic
Orchestra
DG IMS 2531 196 (+ *Fancy
Free*)

Sinfonie Nr. 1 (Jeremiah)
J. Tourel, New Yorker Philhar-
moniker
CBS ML-5703 + 78 228 (beide
inzw. gestr.)
C. Ludwig, Israel Philharmonic
Orchestra
DG CD 415 964-2 (+ *Sinfonie
Nr. 2*)

Sinfonie Nr. 2 (The Age of Anxiety)
P. Entremont, New Yorker Philharmoniker
CBS ML-5703 (inzw. gestr.)
L. Foss, Israel Philharmonic Orchestra
DG CD 415964-2
(+ *1. Sinfonie*)

Sinfonie Nr. 3 (Kaddish)
M. Caballé, M. Wager, Wiener Jeunesse-Chor, Wiener Sängerknaben, Israel Philharmonic Orchestra
DG IMS 2530970

Chichester Psalms Nr. 1-3
Camerata Singers, New Yorker Philharmoniker
CBS MS-6792 (+ *Facsimile*)
1 Wiener Sängerknabe, Wiener Jeunesse-Chor, Israel Philharmonic Orchestra
DG CD 415965-2
(+ *Songfest*)

Mass (Messe)
Gesamtaufnahme mit A. Titus, Norman Scribner Chor, Berkshire Knabenchor, Ailey American Dance Theater
CBS CD M2K 31008

2 Meditationen aus «Mass»
2 CBS MG-32174 (*Bernstein dirigiert Bernstein*)

Meditationen 1-3 aus «Mass»
M. Rostropowitsch, Israel Philharmonic Orchestra
DG CD 415966-2 (*Bernstein dirigiert Bernstein*)

On the Town
Gesamtaufnahme mit N. Walker, B. Comden, A. Green, J. Reardon, C. Alexander und Orchester
CBS 32315 (inzw. gestr.)

West Side Story-Gesamtaufnahme
K. Te Kanawa, T. Troyanos, M. Horne, J. Carreras, K. Ollmann, Chor und Orchester
DG CD 415253-2 (*On the Waterfront – Symphonische Suite*)
Querschnitt aus der Gesamtaufnahme
DG CD 415963-2

Symphonische Tänze aus der «West Side Story»
Los Angeles Philharmonic Orchestra
DG CD 410025-2 (+ Gershwin)

A Quiet Place-Gesamtaufnahme
B. Morgan, J. Kraft, W. White, C. Ludgin, T. Uppman, J. Brandstetter, P. Kazaras u. a., ORF-Symphonie-Orchester
DG CD 419761-2

GEORGES BIZET
Musik von Bizet
New Yorker Philharmoniker
CBS MS-7517

L'Arlésienne-Suiten 1 + 2
New Yorker Philharmoniker
CBS CD MYK 42524
(+ *Carmen-Suiten 1 + 2*)

Sinfonie Nr. 1 C-dur
New Yorker Philharmoniker
CBS 61071 (+ Dukas + Proko-
fieff)
CBS MY-36725 (+ *1. Sinfonie*
Prokofieff)

Carmen-Gesamtaufnahme
M. Horne, A. Maliponte,
C. Boky, M. Baldwin, J. Mac-
Cracken, T. Krause,
D. Gramm, R. Gribbs,
R. Christopher, A. Velis, Man-
hattan Opernchor, Orchester
der Metropolitan Oper New
York
DG 413 279-1 (3 LP)

Carmen-Suite Nr. 1 + 2
New Yorker Philharmoniker
CBS CD MYK 42524
(+ *L'Arlésienne-Suiten 1 + 2*
+ *Carmen-Suite Nr. 2*)

Carmen-Vorspiel 1. + 3. Akt
New Yorker Philharmoniker
CBS 30011

ERNEST BLOCH
*Sacred Service (Avodath
Hakodesh)*
R. Merrill, Chöre und New
Yorker Philharmoniker
CBS MS-6221

ALEXANDER BORODIN
*Eine Steppenskizze aus
Mittelasien*
New Yorker Philharmoniker
CBS MY-37770 + 60044

*Polowetzer Tänze aus
«Fürst Igor»*

New Yorker Philharmoniker
CBS 60044 + 71057 (inzw.
gestr.) CBS 60044

JOHANNES BRAHMS
Akademische Festouvertüre
New Yorker Philharmoniker
CBS 30018 (*Brahms' Greatest
Hits*)

*Klavierkonzert Nr. 1 d-moll
op. 15*
Krystian Zimerman, Wiener
Philharmoniker
DG CD 413 472-2

*Klavierkonzert Nr. 2 B-dur
op. 83*
A. Watts, New Yorker Philharmoniker
CBS 72 688 (inzw. gestr.) +
61 630 (inzw. gestr.)
K. Zimerman, Wiener Philharmoniker
DG CD 415 359-2

*Sinfonien Nr. 1-4 + Haydn-
Variationen + Akademische
Festouvertüre + Tragische
Ouvertüre*
Wiener Philharmoniker
DG 2741 023 (4 LP) – auch in
Einzelveröffentlichungen

Sinfonie Nr. 1 c-moll op. 68
DG CD 410 081-2

*Sinfonie Nr. 2 D-dur op. 73 +
Akademische Festouvertüre
op. 80*
DG CD 410 082-2
New Yorker Philharmoniker
CBS 72 096 (ohne Festouver-
türe, inzw. gestr.)

Sinfonie Nr. 3 F-dur op. 90 +
Haydn-Variationen op. 56 a
DG CD 410083-2

Sinfonie Nr. 4 e-moll op. 98 +
Tragische Ouvertüre op. 81
DG 410084-2

Serenade Nr. 2 A-dur op. 16
New Yorker Philharmoniker
CBS 73 197 (inzw. gestr.)

Violinkonzert D-dur op. 77
G. Kremer, Wiener Philhar-
moniker
DG CD 410029-2

Doppelkonzert a-moll op. 102
+ Akademische Festouvertüre
op. 80
G. Kremer, M. Maisky, Wiener
Philharmoniker
DG CD 410031-2

Ungarischer Tanz Nr. 6 D-dur
New Yorker Philharmoniker
CBS 30018 (*Brahms' Greatest*
Hits) Symphonieorchester des
Bayerischen Rundfunks
Hungaroton CD HCD 12631
(+ Bartók + Bernstein)

Verschiedene Lieder
C. Ludwig, L. Bernstein
(Klavier)
CBS 76379 (inzw. gestr.)

BENJAMIN BRITTEN
4 Zwischenspiele op. 33 a +
Passacaglia op. 33 b aus «Peter
Grimes»
New Yorker Philharmoniker
CBS 76640 (inzw. gestr.)

Suite op. 90 (A Time there Was)
New Yorker Philharmoniker
CBS 76640 (inzw. gestr.)

The Young Person's Guide to
the Orchestra
New Yorker Philharmoniker
CBS MS-6368 (+ Saint-Saëns
Karneval der Tiere)

DAVE HOWARD BRUBECK
Adagio-Ballad
New Yorker Philharmoniker,
D. Brubeck Quartett
CBS 62071 (inzw. gestr.)

Allegro Blues
New Yorker Philharmoniker
CBS 64377 (inzw. gestr.)

Dialogues for Jazz Combo
& Orchestra
D. Brubeck Quartett, New
Yorker Philharmoniker
CBS 39768

ANTON BRUCKNER
Sinfonie Nr. 9 d-moll
(Dem lieben Gott)
New Yorker Philharmoniker
CBS 61646 (inzw. gestr.)

ELLIOTT CARTER
Concerto for Orchestra
New Yorker Philharmoniker
CRI S-469 (+ *Syringa von*
Elliott) + CBS 73 198
(+ Copland, inzw, gestr.)

ALEXIS EMANUEL CHABRIER
Espana (Rhapsodie für Orche-
ster)

New Yorker Philharmoniker
CBS 77 255 (2 LP) + CBS MY-
37769 (+ Dukas/Ravel/Saint-
Saëns)

CARLOS CHÁVEZ
Sinfonie Nr. 1 (Sinfonia India)
New Yorker Philharmoniker
CBS 61 059 (inzw. gestr.)

LUIGI CHERUBINI
Medea-Gesamtaufnahme
M. Callas, F. Barbieri,
M. L. Nache, G. Penno,
G. Modesti, Chor und Orche-
ster der Mailänder Scala (1953)
Fonit-Cetra CDE 1019
Great Opera Performances
G. O. P. 22

AARON COPLAND
Appalachian Spring (Ballett)
New Yorker Philharmoniker
CBS CD MK 42265 (*Bernstein
dirigiert Copland*)
Los Angeles Philharmonic
Orchestra
DG CD 413 324-2 (+ Barber/
Bernstein/Schuman)

Billy the Kid (Ballett-Suite)
New Yorker Philharmoniker
CBS CD MK 42265 (+ *Rodeo*)

Klavierkonzert
A. Copland, New Yorker Phil-
harmoniker
CBS MS-6698 (+ *Music for the
Theater*)

Danzón Cubano
New Yorker Philharmoniker

CBS MY-36727 + CBS CD
MK 42265 (*Bernstein dirigiert
Copland*)

Fanfare for the Common Man
New Yorker Philharmoniker
CBS CD 42265 (*Bernstein
dirigiert Copland*)

Music for the Theater
New Yorker Philharmoniker
CBS MS-6698 (+ *Klavier-
konzert*)

Quiet City
New Yorker Philharmoniker
DG CD 419 170-2 (+ *Sinfonie
Nr. 3*)

Rodeo (Ballett)
New Yorker Philharmoniker
CBS MY-36727 (+ *Billy the
Kid-Suite*)

El Salón México
New Yorker Philharmoniker
CBS CD MLK-39443

Sinfonie Nr. 3
New Yorker Philharmoniker
DG CD 419 170-2 (+ *Quiet
City*)

CLAUDE DEBUSSY
La Mer
New Yorker Philharmoniker
CBS MS-6754 (+ Ravel)

*Prélude à l'après-midi d'un
faune*
New Yorker Philharmoniker
CBS CD MLK-39444 + CBS
MS-6754 (+ Ravel)

Trois Nocturnes (Nuages, Fêtes, Sirènes)
New Yorker Philharmoniker
CBS MS-7523 (+ *Prélude*, inzw. gestr.)

DAVID DIAMOND
Sinfonie Nr. 4
New Yorker Philharmoniker
New World 258 (+ *7. Sinfonie* von Peter Mennin)

PAUL DUKAS
Der Zauberlehrling
New Yorker Philharmoniker
CBS 61071 (+ Bizet + Prokofieff)

ANTONIN DVOŘÁK
Karneval-Ouvertüre op. 92
New Yorker Philharmoniker
CBS 30012 (*Dvořák's Greatest Hits*)

Sinfonie Nr. 9 e-moll (Aus der Neuen Welt)
New Yorker Philharmoniker
CBS 72098 (inzw. gestr.) + CBS Frankreich 75098

Klavierkonzert g-moll op. 33
J. Frantz, New Yorker Philharmoniker
CBS 76480 (inzw. gestr.)

EDWARD ELGAR
Enigma-Variationen op. 36
BBC Symphony Orchestra
DG CD 413 490-2 (*Bernstein dirigiert Elgar*)

Pomp and Circumstance Marsch op. 39, 1
New Yorker Philharmoniker
CBS MS-7271

Pomp and Circumstance Märsche op. 39, 1 + 2
BBC Symphony Orchestra
DG CD 413 490-2 (*Bernstein dirigiert Elgar*)

Crown of India-Suite op. 66: March of the Mogul Emperors
BBC Symphony Orchestra
DG CD 413 490-2 (*Bernstein dirigiert Elgar*)

MANUEL DE FALLA
Suite aus «Der Dreispitz»
New Yorker Philharmoniker
CBS 71016 (inzw. gestr.)

Fandango + Seguidillas aus «Der Dreispitz»
New Yorker Philharmoniker
CBS 77255 (2 LP)

Zwischenspiel und Tanz aus «La vida breve»
New Yorker Philharmoniker
CBS 77255 (2 LP)

Der Liebeszauber (El amor brujo)
M. Horne, New Yorker Philharmoniker
CBS 76707 (+ Ravel *Shéhérazade*, inzw. gestr.)

Feuertanz aus «Der Liebeszauber»
New Yorker Philharmoniker
CBS 77255 (2 LP)

GABRIEL FAURÉ
Ballade Fis-dur op. 19 für
Klavier und Orchester
R. Casadesus, New Yorker
Philharmoniker
CBS 61 712 (+ *4. Klavierkon-*
zert Saint-Saëns) + CBS BRG
72 105 (beide inzw. gestr.)

LUKAS FOSS
Song of Songs
J. Tourel (Mezzosopran),
L. Bernstein (Klavier)
CRI S-284E (+ *3. Sinfonie* von
Wallingford Riegger)

CÉSAR FRANCK
Sinfonie d-moll
Orchestre National de France
DG CD 400 070-2 (+ *Le Rouet*
de l'Omphale von Saint-Saëns)

GEORGE GERSHWIN
Ein Amerikaner in Paris
RCA Victor Symphony
Orchestra
RCA SMA 7016 + RCA VL
45492 (+ Resphighi, beide
inzw. gestr.)
New Yorker Philharmoniker
CBS CD MK 42264 (+ *Rhap-*
sody in Blue + Grofé *Grand*
Canyon Suite)
CBS CD MYK 42611 (+ *Rhap-*
sody in Blue)

Prelude Nr. 2 cis-moll
L. Bernstein (Klavier)
DG CD 410 025-2 (*Rhapsody*
in Blue + *Symphonische Tänze*
aus Bernsteins *West Side Story*

Rhapsody in Blue
Columbia Symphony Orches-
tra, L. Bernstein (Pianist +
Dirigent)
CBS CD MK 42264 (+ *Ein*
Amerikaner in Paris + Grofé
Grand Canyon Suite)
CBS CD MYK 42611 (+ *Ein*
Amerikaner in Paris)
Los Angeles Philharmonic
Orchestra, L. Bernstein
(Pianist + Dirigent)
DG CD 410 025-2 (+ *Sympho-*
nische Tänze aus Bernsteins
West Side Story)

REINHOLD GLIÈRE
Russischer Seemannstanz aus
dem Ballett «Der rote Mohn»
(The Red Poppy)
New Yorker Philharmoniker
CBS 71026 (inzw. gestr.) +
CBS 60 044 (+ Borodin/
Glinka/Ippolitov-Ivanov/
Moussorgsky/Rimsky-Korssa-
koff)

MICHAEL GLINKA
Ouvertüre «Ruslan und
Ludmilla»
New Yorker Philharmoniker
CBS MY-37770 + CBS D3S-
818 + CBS 60 044
(siehe Glière etc.)

KARL GOLDMARK
Ländliche Hochzeit op. 26
New Yorker Philharmoniker
CBS 61 069 (inzw. gestr.) +
CBS MS-7261 (inzw. gestr.)

CHARLES GOUNOD
Ballettmusik aus «Margarethe»
(«Faust»)
New Yorker Philharmoniker
CBS MS-7415 (+ Ponchielli/
Verdi, inzw. gestr.)

EDVARD GRIEG
Peer Gynt Suite Nr. 1 op 46 +
Peer Gynt Suite Nr. 2 op. 55
New Yorker Philharmoniker
CBS CD MYK 42543 (+ Sibe-
lius) + CBS CD MYK 36718
(+ Sibelius)

Norwegischer Tanz op. 35, 2
New Yorker Philharmoniker
CBS 30004 (*Grieg's Greatest
Hits*)

FERDE GROFÉ
Grand Canyon Suite
New Yorker Philharmoniker
CBS CD 42264 (+ Gershwin)
CBS MY-37759 (+ *Mississippi
Suite*)

Mississippi Suite
New Yorker Philharmoniker
CBS MY-37759 (+ *Grand
Canyon Suite*)

CAMARGO GUÀRNIERI
*Brasilianischer Tanz (Dansa
Brasileira)*
New Yorker Philharmoniker
CBS 61059 (+ diverse latein-
amerikanische Tänze, inzw.
gestr.)
CBS 72186 (+ diverse latein-
amerikanische Tänze, inzw.
gestr.)

GEORG FRIEDRICH HÄNDEL
Der Messias (The Messiah)
englisch gesungen
A. Addison, R. Oberlin,
D. Lloyd, W. Warfield, West-
minster Chor, New Yorker
Philharmoniker
CBS M2S-603 + CBS XM-
6928 (Auszüge aus der Gesamt-
aufnahme)

ROY HARRIS
*Sinfonie Nr. 3 A-dur (in einem
Satz)*
New Yorker Philharmoniker
CBS 61681 + CBS ML-5703
(beide inzw. gestr.)
DG CD 419780-2 (+ Schuman
Sinfonie Nr. 3)

JOSEPH HAYDN
*Messe Nr. 9 C-dur (Pauken-
messe)*
J. Blegen, B. Fassbaender,
C. H. Ahnsjö, H. Sotin, Chor
und Sinfonieorchester des
Bayerischen Rundfunks
Philips CD 412734-2

*Messe Nr. 11 d-moll (Nelson-
Messe)*
J. Blegen, G. Killebrew,
K. Riegel, S. Estes, Westmin-
ster Chor, New Yorker Phil-
harmoniker
CBS MP-39759 (+ Auszüge
aus *Die Schöpfung*)

*Messe Nr. 12 B-dur (Theresien-
Messe)*
L. Popp, R. Elias, R. Tear,

P. Hudson, London Symphony
Orchestra und Chor
CBS 39 845

*Messe Nr. 14 B-dur (Harmonie-
Messe)*
J. Blegen, F. von Stade, K. Rie-
gel, S. Estes, Westminster
Chor, New Yorker Philhar-
moniker
CBS 39 845

Die Schöpfung (The Creation)
deutsch gesungen – Auszüge
J. Raskin, A. Young, J. Rear-
don, Camerata Singers, New
Yorker Philharmoniker
CBS MP-39759 (+ *Nelson-
Messe*)

Die Schöpfung (The Creation)
deutsch gesungen
J. Raskin, A. Young, J. Rear-
don, Camerata Singers, New
Yorker Philharmoniker
CBS 77221 (inzw. gestr.)
J. Blegen, L. Popp, T. Moser,
K. Moll, K. Ollmann, Chor
und Sinfonieorchester des
Bayerischen Rundfunks
DG CD 419 765-2

*Sinfonien Nr. 82 – 87 (Die 6
Pariser Sinfonien)*
New Yorker Philharmoniker
CBS D3S-769
*Sinfonie Nr. 88 G-dur + Nr. 92
G-dur (Oxford-Sinfonie)*
Wiener Philharmoniker
DG CD 413 777-2

*Sinfonie Nr. 93 D-dur + Nr. 94
G-dur (mit dem Paukenschlag)*

New Yorker Philharmoniker
CBS M-32101

*Sinfonie Nr. 94 G-dur (mit dem
Paukenschlag)*
New Yorker Philharmoniker
CBS MP-39025 (+ *Sinfonie
Nr. 101 D-dur «Die Uhr»*)
Wiener Philharmoniker
DG CD 419 233-2 (+ *Sinfonia
concertante B-dur*)

*Sinfonie Nr. 97 C-dur + Nr. 98
B-dur*
New Yorker Philharmoniker
CBS M-35844

*Sinfonie Nr. 101 D-dur («Die
Uhr»)*
New Yorker Philharmoniker
CBS MP-39025 (+ *Sinfonie
Nr. 94 G-dur*)

Sinfonia concertante B-dur
R. Küchl, F. Bartolomey,
W. Lehmayer, M. Werba,
Wiener Philharmoniker
DG CD 419 233-2

LOUIS JOSEPH FERDINAND
HÉROLD
Ouvertüre «Zampa»
New Yorker Philharmoniker
CBS D3S-818 (diverse Ouver-
türen und Zwischenspiele) +
CBS MY-37240 (+ Rossini/
Suppé/Thomas)

PAUL HINDEMITH
Violinkonzert
I. Stern, New Yorker Philhar-
moniker

CBS MS-6713 (+ Barber
Violinkonzert)

Sinfonie in Es
New Yorker Philharmoniker
CBS 60288 + CBS MP-38754
(beide + *Sinfonische Metamorphosen*)

*Sinfonische Metamorphosen
Weber'scher Themen*
New Yorker Philharmoniker
CBS 60288 + CBS MP-38754
(beide + *Sinfonie in Es*)

GUSTAV HOLST
*Die Planeten op. 32 (Suite für
großes Orchester)*
New Yorker Philharmoniker
CBS CD MYK 42545

MICHAIL IPPOLITOV-IVANOV
*Prozession des Sardar aus
«Kaukasische Skizzen» op. 10*
New Yorker Philharmoniker
CBS 60044 (+ Borodin/Glière/
Glinka/Mussorgsky/Rimsky-
Korssakoff)

CHARLES IVES
*Central Park in the Dark +
Decoration Day +
The Unanswered Question +
Sinfonie Nr. 3 (The Camp
Meeting*)
New Yorker Philharmoniker
CBS 60268 + CBS MP-38777

Circus Band Marsch
New Yorker Philharmoniker
CBS M3X-31068 (diverse
Orchesterstücke verschiedener
Komponisten)

Sinfonie Nr. 2 + Nr. 3
New Yorker Philharmoniker
CBS 39841
(+ *Sinfonie Nr. 1 + 4*)
CBS CD MK 42407
(+ *The Unanswered Question*)

Sinfonie Nr. 5 (Holidays)
Camerata Singers, New Yorker
Philharmoniker
CBS 39556

LEOS JANÁČEK
Glagolitische Messe
H. Pilarczyk, J. Martin,
N. Gedda, G. Gaynes, West
minster Chor, New Yorker
Philharmoniker
CBS SBRG 7236 (inzw. gestr.)

FRANZ LISZT
Eine Faust-Sinfonie
C. Bressler, Choral Art Soci-
ety, New Yorker Philharmo-
niker
CBS 71038/39 (inzw. gestr.)
K. Riegel, Tanglewood Fest-
spielchor, Boston Symphony
Orchestra
DG 415009-1 (+ Tschaikow-
sky *Francesca da Rimini*)

Klavierkonzert Nr. 1 Es-dur
A. Watts, New Yorker Philharmoniker
CBS MS-6955 (+ Chopin *Klavierkonzert Nr. 2* Watts/Schip-
pers)

Les Préludes
New Yorker Philharmoniker
CBS 30017 (*Liszt's Greatest
Hits*) + CBS MY-37772

Ungarische Rhapsodie Nr. 1
New Yorker Philharmoniker
CBS MY-37772 (*Orchester-
werke von Liszt*)

Gustav Mahler
Kindertotenlieder
J. Tourel, New Yorker Philhar-
moniker CBS 72182/3
(+ *Sinfonie Nr. 5*, inzw. gestr.)
J. Baker, Israel Philharmonic
Orchestra
CBS CD M2K 42195
(+ *Sinfonie Nr. 2*)

Des Knaben Wunderhorn
C. Ludwig, Walter Berry,
L. Bernstein (Klavier)
CBS
C. Ludwig, W. Berry, New
Yorker Philharmoniker
CBS CD MK 42202

Das Lied von der Erde
D. Fischer-Dieskau, J. King,
Wiener Philharmoniker
Decca 6.43242 AH
C. Ludwig, R. Kollo, Israel
Philharmonic Orchestra
CBS CD 42201

Sinfonien Nr. 1–10 (dito einzeln)
diverse Solisten, Chöre und
Orchester
CBS GM 15 (15 LP)

*Sinfonie Nr. 1 D-dur (Der
Titan)*
New Yorker Philharmoniker
CBS CD MK 42194

Sinfonie Nr. 2 c-moll
L. Venora, J. Tourel, Collegiate
Choral Society, New Yorker
Philharmoniker
CBS 77601 (2 LP, inzw. gestr.)
S. Armstrong, J. Baker, Edin-
burgher Festspielchor, London
Symphony Orchestra
CBS CD M2K 42195
(+ *Kindertotenlieder*)
B. Hendricks, C. Ludwig,
Westminster Chor, New Yor-
ker Philharmoniker
DG CD 423 395-2

Sinfonie Nr. 3 d-moll
M. Lipton, Knabenchor der
Transfigurations-Kirche, Frau-
enchor der Schola Cantorum,
New Yorker Philharmoniker
CBS CD M2K 42196
(+ *Lieder und Gesänge aus der
Jugendzeit*)

Sinfonie Nr. 4 G-dur
R. Grist, New Yorker Philhar-
moniker
CBS CD MK 42197

Sinfonie Nr. 5 cis-moll
New Yorker Philharmoniker
CBS CD MK 42198
CBS 79250 (+ *Adagio* aus der
Sinfonie Nr. 10 Fis-dur)

Sinfonie Nr. 6 a-moll
New Yorker Philharmoniker
CBS CD M3K 42199
(+ *Sinfonie Nr. 8*)

Sinfonie Nr. 7 e-moll
New Yorker Philharmoniker
CBS CD M3K 42200

(+ *Sinfonie Nr. 9*
+ *Adagio Sinfonie Nr. 10*)
DG CD 419 211-2

Sinfonie Nr. 8 Es-dur (Sinfonie der Tausend)
A. Annear, G. Jones,
E. Spoorenberg, N. Procter,
A. Reynolds, J. Mitchison,
V. Ruzdjak, D. McIntyre, Knabenchor der Highgate School,
Orpington Junior Singers,
Leeds Festspielchor, London
Symphony Orchestra
CBS CD M3K 42199
(+ *Sinfonie Nr. 6*)

Sinfonie Nr. 9 D-dur
New Yorker Philharmoniker
CBS CD M3K 42200 (+ *Sinfonie Nr. 7* + *Adagio Sinfonie Nr. 10*)
Concertgebouw-Orchester
Amsterdam
DG CD 419 208-2

7 Lieder und Gesänge aus der Jugendzeit +
Rückert-Lieder Nr. 1, 2, 3 + *5*
D. Fischer-Dieskau, L. Bernstein (Klavier)
CBS 72 973 (inzw. gestr.)

FELIX MENDELSSOHN-
BARTHOLDY
Ouvertüre «Die Hebriden»
Israel Philharmonic Orchestra
DG 415 181-1 (+ *Sinfonien Nr. 3–5*)
New Yorker Philharmoniker
CBS MG-32982 (+ *Sinfonien Nr. 3-5*)

Violinkonzert e-moll op. 64
P. Zuckerman, New Yorker
Philharmoniker
CBS MS 7313 + CBS 72 768 (+ *Violinkonzert* Tschaikowsky, beide inzw. gestr.)

Sinfonien Nr. 3–5
New Yorker Philharmoniker
CBS MG-32982 (+ *Hebriden-Ouvertüre*)
Israel Philharmonic Orchestra
DG 415 181-1 (+ *Hebriden-Ouvertüre*)

Sinfonie Nr. 3 a-moll op. 56 (Schottische)
New Yorker Philharmoniker
CBS 72572 (+ *Hebriden-Ouvertüre*, inzw. gestr.)

Sinfonie Nr. 4 A-dur op. 90 (Italienische)
New Yorker Philharmoniker
CBS 72 584 (+ *8. Sinfonie* Schubert, inzw. gestr.)

Sinfonie Nr. 5 D-dur op. 107 (Reformations-Sinfonie)
New Yorker Philharmoniker
CBS 72 804 (+ *5. Sinfonie* Schubert, inzw. gestr.)

DARIUS MILHAUD
Le Boeuf sur le toit +
La Création du monde +
Saudades do Brasil
Orchestre National de France
EMI CD 567 747845-2 +
CDC-47845 (USA)

La Création du monde
B. Goodman, Columbia

Chamber Orchestra
Philips G 03621 L (inzw. gestr.)

Choëphores
I. Jordan, V. Babikian,
H. McBoatwright, New Yorker
Philharmoniker
CBS AMS-6396 (inzw. gestr.)

WOLFANG AMADEUS MOZART
*Klavierkonzert Nr. 15 B-dur
KV 450*
Wiener Philharmoniker,
L. Bernstein (Pianist +
Dirigent)
Decca 6.43243 AH (+ *Sinfonie
Nr. 36*)
London (Decca USA) 41025
(+ *Sinfonie Nr. 36*)

*Serenade Nr. 13 G-dur KV 525
(Eine kleine Nachtmusik)*
New Yorker Philharmoniker
CBS M-34574 (inzw. gestr.)
*Sinfonien Nr. 35, 36, 38, 39, 40
+ 41*
Wiener Philharmoniker
DG CD 419 427-2 (dito ein-
zeln)

*Sinfonie Nr. 35 D-dur KV 385
+ Sinfonie Nr. 41 C-dur
KV 551*
Wiener Philharmoniker
DG CD 415 305-2

Sinfonie Nr. 36 C-dur KV 425
Wiener Philharmoniker
Decca 6.43243 AH + London
(Decca USA) 41025 (beide +
Klavierkonzert Nr. 15)
DG CD 415 962-2 (+ *Sinfonie
Nr. 38*)

Sinfonie Nr. 38 D-dur KV 504
Wiener Philharmoniker
DG CD 415 962-2 (+ *Sinfonie
Nr. 36*)

Sinfonie Nr. 39 Es-dur KV 543
New Yorker Philharmoniker
CBS MS-7029 (+ *Sinfonie
Nr. 40*)
Wiener Philharmoniker
DG CD 413 776-2 (+ *Sinfonie
Nr. 40*)

Sinfonie Nr. 40 g-moll KV 550
New Yorker Philharmoniker
CBS MS-7029 (+ *Sinfonie
Nr. 39*) + CBS M-31825
(+ *Sinfonie Nr. 41*)
Wiener Philharmoniker
DG CD 413 776-2 (+ *Sinfonie
Nr. 39*)

Sinfonie Nr. 41 C-dur KV 551
New Yorker Philharmoniker
CBS M-31825 (+ *Sinfonie
Nr. 40*)
Wiener Philharmoniker
DG CD 415 305-2 (+ *Sinfonie
Nr. 35*)

PETER MODEST MUSSORGSKY
Bilder einer Ausstellung (Ravel-
Fassung) + *Eine Nacht auf
dem kahlen Berge*
New Yorker Philharmoniker
CBS CD MYK 42606

OTTO NICOLAI
*Ouvertüre «Die Lustigen Wei-
ber von Windsor»*
New Yorker Philharmoniker
CBS D3S-818 (diverse Ouver-

türen und Zwischenspiele verschiedener Komponisten)
CBS 71 065 + CBS 77 244 +
CBS 61 199/200 (alle inzw.
gestr.)

CARL NIELSEN
*Konzert für Flöte und
Orchester*
J. Barker, New Yorker Phil-
harmoniker
CBS 72 639 + CBS XSM-
118675 (beide inzw. gestr.)

*Sinfonie Nr. 2 op. 16 (Die vier
Temperamente)*
New Yorker Philharmoniker
CBS 39 639 (+ *Sinfonien Nr. 1,
3 + 4)*

*Sinfonie Nr. 3 op. 27 (Sinfonia
espansiva)*
R. Guldbaek, N. Möller, Königlich Dänisches Orchester
CBS 39 639 (+ *Sinfonien Nr. 1,
2 + 4)* + CBS MP-39071

*Sinfonie Nr. 4 op. 29
(Das Unauslöschliche)*
New Yorker Philharmoniker
CBS 39 639 (+ *Sinfonien
Nr. 1–3)*

JACQUES OFFENBACH
Gaité Parisienne
New Yorker Philharmoniker
CBS 78 229 (+ Bizet/Grieg,
inzw. gestr.)

*Ouvertüre «Orpheus in der
Unterwelt»*
New Yorker Philharmoniker
CBS MY-37769 (+ Chabrier/

Dukas/Ravel/Saint-Saëns) +
CBS MG-35188 (*Curtain
Raisers – Weltberühmte
Ouvertüren*) +
CBS D3S-818 (diverse Ouver-
türen und Zwischenspiele ver-
schiedener Komponisten)

WALTER PISTON
*The Incredible Flutist (Ballett-
Suite)*
New Yorker Philharmoniker
CBS MG-31155 (+ Barber/
Copland/Gershwin/Ives)

AMILCARE PONCHIELLI
*Tanz der Stunden aus
«La Gioconda»*
New Yorker Philharmoniker
CBS MS-7415 (inzw. gestr.)

FRANCIS POULENC
Gloria G-dur
J. Blegen, Westminster Chor,
New Yorker Philharmoniker
CBS 76 670 (+ Strawinsky
Psalmensinfonie) +
CBS 39 069 (+ *Konzert für
2 Klaviere)*

Konzert für 2 Klaviere d-moll
Klavierduo Gold-Fizdale,
New Yorker Philharmoniker
CBS 39 069 (+ *Gloria)*

SERGE PROKOFIEFF
*Leutnant-Kijé Suite op. 60 +
Marsch aus «Die Liebe zu den
drei Orangen» +
Peter und der Wolf +
Sinfonie Nr. 1 D-dur op. 25
(Klassische Sinfonie)*

New Yorker Philharmoniker
CBS MS-7528
(inzw. gestr.)

Peter und der Wolf op. 67
(Ein musikalisches Märchen)
New Yorker Philharmoniker,
L. Bernstein (Erzähler +
Dirigent)
CBS CD MLK-39446 (*Proko-*
fieff's Greatest Hits) +
CBS CD MK 60152
(+ Saint-Saëns)
CBS M-31806 (+ Tschaikow-
sky *Nußknacker-Suite*
op. 71 a) +
CBS D3S-875 (*Bernstein*
Conducts for Young People)

Sinfonie Nr. 1 D-dur op. 25
(Klassische Sinfonie)
New Yorker Philharmoniker
CBS CD MLK-39446 (*Pro-*
kofieff's Greatest Hits) +
CBS 39755 (+ *Sinfonie Nr. 5*
Szell/Cleveland) +
CBS 61071 (+ Bizet/Dukas) +
CBS MP-39755 (+ *Sinfonie*
Nr. 5)

Sinfonie Nr. 5 B-dur op. 100
New Yorker Philharmoniker
CBS MP-39755 (+ *Klassische*
Sinfonie Nr. 1)
Israel Philharmonic Orchestra
CBS CD 35877

Sergej Rachmaninoff
Klavierkonzert Nr. 2 c-moll
op. 18
G. Graffman, New Yorker
Philharmoniker

CBS CD MK 60109 + CBS CD
MLK-39437 (+ *Rhapsodie*
op. 43)

Klavierkonzert Nr. 3 d-moll
op. 30
A. Weissenberg, Orchestre
National de France
EMI 1 C 065-03764

Rhapsodie op. 43 (nach einem
Thema von Paganini)
G. Graffman, New Yorker
Philharmoniker
CBS CD MK 60109 + CBS CD
MYK-36722 (+ *Klavierkonzert*
Nr. 2)
P. Entremont, New Yorker
Philharmoniker
CBS MS-6148 (+ *Préludes*
op. 3,2 + op. 23, 3 + 6, inzw.
gestr.) +
CBS MG-32050 (+ Tschai-
kowsky *Klavierkonzert Nr. 1* +
Grieg *Klavierkonzert*)

Maurice Ravel
Bolero
New Yorker Philharmoniker
CBS CD MLK-39439 (*Ravel's*
Greatest Hits) +
CBS 61027 (+ *Rhapsodie*
Espagnole + *La Valse*) +
CBS 77255 (+ Chabrier/
de Falla)
Orchestre National de France
CBS CD MK 60101 (+ *La*
Valse + *Alborada* + *Daphnis &*
Chloé-Suite Nr. 2) +
CBS CD MYK-36714 (selbe
Kopplung wie CD MK 60101)

Daphnis & Chloé-Suite Nr. 2
Schola Cantorum, New Yorker
Philharmoniker
CBS CD MK 60101 + CBS CD
MYK-36714 (+ *Bolero* + *La
Valse* + *Alborada*)

Klavierkonzert G-dur
Columbia Symphony Orches-
tra, L. Bernstein (Pianist +
Dirigent)
CBS 72170 (+ *Schostakowitsch
Klavierkonzert Nr. 2*, inzw.
gestr.)

*Miroirs Nr. 4 (Alborado del
gracioso)*
New Yorker Philharmoniker
CBS CD MK 60101 + CBS CD
MYK-36714 (+ *Bolero* + *La
Valse* + *2. Daphnis & Chloé-
Suite*) +
CBS CD MLK-39439 (*Ravel's
Greatest Hits*)
Orchestre National de France
CBS 76513 (+ *Bolero* + *La
Valse*)

*Pavane pour une Infante dé-
funte*
New Yorker Philharmoniker
CBS MY-37769 (+ Chabrier/
Dukas/Offenbach/Saint-Saëns)

Rhapsodie Espagnole
New Yorker Philharmoniker
CBS 61027 + CBS MS-6011
(beide + *Bolero* + *La Valse*) +
CBS 77255 (+ Charbrier/
de Falla)

La Valse
New Yorker Philharmoniker
CBS CD MK 60101 + CBS CD

MYK-36714 (+ *Bolero* +
2. Daphnis & Chloé Suite)
Orchestre National de France
CBS 76513 (+ *Bolero* + *Alborado*)

Scheherazade (Shéhérazade)
J. Tourel, New Yorker Philhar-
moniker
CBS CMS-6438 (+ Berlioz *Tod
der Cleopatra*)
M. Horne, Orchestre National
de France
CBS 76707 (+ de Falla *Der
Liebeszauber*, inzw. gestr.)

OTTORINO RESPIGHI
Feste Romane (Römische Feste)
RCA Victor Sinfonie-Orche-
ster
RCA SMA 7016 + RCA VL
45492 (+ Gershwin *Ein Ameri-
kaner in Paris*)
New Yorker Philharmoniker
CBS MS-7448 (+ *Pini di Roma*,
inzw. gestr.)

Pini di Roma (Pinien von Rom)
New Yorker Philharmoniker
CBS MS-7448 (+ *Feste Roma-
ne*, inzw. gestr.)

EMIL NIKOLAUS VON REZNIČEK
Ouvertüre «Donna Diana»
New Yorker Philharmoniker
CBS D3S-818 (diverse Ouvertüren und Zwischenspiele verschiedener Komponisten)
CBS 71065 (+ Nicolai/Offen-
bach/Rossini/Suppé, inzw.
gestr.)

Nikolai Rimsky-Korssakoff
Capriccio Espagnol op. 34
New Yorker Philharmoniker
CBS MY-36728 (+ Tschai-
kowsky *Capriccio Italien*)

Scheherazade op. 35
New Yorker Philharmoniker
Philips A 01403 L (inzw. gestr.)
+ CBS CD MYK42605

Gioacchino Rossini
*Rossini-Festival – Ouvertüren
zu «Der Barbier von Sevilla»,
«Die diebische Elster», «Die
Italienerin in Algier», «Die
seidene Leiter» + «Semiramis»*
New Yorker Philharmoniker
CBS SPR 25

Ouvertüre «Wilhelm Tell»
New Yorker Philharmoniker
CBS 30016 (*Rossini's Greatest
Hits*)

Camille Saint-Saëns
Der Karneval der Tiere
New Yorker Philharmoniker,
L. Bernstein (Erzähler + Diri-
gent)
CBS 72567 + CBS MS-6368
(+ Britten)
CBS MY-37765 (+ Prokofieff
Peter und der Wolf)

*Klavierkonzert Nr. 4 c-moll
op. 44*
R. Casadesus, New Yorker
Philharmoniker
CBS 61712 (+ Fauré *Ballade
op. 19*, inzw. gestr.)

Danse macabre op. 44
New Yorker Philharmoniker
CBS MY-37769 (+ Chabrier/
Dukas/Offenbach/Ravel/
Saint-Saëns)

*Bacchanale aus «Samson und
Dalila»*
New Yorker Philharmoniker
CBS MY-37769 (+ Chabrier/
Dukas/Offenbach/Ravel/
Saint-Saëns)

*Le Rouet d'Omphale op. 31
(Symphonische Dichtung)*
Orchestre National de France
DG CD 400070-2 (+ Franck)

*Sinfonie Nr. 3 c-moll op. 78
(Orgel-Sinfonie)*
L. Raver, New Yorker Philhar-
moniker
CBS 76653 + CBS MY-37255
(beide inzw. gestr.)

Dimitri Schostakowitsch
*Klavierkonzert Nr. 2 F-dur
op. 102*
New Yorker Philharmoniker,
L. Bernstein (Pianist + Diri-
gent)
CBS 60504 (+ Schostakowitsch
Klavierkonzert Nr. 1) +
CBS 72170 (+ Ravel *Klavier-
konzert G-dur*, inzw. gestr.)

*Konzert für Klavier, Trompete
und Orchester*
A. Previn, W. Vacchiano, New
Yorker Philharmoniker
CBS 60504 + CBS MP-38892
(beide + *Klavierkonzert Nr. 2*)

Sinfonie Nr. 1 f-moll op. 10
New Yorker Philharmoniker
CBS 64284 (+ *Cellokonzert
Nr. 1* – Rostropowitsch/
Ormandy)
CBS M-31307 (+ Schostako-
witsch *9. Sinfonie*)

*Sinfonie Nr. 5 D-dur (d-moll)
op. 47*
New Yorker Philharmoniker
CBS CD 35854

*Sinfonie Nr. 7 C-dur op. 60
(Leningrader)*
New Yorker Philharmoniker
CBS M2S-722

Sinfonie Nr. 9 Es-dur op. 70
New Yorker Philharmoniker
CBS M-31307
(+ Schostakowitsch
1. Sinfonie)

Sinfonie Nr. 14 op. 135
T. Kubiak, J. Bushkin, New
Yorker Philharmoniker
CBS M-37270

FRANZ SCHUBERT
Sinfonie Nr. 5 B-dur D 485
New Yorker Philharmoniker
CBS 61691 (+ Schubert
Sinfonie Nr. 8, inzw. gestr.)

*Sinfonie Nr. 8 h-moll D 759
(Unvollendete)*
New Yorker Philharmoniker
CBS CD MYK 42544
(+ Beethoven *5. Sinfonie*) +
CBS 30013 (*Schubert's Greatest
Hits)*

WILLIAM SCHUMAN
American Festival Ouvertüre
Los Angeles Philharmonic
Orchestra
DG CD 413 324-2 (+ Barber +
Bernstein + Copland)

Sinfonie Nr. 3
New Yorker Philharmoniker
DG CD 419 780-2
(+ *3. Sinfonie* Harris)

ROBERT SCHUMANN
Sinfonien Nr. 1–4
New Yorker Philharmoniker
CBS 77315 (+ *Manfred-
Ouvertüre*, inzw. gestr.)
Wiener Philharmoniker
DG CD 423 099-2 (+ *Klavier-
konzert a-moll + Cellokonzert
a-moll*) – dito einzeln

Sinfonie Nr. 1 B-dur op. 38
Wiener Philharmoniker
DG CD 415 274-2
(+ Schumann *4. Sinfonie*)

Sinfonie Nr. 2 C-dur op. 61
Wiener Philharmoniker
DG CD 419 190-2
(+ Schumann *Cellokonzert*)

*Sinfonie Nr. 3 Es-dur op. 97
(Rheinische)*
Wiener Philharmoniker
DG CD 415 358-2
(+ Schumann *Klavierkonzert*)

Sinfonie Nr. 4 d-moll op. 120
Wiener Philharmoniker
DG CD 415 274-2
(+ Schumann *1. Sinfonie*)

Ouvertüre «Manfred» op. 115
New Yorker Philharmoniker
CBS 77315 (+ Schumann
Sinfonien Nr. 1–4, inzw. gestr.)

Klavierkonzert a-moll op. 54
J. Frantz, Wiener Philhar-
moniker
DG CD 415 358-2
(+ Schumann *3. Sinfonie*) +
DG CD 423 099-2
(+ Schumann *Cellokonzert* +
Sinfonien Nr. 1–4)

Cellokonzert a-moll op. 129
M. Maisky, Wiener Philhar-
moniker
DG CD 419 190-2
(+ Schumann *Sinfonie Nr. 2*)

*Quintett für Klavier und
Streichquartett Es-dur op. 44*
Juilliard-Quartett, L. Bernstein
(Klavier)
CBS 61820 (+ Schumann *Kla-
vierquartett Es-dur op. 47*) +
CBS 39126 (+ Schumann
Klavierquartett op. 47)

HAROLD SHAPERO
*Symphony for Classical
Orchestra*
Columbia Symphony
Orchestra
CRI 424E

JEAN SIBELIUS
*Finlandia + Der Schwan von
Tuonela + Valse triste*
New Yorker Philharmoniker
CBS CD MYK 42543 (+ Grieg
Peer Gynt-Suiten 1 + 2)

Finlandia + Valse Triste
New Yorker Philharmoniker
CBS CD MK 60105 (+ Grieg
Peer Gynt Suiten 1 + 2)

Sinfonie Nr. 2 D-dur op. 43
New Yorker Philharmoniker
CBS MY-38477
Wiener Philharmoniker
DG CD 419 772-2

Sinfonie Nr. 5 Es-dur op. 82
New Yorker Philharmoniker
CBS MY-38474 (+ Sibelius
Pohjolas Tochter op. 49)

Pohjolas Tochter op. 49
New Yorker Philharmoniker
CBS MY-38474 (+ Sibelius
Sinfonie Nr. 5)

BEDŘICH SMETANA
*Die Moldau (aus «Mein Vater-
land»)*
New Yorker Philharmoniker
CBS M-31817 + CBS MS-6879
(+ Smetana + Dvořák)

*Ouvertüre, Polka, Furiant und
Tanz der Komödianten aus
«Die verkaufte Braut»*
New Yorker Philharmoniker
CBS M-31817 + CBS MS-6879
(+ Smetana + Dvořák)

JOHN PHILIP SOUSA
*Hands across the Sea +
Semper fidelis +
Stars and Stripes Forever*
New Yorker Philharmoniker
CBS 77292 (inzw. gestr.)

JOHANN STRAUSS (VATER)
Radetzky-Marsch
New Yorker Philharmoniker
CBS 88624 (2 LP - *Die schön-
sten Walzer und Märsche*)

JOHANN STRAUSS (SOHN)
*Walzer (An der schönen blauen
Donau + Frühlingsstimmen +
Kaiserwalzer + Künstlerleben
+ Wiener Blut)*
New Yorker Philharmoniker
CBS CD MYK 42604

RICHARD STRAUSS
Also sprach Zarathustra op. 30
New Yorker Philharmoniker
CBS 72941 (inzw. gestr.)

*Till Eulenspiegels lustige
Streiche op. 28*
New Yorker Philharmoniker
CBS MS-7165 (+ Dukas/Mus-
sorgsky/Saint-Saëns) +
CBS D3S-785 (*Bernstein
Conducts for Young People*)

Der Rosenkavalier – Gesamt-
aufnahme
C. Ludwig, G. Jones, L. Popp.
M. Lilowa, E. Loose, W. Ber-
ry, E. Gutstein, P. Domingo,
M. Dickie, H. Lackner, K. Ter-
kal, L. Pantscheff u. a., Wiener
Philharmoniker
CBS CD M3K 42564

*Tanz der sieben Schleier + Salo-
mes Schlußgesang aus «Salome»*
M. Caballé, Orchestre National
de France
DG 2530963 (+ *5 Orchesterlieder*, inzw. gestr.)

*Salomes Schlußgesang (Es ist
kein Laut zu vernehmen)*
M. Caballé, Orchestre National
de France
DG IMS 415 446-1 (*Caballé-
Recital*)

*5 Orchesterlieder (Cäcilie/Wie-
genlied/Ich liebe dich/Morgen/
Zueignung)*
M. Caballé, Orchestre National
de France
DG 2530963 (+ *Schleiertanz +
Schlußgesang aus «Salome»*,
inzw. gestr.)

IGOR STRAWINSKY
Feuervogel-Suite Nr. 2
New Yorker Philharmoniker
CBS CD MYK 42540 + CBS
CD MK 60120 (+ *Strawinsky
Petruschka*)
Israel Philharmonic Orchestra
DG CD 415 127-2 (+ *Strawin-
sky Pulcinella-Suite*)

*Petruschka (in der Fassung von
1911)*
New Yorker Philharmoniker
CBS CD MYK 42540 + CBS
CD MK 60120 (+ *Strawinsky
Feuervogel-Suite Nr. 2*)

*Petruschka (in der Fassung von
1947)*
Israel Philharmonic Orchestra
DG CD 410996-2 (+ *Strawinsky Scènes de ballet*)

Pulcinella-Suite
Israel Philharmonic Orchestra
DG CD 415 127-2 (+ *Strawin-
sky Feuervogel-Suite Nr. 2*)

Le Sacre du Printemps
London Symphony Orchestra
CBS M-31520
Israel Philharmonic Orchestra
DG CD 410 508-2

Psalmen-Sinfonie
English Bach Festival Choir,
London Symphony Orchestra
CBS 76670 + CBS M-34551
(+ Poulenc *Gloria*)

Sinfonie in C
Israel Philharmonic Orchestra
DG CD 415 128-2 (+ Strawin-
sky *Sinfonie in 3 Sätzen*)

Sinfonie in 3 Sätzen
Israel Philharmonic Orchestra
DG CD 415 128-2 (+ Strawin-
sky *Sinfonie in C*)

*Ödipus Rex (Opern-Orato-
rium)*
T. Troyanos, R. Kollo,
T. Krause, E. Flagello, F. Hoff-
meister, D. Evitts, M. Wager,
Harvard Glee Club, Boston
Symphony Orchestra
CBS 76380 (inzw. gestr.)

FRANZ VON SUPPÉ
*Ouvertüren «Dichter und
Bauer», «Leichte Kavallerie» +
«Die schöne Galathee»*
New Yorker Philharmoniker
CBS D3S-818 (diverse
Ouvertüren und Zwischen-
spiele verschiedener Kompo-
nisten)

*Ouvertüren zu «Dichter und
Bauer» + «Leichte Kavallerie»*
New Yorker Philharmoniker
CBS MG-35188 (*Curtain
Raisers – Weltberühmte
Ouvertüren*)

*Ouvertüre «Dichter und
Bauer»*
New Yorker Philharmoniker
CBS MY-37240 (+ Hérold/
Rossini/Thomas)

AMBROISE THOMAS
*Ouvertüre «Mignon» + «Ray-
monde»*
New Yorker Philharmoniker
CBS MY-37420 (+ Hérold/
Rossini/Suppé) +
CBS D3S-818 (diverse Ouver-
türen und Zwischenspiele ver-
schiedener Komponisten)

PETER ILJITSCH TSCHAIKOWSKY
Andante cantabile op. ph.
New Yorker Philharmoniker
CBS CD MK 42426 (+ Tschai-
kowsky *Capriccio Italien* +
6. Sinfonie)

Capriccio Italien op. 45
New Yorker Philharmoniker
CBS CD 42426 (+ Tschai-
kowsky *Andante cantabile* +
6. Sinfonie)
Israel Philharmonic Orchestra
DG CD 415 379-2 (+ Tschai-
kowsky *Ouvertüre 1812* +
Hamlet + *Slawischer Marsch*)

Francesca da Rimini op. 32
New Yorker Philharmoniker
CBS CD MK 42424 (+ Tschai-
kowsky *Sinfonie Nr. 4*)

Israel Philharmonic Orchestra
DG 415 009-1 (+ Liszt *Faust-Sinfonie*)

Hamlet op. 67
New Yorker Philharmoniker
CBS M-34128 (+ *Tschaikows-ky Serenade op. 48*)
Israel Philharmonic Orchestra
DG CD 415 379-2 (+ *Tschai-kowsky Ouvertüre 1812 + Capriccio Italien + Slawischer Marsch*)

Nußknacker-Suite op. 71 a
New Yorker Philharmoniker
CBS CD MYK 42549 + CBS
CD MK 60131 + *Tschaikow-sky Schwanensee-Suite*)

Ouvertüre 1812 op. 49
New Yorker Philharmoniker
CBS CD MYK-36723 (+
Tschaikowsky *Slawischer Marsch + Romeo und Julia-Ouvertüre*) + CBS 30003
(*Tschaikowsky's Greatest Hits*)
Israel Philharmonic Orchestra
DG CD 415 379-2 (+ *Tschai-kowsky Capriccio Italien + Slawischer Marsch + Hamlet*)

Romeo und Julia (Fantasie-Ouvertüre)
New Yorker Philharmoniker
CBS CD MK 42425 (+ *Tschai-kowsky Sinfonie Nr. 5*) + CBS
CD MK 60110 (+ *Slawischer Marsch + Ouvertüre 1812*)
Israel Philharmonic Orchestra
DG 410 990-1 GS (+ *Tschai-kowsky Francesca da Rimini*)

Schwanensee-Suite
New Yorker Philharmoniker
CBS CD MYK 42549 + CBS
CD 60131 (+ *Tschaikowsky Nußknacker-Suite*)

Blumenwalzer aus der «Nuß-knacker-Suite» op. 71a
New Yorker Philharmoniker
CBS 30003 (*Tschaikowsky's Greatest Hits*)

Serenade C-dur op. 48
New Yorker Philharmoniker
CBS M-34128 (+ *Tschaikow-sky Hamlet-Ouvertüre*)

Slawischer Marsch op. 31
New Yorker Philharmoniker
CBS CD 60110 (+ *Tschai-kowsky Ouvertüren 1812 + Romeo & Julia*)
Israel Philharmonic Orchestra
DG CD 415 379-2 (+ *Tschai-kowsky Capriccio Italien + Ouvertüren 1812 + Hamlet*)

Sinfonien Nr. 1–3
New Yorker Philharmoniker
CBS D3M-32996 (inzw. gestr.)

Sinfonie Nr. 3 D-dur op. 29 (Polnische)
New Yorker Philharmoniker
CBS M-31727

Sinfonie Nr. 4 f-moll op. 36
New Yorker Philharmoniker
CBS CD MK 42424 (+ *Tschai-kowsky Francesca da Rimini*)

Sinfonie Nr. 5 e-moll op. 64
New Yorker Philharmoniker
CBS CD MK 42425 (+ *Tschai-

kowsky *Ouvertüre «Romeo und Julia»*)

Sinfonie Nr. 6 h-moll op. 74 (Pathétique)
New Yorker Philharmoniker
CBS CD MK 42426 (+ Tschaikowsky *Capriccio Italien + Andante Cantabile*) + DG CD 419 604-2

Klavierkonzert Nr. 1 b-moll op. 23
A. Watts, New Yorker Philharmoniker. CBS M-33071

GIUSEPPE VERDI
Ballettmusik aus «Aida»
New Yorker Philharmoniker
CBS 30045 (*Verdi's Greatest Hits*)

Triumphmarsch aus «Aida»
New Yorker Philharmoniker
CBS 88624 (*Die schönsten Walzer und Märsche*)

Falstaff- Gesamtaufnahme
I. Ligabue, G. Sciutti, R. Resnik, H. Rössl-Majdan, D. Fischer-Dieskau, R. Panerai, J. Oncina, E. Kunz, M. Dickie, G. Stolze, Chor der Wiener Staatsoper, Wiener Philharmoniker
CBS CD M2K 42535

Messa da Requiem
M. Arroyo, J. Veasey, P. Domingo, R. Raimondi, London Symphony Orchestra + Chorus
CBS CD M2K 77231

HEITOR VILLA-LOBOS
Bachianas Brasileiras Nr. 5
N. Davrath, Cellisten der New Yorker Philharmoniker
CBS 61059 (*Lateinamerikanische Tänze*, inzw. gestr.)

ANTONIO VIVALDI
Die vier Jahreszeiten
J. Corigliano, New Yorker Philharmoniker
CBS MS-6744

RICHARD WAGNER
Vorspiele und Zwischenspiele aus
«Der fliegende Holländer» (Ouvertüre), «Lohengrin» (3. Akt), «Die Meistersinger von Nürnberg» (Vorspiel, Aufzug der Meistersinger + Tanz der Lehrbuben), «Rienzi», «Tannhäuser» (Ouvertüre + Festmarsch), «Tristan und Isolde» (Vorspiel 1. Akt + Liebestod) + «Die Walküre» (Walkürenritt + Feuerzauber)
New Yorker Philharmoniker
CBS 78297 (2 LP, inzw. gestr.)
daraus:
Vorspiele und Zwischenspiele aus «Lohengrin», «Meistersinger», «Tannhäuser», «Tristan» + «Walküre»
CBS MS-7141

Vorspiele 1. + 3. Akt «Lohengrin»
New Yorker Philharmoniker
CBS 75244 (*Galakonzert in HiFi-Stereo*, inzw. gestr.)

Die Götterdämmerung
Brünnhildes Schlußgesang
(Starke Scheite)
E. Farrell, New Yorker Phil-
harmoniker
CBS MS-6353 (+ Wagner
Wesendoncklieder, inzw. gestr.)

Tristan und Isolde – Gesamt-
aufnahme
H. Behrens, Y. Minton,
P. Hofmann, B. Weikl,
H. Sotin, H. Steinbach,
T. Moser, H. Zednik,
R. Grumbach, Chor und
Sinfonieorchester des Bayeri-
schen Rundfunks
Philips CD 410 447-2 +
Philips CD 411 036 (Szenen-
auswahl)

Wesendonck-Lieder Nr. 1–5
E. Farell, New Yorker Philhar-
moniker
CBS MS-6353 (+ *Finale 3. Akt*
«Götterdämmerung», inzw.
gestr.)

CARL MARIA VON WEBER
Aufforderung zum Tanz
New Yorker Philharmoniker
CBS M-33585 (+ *Ouvertüren*
von Weber) + CBS 61 685 (+
Ouvertüren von Weber, inzw.
gestr.)

Ouvertüren «Euryanthe», «Der
Freischütz» + *«Oberon»*
New Yorker Philharmoniker
CBS M-33585 (+ Weber *Auf-*
forderung zum Tanz) + CBS
61 685 (siehe oben, inzw.
gestr.)

ERMANNO WOLF-FERRARI
Ouvertüre «Susannens
Geheimnis»
New Yorker Philharmoniker
CBS 75244 (*Galakonzert in*
HiFi-Stereo, inzw. gestr.) +
CBS 61 199/200 (*Ouvertüren*
HiFi-Festival, inzw. gestr.)

Liederabend Jennie Tourel
(Mezzosopran)
J. Tourel, L. Bernstein (Klavier)
CBS M-32231 (inzw. gestr.)

Stand: März 1988

Literaturverzeichnis
Leonard Bernstein: Eigene Schriften

Leonard Bernstein hat mehr als 50 Artikel und Essays und etwa 80 Manuskripte für Fernsehprogramme verfaßt, deren Daten und Titel in Jack Gottliebs Katalog (Amberson-Boosey & Hawkes) verzeichnet sind. Von diesen sind von Bernstein ausgewählte Essays und Vorträge in fünf Büchern (1959–1983) veröffentlicht worden:

The Joy of Music, New York 1959. Deutsch: *Freude an der Musik*, Stuttgart 1961. Taschenbuch dtv: München 1963. Neuauflage Goldmann: München 1982. Auch in tschechischer, ungarischer, japanischer, chinesischer, dänischer, schwedischer, hebräischer, spanischer, portugiesischer, slowenischer Übersetzung veröffentlicht.

Leonard Bernstein's Young People's Concerts for Reading and Listening, New York 1962. Erweiterte Neuauflage New York 1970. Deutsch: *Konzert für junge Leute*, Tübingen 1969. Neuausgabe Albrecht Knaus Verlag: München und Hamburg 1985. Auch in ungarischer, japanischer und portugiesischer Sprache erschienen.

The Infinite Variety of Music, New York 1962. Deutsch: *Von der unendlichen Vielfalt der Musik*, Tübingen 1968. Taschenbuch Goldmann: München 1975. In vielen Auflagen erschienen, auch in ungarischer, japanischer und portugiesischer Sprache veröffentlicht.

The Unanswered Question, Six Talks at Harvard, Cambridge/London 1976. Deutsch: *Musik – Die offene Frage*. Wien/München 1979. Die amerikanische und deutsche Originalausgabe enthält 3 kleine LP-Schallplatten mit Auszügen aus den Vorlesungen (im englischen Original) und Musikbeispielen. Der Taschenbuchausgabe (Goldmann: München 1981) sind die Schallplatten nicht beigegeben. Das Buch wurde u. a. auch ins Französische, Ungarische und Japanische übersetzt.

Findings, New York 1982. Deutsch: *Erkenntnisse. Beobachtungen aus fünfzig Jahren* (Autorisierte Auswahl aus *Findings)*, Albrecht Knaus Verlag: Hamburg 1983. Taschenbuch Goldmann: München 1986.

In Konzertprogrammen verschiedener amerikanischer Orchester und auf Schallplattenbeigaben sind Leonard Bernsteins Anmerkungen zu folgenden Werken veröffentlicht: *Jeremiah*-Symphonie, *Fancy Free, On the Town – Three Dance Episodes, Facsimile, The Age of Anxiety, Serenade, On the Waterfront – Symphonic Suite, Dybbuk – Suite No. 1, Suite No. 2.* Die Deutsche Grammophon veröffentlichte Auszüge aus einigen dieser Anmerkungen in ihren Bernstein-LP's.

Biographische Literatur

BURTON BERNSTEIN
Family Matters. Sam, Jennie and The Kids. New York 1982. Deutsch: *Die Bernsteins*, Albrecht Knaus Verlag: München und Hamburg 1987

SHIRLEY BERNSTEIN
Making Music: Leonard Bernstein. (Jugendbuch) Chicago 1963

JOHN BRIGGS
Leonard Bernstein, The Man, His Work and His World. Cleveland/New York 1961

MOLLY CONE
Leonard Bernstein (Jugendbuch). New York 1970

JUHÁSZ ELÖD
Bernstein Story (in ungarischer Sprache). Budapest 1972

DAVID EWEN
Leonard Bernstein, A Biography for Young People. (Jugendbuch) Philadelphia 1960

Leonard Bernstein. London 1967

KLAUS GEITEL
Leonard Bernstein – Der musikalische Humanist. «Die Welt», 24. November 1986, S. 7

JACK GOTTLIEB
A Complete Catalogue of His Works. New York 1978: Katalog der Werke, Biographischer Kalender, Verzeichnis von Filmen und Videos, Liste der Schriften Leonard Bernsteins, Aufführungsdaten der Kompositionen und Anschriften der Verleger von Bernsteins Werken

PETER GRADENWITZ
Leonard Bernstein. Eine Biographie. Zürich 1984

DIANE HUSS GREEN
Lenny's Surprise Piano. (Jugendbuch) San Carlos, Ca. 1963

JOHN GRUEN & KEN HYMAN
The Private World of Leonard Bernstein (Photos). New York 1968

ARTUR HOLDE
Leonard Bernstein (deutsch). Berlin 1961

JOHN P. REIDY & NORMAN RICHARDS
People of Destiny: Leonard

Bernstein. (Jugendbuch) Chicago 1967

Die wichtigsten Informationen zu Bernsteins Leben und Werken in Lexikonform:
LEONARD BERNSTEIN VON A-Z Broschüre der Deutschen Grammophon Produktion, Hamburg, 2. Auflage 1983

Analytische Schriften

DAVID ERNEST BOELZNER
The Symphonies of Leonard Bernstein: An Analysis of Motivic Character and Form. Master of Arts thesis, University of North Carolina, 1977

JOSEPH B. CARLUCCI
An Analytical Study of Published Clarinet Sonatas by American Composers. Doctor of Musical Arts thesis, Eastman School of Music, Rochester, N.Y. 1957

DAVID DREW
Leonard Bernstein: «Wonderful Town», The Score and I.M.A. Magazine, Bd. 12, 1955, S. 77ff.

IRVING FINE
Young America: Bernstein and Foss. Modern Music, Bd. 22, 1945, S. 238ff.

JACK GOTTLIEB
The Music of Leonard Bernstein: A Study of Melodic Manipulations. Doctor of Musical Arts thesis, University of Illinois, 1964
Leonard Bernstein: Kaddish Symphony. Perspectives of New Music, Fall-Winter 1965, S. 171ff.
Erläuterungen zu Leonard Bernsteins drei Symphonien und *Chichester Psalms*, Broschüre zum Deutsche-Grammophon-Album der Werke 2530 968/969/970 und *Dybbuk* DGG 2531 348

PETER GRADENWITZ
Leonard Bernstein. Music Review, Cambridge (England), Bd. 10, 1959, S. 191–202

GERTRUDE JACKSON
»West Side Story«: Thema,

Grundhaltung und Aussage.
Maske und Kothurn, Bd. 16,
1970, S. 97–101

HANS KELLER
Leonard Bernstein: «On the
Waterfront», The Score and
I.M.A. Magazine, Bd. 12,
1955, S. 81 ff.

ANDREW PORTER
Harmony and Grace (über A
Quiet Place), The New Yorker,
11. Juli 1983, S. 88–89

MARY RHOADS
Leonard Bernstein's «West Side

Story». Master of Fine Arts
thesis, University of Michigan
1964

WILLIAM WARNER TROMBLE
The American Intellectual and
Music: An Analysis of the Writ-
ings of Suzanne K. Langer, Paul
Henry Lang, Jacques Barzun,
John Dewey and
Leonard Bernstein – with
Implications for Music
Education at the College Level.
Dissertation
Ph. D. Music, University of
Michigan 1968

Allgemeine Literatur

Musik in Amerika, Amerikanische Musik, Bernstein-
Konzerte, Bernsteins Persönlichkeit, Bernstein als
Dirigent, Komponist, Pädagoge (Auswahl):

GILBERT CHASE
America's Music: From the Pil-
grims to the Present. New York
1955

HENRY & SIDNEY COWELL
Charles Ives and His Music.
New York 1955

ANTAL DORATI
Notes of Seven Decades. London 1979

URSULA GÄTZKE
Das Amerikanische Musical:
Vorgeschichte, Geschichte und

Wesenszüge eines kulturellen
Phänomens. Phil. Diss. München 1969

PETER GRADENWITZ
The Music of Israel. Its Rise and
Growth Through 5000 Years.
New York 1949
Music in War-Time Israel. Ho-
rizon, New York Cheshvan
5710, Fall 1949, S. 39 ff.
Die Musikgeschichte Israels.
Von den biblischen Anfängen
bis zum modernen Staat. Kas-
sel/Basel/London/New York
1961

HENRY ANATOLE GRUNWALD
A Bernstein Suite. American
Horizon, July 1959

HANS W. HEINSHEIMER
Best Regards to Aida: The Defeats and Victories of a Music Man on Two Continents. New
York 1968
Deutsch: *Schönste Grüße an Aida: Ein Leben nach Noten*.
München 1969

JOHN TASKER HOWARD
Our American Music. Three Hundred Years of It. 3. Auflage
New York 1946

CHARLES EDWARD IVES
Essay before a Sonata. New
York 1919

PAUL HENRY LANG (ED.)
One Hundred Years of Music in America. New York 1961

JOSEPH MACHLIS
Introduction to Contemporary Music. New York 1961

CLAIRE REIS
Composers in America. New
York 1938

ARTHUR RUBINSTEIN
My Many Years. New York
1980. Deutsch: *Mein Glückliches Leben*. Frankfurt/M. 1980

HAROLD C. SCHONBERG
The Great Conductors. New
York 1967.
Deutsch: *Die Großen Dirigenten*. Bern/München/Wien
1970. Taschenbuch List: München 1973.

NICOLAS SLONIMSKY
Music Since 1900. Mehrere stets
aktualisierte Ausgaben seit
[1]1937

ARIANNA STASSINOPOULOS
Maria – Beyond the Callas Legend. London 1980
Deutsch: *Die Callas*. Hamburg
1981

HANS HEINZ STUCKENSCHMIDT
Die Musik eines halben Jahrhunderts: 1925–1975, Essay
und Kritik. München 1976
Arnold Schönberg: Leben, Umwelt, Werk. Zürich/Freiburg
i. Br. 1974

VIRGIL THOMSON
Music Right and Left. New
York 1951
American Music since 1910.
New York 1971.

ADOLF WEISSMANN
Der Dirigent im XX. Jahrhundert. Berlin 1925

Filme und Videos

mit eigenen Werken Leonard Bernsteins
und mit seiner eigenen Mitwirkung:

The Age of Anxiety, Symphonie Nr. 2. – mit Lukas Foss, Klavier, und dem Israel Philharmonic Orchestra. Berlin 1977

Jeremiah, Symphonie Nr. 1. – mit Christa Ludwig, Israel Philharmonic Orchestra. Berlin 1977

Kaddish, Symphonie Nr. 3. – mit Michael Wager als Sprecher, Florence Quivar, Sopran, gemischten Chören und Israel Philharmonic Orchestra. Tel Aviv 1977

Chichester Psalms – mit Wiener Jeunesse Chor, Israel Philharmonic Orchestra. Berlin 1977 – mit RAI (italien. Rundfunk)-Orchester, RAI-Chor, «Concerto del Papa» – Vatikanstadt 1973

Candide-Ouvertüre – mit New York Philharmonic Orchestra, London und Frankfurt 1976

West Side Story, Symphonic Dances – mit New Yorker Philharmonic Orchestra, Frankfurt 1976

Take Care of This House, aus *1600 Pennsylvania Avenue* – mit Frederica von Stade, Sopran, National Symphonic Orchestra, Washington D.C. – Kennedy Center 1977

To My Dear and Loving Husband, aus *Songfest* – mit Benita Valente, Sopran, Nancy Williams, Mezzosopran, Elaine Bonazzi, Alt und National Symphony Orchestra, Washington, D.C. – Kennedy Center 1977

Quellennachweis

© AUGUST EVERDING, *Solange noch Zeit zum Träumen ist,* aus der Laudatio auf Leonard Bernstein anläßlich der Verleihung des Raiffeisen-Kulturpreises am 7. November 1983 in München.

ROBERT RICE, *Bernsteins frühe Jahre (The Persuasive Musician)* aus: *The New Yorker,* New York, 11. und 18. Januar 1958. Reprinted by permission; © 1958, 1986 The New Yorker Magazine, Inc. Deutsch von Helmut Kossodo.

ROBERT CHESTERMAN, *»Ich wollte ins Wasser gehen«,* Interview mit Leonard Bernstein, aus: *Conversations with Conductors,* Edited by Robert Chesterman, Robson Books, London 1976. © Robert Chesterman 1976. Deutsch von Hermann Stiehl.

JOHN ROCKWELL, *Bernstein, der Sieger (Bernstein Triumphant)* aus: *New York Times Magazine,* New York, 31. August 1968. © The New York Times 1968. Deutsch von Christian Spiel.

STEPHEN WADSWORTH, *A Quiet Place – Anmerkungen eines Librettisten (A Quiet Place – Librettist's Notes)* aus dem Textbuch zur Oper von Leonard Bernstein und Stephen Wadsworth. © Stephen Wadsworth. Deutsche Übersetzung von Jost Miehlbradt, mit freundlicher Genehmigung der Deutschen Grammophon Production. Hamburg.

ROBERT S. CLARK, *Bernstein und das Fernsehen als Medium der Kunst (Congruent Odysseys: Bernstein and the Art of Television)* aus dem Katalog der Ausstellung *Leonard Bernstein, The Television Work,* Museum of Broadcasting, New York. © Museum of Broadcasting, New York. Deutsch von Christian Spiel.

Der besondere Dank des Verlags gilt Harry Kraut, New York, für die Unterstützung bei der Vorbereitung dieser Publikation. Das Photo des Schutzumschlags stellte Arthur Umboh freundlicherweise zur Verfügung.

Leonard Bernstein
ERKENNTNISSE
Beobachtungen aus fünfzig Jahren,
296 Seiten. Gebunden

«Ein essayistisches Meisterwerk und zugleich die intimste Konfession des Interpreten Bernstein. Ein literarisches Juwel, geschrieben von einem einzigartigen Musiker, von einem Menschen, der an die ‹Machbarkeit des Guten› glaubt, für den Wissen und Vernunft die ‹Zwillingsquellen› seiner schöpferischen Kraft sind.»

Hans J. Fröhlich, FAZ

Leonard Bernstein
KONZERT FÜR JUNGE LEUTE
Die Welt der Musik in neun Kapiteln
Deutsch von Else Winter, durchgesehen
und ergänzt von Albrecht Roeseler,
zahlreiche Abbildungen im Text,
192 Seiten, kartoniert

«Leonard Bernstein verschont seine Leser mit der Rede von den perlenden Glissandi und den expressiven Valeurs, die hierzulande gern als Ausweis für Sachkunde mißverstanden wird. Er stellt sich einfache Fragen: Was ist eine Melodie? Was ist Impressionismus? Was ist symphonische Musik? Und gibt einfache Antworten. Sie machen neugierig, Musik zu hören, nach Möglichkeit auch selbst zu spielen.»

Konrad Adam, FAZ

Albrecht Knaus Verlag